रज़ा पुस्तक माला

अमरुशतकम्

कविता

रज़ा फ़ाउण्डेशन | THE RAZA FOUNDATION

अमरुशतकम्

महाकवि अमरु कृत तथा उनके नाम से प्रसिद्ध श्लोकों का संग्रह

संग्रहकर्ता एवं अनुवादक

कमलेशदत्त त्रिपाठी

सम्पादक

श्रीकृष्ण दास

राजकमल प्रकाशन

रज़ा पुस्तक माला : कविता

प्रधान सम्पादक : अशोक वाजपेयी | सम्पादक : पीयूष दईया

राजकमल प्रकाशन प्रा.लि. और रज़ा फ़ाउण्डेशन का सह-प्रकाशन

ISBN : 978-81-267-3097-1

मूल्य : ₹750

पहला संस्करण : 2018

प्रकाशक : राजकमल प्रकाशन प्रा. लि.
1-बी, नेताजी सुभाष मार्ग, दरियागंज
नई दिल्ली-110 002

शाखाएँ : अशोक राजपथ, साइंस कॉलेज के सामने, पटना-800 006
पहली मंजिल, दरबारी बिल्डिंग, महात्मा गांधी मार्ग, इलाहाबाद-211 001
36 ए, शेक्सपियर सरणी, कोलकाता-700 017

वेबसाइट : www.rajkamalprakashan.com
ई-मेल : info@rajkamalprakashan.com

मुद्रक : यश प्रिंटोग्राफिक्स
नोएडा-201301 (उत्तर प्रदेश)

AMRUSHATAKAM
Collected and Translated by Kamleshdutt Tripathi
Edited by Shrikrishan Das

आमुख

कलाओं में भारतीय आधुनिकता के एक मूर्धन्य सैयद हैदर रज़ा एक अथक और अनोखे चित्रकार तो थे ही उनकी अन्य कलाओं में भी गहरी दिलचस्पी थी। विशेषत: कविता और विचार में। वे हिन्दी को अपनी मातृभाषा मानते थे और हालाँकि उनका फ्रेंच और अँग्रेज़ी का ज्ञान और उन पर अधिकार गहरा था, वे, फ्रांस में साठ वर्ष बिताने के बाद भी, हिन्दी में रमे रहे। यह आकस्मिक नहीं है कि अपने कला-जीवन के उत्तरार्द्ध में उनके सभी चित्रों के शीर्षक हिन्दी में होते थे। वे संसार के श्रेष्ठ चित्रकारों में, २०-२१वीं सदियों में, शायद अकेले हैं जिन्होंने अपने सौ से अधिक चित्रों में देवनागरी में संस्कृत, हिन्दी और उर्दू कविता में पंक्तियाँ अंकित कीं। बरसों तक मैं जब उनके साथ कुछ समय पेरिस में बिताने जाता था तो उनके इसरार पर अपने साथ नवप्रकाशित हिन्दी कविता की पुस्तकें ले जाता था : उनके पुस्तक-संग्रह में, जो अब दिल्ली स्थित रज़ा अभिलेखागार का एक हिस्सा है, हिन्दी कविता का एक बड़ा संग्रह शामिल था।

रज़ा की एक चिन्ता यह भी थी कि हिन्दी में कई विषयों में अच्छी पुस्तकों की कमी है। विशेषत: कलाओं और विचार आदि को लेकर। वे चाहते थे कि हमें कुछ पहल करना चाहिये। २०१६ में साढ़े चौरानवे वर्ष की आयु में उनकी मृत्यु के बाद रज़ा फ़ाउण्डेशन ने उनकी इच्छा का सम्मान करते हुए हिन्दी में कुछ नये क़िस्म की पुस्तकें प्रकाशित करने की पहल *रज़ा पुस्तक माला* के रूप में की है, जिनमें कुछ अप्राप्य पूर्व प्रकाशित पुस्तकों का पुनर्प्रकाशन भी शामिल है। उनमें गांधी, संस्कृति-

चिन्तन, संवाद, भारतीय भाषाओं से विशेषत: कला-चिन्तन के हिन्दी अनुवाद, कविता आदि की पुस्तकें शामिल की जा रही हैं। सभी पुस्तकों पर रज़ा साहब और उनके समकालीन मित्र चित्रकारों आदि की प्रतिकृतियाँ आवरणों पर होंगी।

'अमरुशतकम्' संस्कृत काव्य का एक गौरव-ग्रन्थ है। उसमें ऐन्द्रियता और शृंगार की, प्रेम और रति की अपार सूक्ष्मताएँ और छबियाँ ऐसे अद्‌भुत काव्य-कौशल से उकेरी गयी हैं कि उनका मूल संस्कृत के अलावा हिन्दी अनुवाद में भी आस्वाद सम्भव है। यह संचयन एक बार फिर याद दिलाता है कि भारतीय शृंगार की परम्परा विश्व स्तर पर एक अनोखी परम्परा है जिसमें बखान, उन्मीलन, सांकेतिकता, अन्वय आदि के अनेक पक्ष कविता में सहज सम्भव होते रहे हैं। हम इस पुस्तक के पुनर्प्रकाशन से उस विरासत की ओर आधुनिक काव्य-रसिकों का ध्यान खींचने की चेष्टा कर रहे हैं।

अशोक वाजपेयी

सितम्बर २०१७, नयी दिल्ली

क्रम

आरम्भिक

'अमरुशतकम्' 'शृङ्गार' की कविता है। संस्कृत और प्राकृत के विपुल साहित्य का मूल स्वर एक विशिष्ट कालखण्ड में 'शृङ्गार' बना जिसके प्रतिनिधि महाकवि कालिदास हैं। प्राकृतकविता का हालकृत अद्वितीय सङ्कलन 'गाहासत्तसई' है और संस्कृतमुक्तक काव्य का अप्रतिम शतक 'अमरुशतकम्' है। गोवर्धन की 'आर्यासप्तशती' है। भर्तृहरि के नीति, वैराग्य और शृङ्गार शतकों की त्रयी में संस्कृत मुक्तक कविता के तीन प्रस्थानों का सङ्केत दिया था। महान् समीक्षक आचार्य धारानरेश भोज ने इस सुदीर्घ कालखण्ड की परिणति वेला में 'शृङ्गार' को नवीन दार्शनिक प्रतिष्ठा दी। परम माहेश्वर काश्मीरी आचार्य अभिनवगुप्त ने भी 'काम' और 'शृङ्गार' के दार्शनिक और मनोवैज्ञानिक आधार की मीमांसा की और महाराज भोज ने भी, किन्तु दोनों के दार्शनिक सन्दर्भ भिन्न थे। अभिनवगुप्तपाद का सन्दर्भ 'अद्वैत' का था और भोज का 'द्वैत' का। दोनों ही शैव थे—एक 'शृङ्गार' को शिवाद्वैत की भूमिका में देख रहा था, दूसरा उसे द्वैतवादी 'शैव सिद्धान्त' की भित्ती पर प्रतिष्ठित कर रहा था। भोज ने 'शृङ्गार प्रकाश' में घोषित किया—

> "तात्पर्यमेव वचसि, ध्वनिरेव काव्ये,
> सौभाग्यमेव गुणसम्पदि वल्लमस्य।
> लावण्यमेव वपुषि स्वदतेऽङ्गनायाः
> शृङ्गार एव हृदि मानवतो जनस्य॥"

जैसे बातचीत में और प्रतिपादन में 'तात्पर्य' का ही, कविता में 'ध्वनि' का ही, पिय्रजन की गुणराशि में 'सौभाग्य' का ही तथा उत्तर अङ्गविन्यास

के कारण 'अङ्गना' शब्द से अभिहित नारीजन में 'लावण्य' का ही 'आस्वाद' परम है, वैसे ही (निजता की रक्षा के लिए सचेत) 'मानी' के लिये 'शृङ्गार' का 'आस्वाद' ही परम है।

अभिनवगुप्त और भोज—दोनों ही 'अहन्ता' की व्याख्या अपनी-अपनी दृष्टि से करते हैं—एक 'पराहन्ता' के अद्वयवादी दर्शन की भूमिका में 'शृङ्गार' से 'आत्मविश्रान्ति' या स्वसंविद्विश्रान्ति अथवा निजता के विलय के अनुभव को ही चरम प्रयोजन मानता है। तो दूसरा 'व्यष्टि' की दृष्टि से 'अभिमान' के महत्त्व को स्वीकार करता है और 'भाव' तथा 'रस' की नयी व्याख्या करता है तथा घोषित करता है—

"आ भावनोदयमनन्यधिया जनेनः,
यो भाव्यते मनसि भावनया स भावः।
यो भावनापथमतीत्य विवर्त्तमानः,
साऽहङ्कृते हृदि परं स्वदते रसोउसौ॥"

एक आचार्य 'कृत्रिमाहन्ता' के पूर्ण विलय की बात करता है—'रति' या 'प्रेम' की कविता के माध्यम से तो दूसरा उसी के द्वारा 'भावनापथ' की अतिक्रामिता की। 'अतिक्रामिता' दोनों को अभीष्ट है। यही प्राचीन संस्कृत कविता का सामान्य स्वर और 'प्रेम' की कविता का भी।

संस्कृत कविता एक हजार से अधिक वर्षों तक 'शृङ्गार' को केन्द्र में रखकर विकसित होती रही थी। इस कालखण्ड के लगभग मध्य में 'अमरुक' के ये 'मुक्तक' आते हैं और इनमें 'शृङ्गार' का नगरजीवन में जो रूप दीख रहा था, वह अपने पूरे वैभव में अङ्कित हुआ है।

युवावस्था में मेरा ध्यान इन कविताओं पर गया था। तभी यह अनुवाद किया गया था। आज लगभग पचपन वर्षों के बाद, यदि इसका पुनः प्रकाशन 'रज़ा फाउंडेशन' द्वारा किया जा रहा है, तो इससे प्रसन्नता होती है। प्रथम प्रकाशन मित्र प्रकाशन, इलाहाबाद ने १९६१-६२ में किया था। बीच में वाणी प्रकाशन, नई दिल्ली ने इसका फिर प्रकाशन किया। अब यदि कवि-समीक्षक श्री अशोक वाजपेयी की दृष्टि इधर गयी है, तो कुछ और भी नये अर्थ प्रकट होंगे—यह सम्भावना है।

कमलेशदत्त त्रिपाठी

दिनाङ्क : २३.३.२०१७

पहले संस्करण से

'अमरुशतकम्' संस्कृत की मुक्तक परम्परा में अत्यन्त सम्मानित शतक है। आनन्दवर्द्धन और भरत जैसे टीकाकारों ने अमरु के श्लोकों की मुक्त कण्ठ से प्रशंसा की है। इसकी लोकप्रियता का अनुमान इसके तीन संस्करणों और अनेक टीकाकारों से ही किया जा सकता है। निश्चय ही, प्राचीन सहृदय-गोष्ठियों में अमरु का बड़ा आदर रहा होगा।

पश्चिम के विद्वानों का सम्पर्क जब भारतीय साहित्य से हुआ तो उनकी रुचि भारत-विद्या से बढ़ने लगी। सत्रहवीं शताब्दी से ही यह क्रम आरम्भ हो गया। उनमें से अनेक विद्वानों ने संस्कृत साहित्य की विभूतियों को प्रकाश में ले आने की चेष्टा की। सन् १८०८ ई. में 'एडिटियो प्रिन्सेप्स' में देवनागरी अक्षरों में प्रथम बार कलकत्ता से 'अमरुशतकम्' का प्रकाशन हुआ। इसमें रविचन्द्र ज्ञानानन्द कलाधर की 'कामदा' टीका भी थी। इसमें 'कामानन्द' और 'परमानन्द'—दो दृष्टियों से अमरु के श्लोकों की व्याख्या की गयी थी। कलकत्ता से ही सन् १८४७ ई. में इसे 'काव्य संग्रह' में जे. हेबर्लिन ने दोबारा प्रकाशित किया। सन् १८७१ ई. में भाषा संजीवनी प्रेस, मद्रास से एक दक्षिण भारतीय संस्करण प्रकाशित हुआ। इसमें वेम भूपाल की टीका थी। सन् १८८९ ई. में निर्णय सागर प्रेस ने अर्जुनवर्मदेव की 'रसिक संजीवनी' टीका के साथ इस ग्रन्थ का पश्चिमी संस्करण प्रकाशित किया। किन्तु सबसे महत्त्वपूर्ण कार्य रिचर्ड साइमन ने किया।

रिचर्ड साइमन ने समस्त प्राप्त सामग्री तथा अनेक अन्य पाण्डुलिपियों के आधार पर सन् १८९३ ई. में कील (जर्मनी) से 'अमरुशतक' का अत्यन्त वैज्ञानिक संस्करण प्रकाशित किया। इसमें रिचर्ड साइमन ने 'अमरुशतकम्' के विभिन्न संस्करणों और टीकाओं के उद्धरण भी दिये। सन् १८८८ ई.

में जीवानन्द विद्यासागर ने 'काव्य-संग्रह' के द्वितीय भाग में 'अमरुशतकम्' का पौरस्त्य संस्करण प्रकाशित किया। इस संस्करण में रविचन्द्र की टीका भी थी। सन् १८८१ ई. में श्री गणेश शास्त्री ने 'अमरुशतकम्' का मराठी में पद्यात्मक भाषानुवाद प्रकाशित किया। सन् १९३० में गुजराती के विद्वान एवं रचनाकार श्री केशवलाल हर्षद राय ध्रुव ने सम-श्लोकी अनुवाद स्वरचित टीका के साथ प्रकाशित किया। सन् १९५४ ई. में श्री सुशील कुमार दे ने 'आवर हेरिटेज' के प्रथम-द्वितीय भाग में रुद्रमदेव कुमार की टीका तथा 'अमरुशतकम्' के मूल पाठ का प्रकाशन किया। सन् १९५९ ई. में श्री चिन्तामण रामचन्द्र देवधर ने 'पूना ओरियन्टल सीरीज़' नं. १०० तथा १०१ में पृथक-पृथक 'अमरुशतक' का मराठी अनुवाद, अपनी मराठी टीका तथा वेमभूपाल की शृंगारदीपिका के साथ अँग्रेज़ी अनुवाद प्रकाशित किया। परन्तु आश्चर्य की बात है कि अब तक हिन्दी में इस महत्त्वपूर्ण ग्रन्थ का एक भी संस्करण प्रकाशित नहीं हुआ। इस सम्बन्ध में हमारा यह प्रयास सर्वथा नवीन है।

श्री कमलेशदत्त त्रिपाठी ने उपर्युक्त सभी ग्रन्थों का तथा अन्य सम्बद्ध सामग्री का अनुशीलन कर 'अमरुशतक' का यह सर्वांगपूर्ण संस्करण तैयार किया है। त्रिपाठी जी ने न केवल अमरु के श्लोकों का ललित काव्यानुवाद किया, अपितु उसकी पाण्डित्यपूर्ण भूमिका में अमरु के व्यक्तित्व, कृतित्व, संस्कृत काव्य की मुक्तक परम्परा तथा अमरु के टीकाकारों के सम्बन्ध में गम्भीर अध्ययन को भी रूपायित किया है। उन्होंने इसके अतिरिक्त प्रचुर सूचना सम्पन्न टिप्पणी भी दे दी है जिसमें पाठ भेद, श्लोकों के उद्धरण-स्थल तथा काव्य-मर्म का उद्घाटन करनेवाली टीका भी है। परिशिष्ट में अनेक अन्य महत्त्वपूर्ण सूचनाएँ दी गयी हैं।

'अमरुशतकम्' का ऐसा मनोहर, ललित तथा वैज्ञानिक संस्करण प्रकाशित करने में हमें हर्ष और गौरव का अनुभव हो रहा है। आशा है, हमारा यह प्रयास विज्ञ पाठकों द्वारा समादृत होगा, उनका स्नेहभाजन बनेगा।

श्रीकृष्ण दास

अनुवाद के सम्बन्ध में

संस्कृत काव्यशास्त्र और सुभाषित-संग्रहों में 'अमरु' के श्लोकों का उद्धरण देख कर और सहृदयों की गोष्ठी में उनके 'प्रबन्धायमान' मुक्तकों के रस का आस्वादन कर 'अमरुशतक' के प्रति मेरा आकर्षण स्वाभाविक ही था। मुक्तक कवियों में अन्यतम इस कवि की रचना का हिन्दी में अनुवाद न होना भी खटका। इसलिये इसके अनुवाद की लालसा भी मन में उठी। 'अमरु' की इस बहुचर्चित शतक का हिन्दी-गद्य में शाब्दिक अनुवाद इसे हिन्दी में उपस्थित करने की एक सरल और प्रचलित विधा हो सकती थी, किन्तु स्पष्ट ही इस प्रकार 'अमरुशतकम्' की विषयवस्तुमात्र उपस्थित की जा सकती थी, उसका संगीत और रस नहीं। एक दूसरी विधा, जिसे गुजराती-मराठी के अनुवादक अपनाते रहे हैं, 'समश्लोकी' अनुवाद की भी रही है, किन्तु कदाचित् यह प्रकार हिन्दी की प्रकृति के बहुत अनुकूल नहीं था। हिन्दी का विकास इस भाँति हुआ है कि विभक्ति चिह्न 'नाम' से सम्पृक्त हो कर नहीं आते, दूसरे समस्तपदावली, विशेषणों का भूरि प्रयोग संस्कृत की अपनी विशेषता है, अतः उतने ही कलेवर में संस्कृत-श्लोक के भाव का पूर्ण अनुवाद हिन्दी में मेरे लिए अशक्य ही था। कदाचित् हिन्दी की अधुनातन प्रवृत्ति कविता में प्राचीन संस्कृत-छन्द अथवा हिन्दी के प्राचीन छन्दों के प्रयोग के प्रति उतना आग्रह भी नहीं प्रदर्शित करती। साथ ही संस्कृत-छन्दों के संगीत से भी मुझे बहुत अनुराग है। इसलिए अपने अनुवाद के लिए लयसम्पन्न-मुक्तवृत्त मुझे बहुत उपयुक्त लगे। अनुवाद के बाह्य-कलेवर के सम्बन्ध में यही बात है।

अनुवाद का अन्तःस्वरूप एक तो यह होता है, कि शाब्दिक अनुवाद कर

दिया जाय, दूसरा यह कि भाव का स्वतंत्र उपस्थापन। मैंने छन्द की मर्यादा को स्वीकार कर भी, मूल से अधिक से अधिक समीप रहने का प्रयत्न किया है। यद्यपि हिन्दी की अपनी प्रकृति तथा छन्द के अनुरोध वश कहीं यत्किचिंत् स्वतंत्रता आ भी गयी हो, किन्तु मूल सदैव आगे रहा है। मल्लिनाथ की उक्ति सामने थी—'नामूलं लिख्यते किञ्चिन्नानपेक्षितमुच्यते।' ध्वनित अभिप्राय या अभिप्राय को स्पष्ट करने की बात कोष्ठक में दी गयी। अत: यह दावा तो नहीं कर सकता कि यह अनुवाद शाब्दिक है, किन्तु यह अवश्य कहूँगा, कि स्वच्छन्दता पर अंकुश रखने की बात मन में थी।

विदेशी भाषा का अनुवाद करने में तो भाषागत अन्तर के साथ ही देशगत और कालगत अन्तर सामने रखना पड़ता है, किन्तु किसी प्राचीन स्वदेशीय भाषा से तत्प्रसूता अथवा तद्गोत्रजा भाषा में अनुवाद करने पर कम से कम काल-गत अन्तर तो सामने रहता ही है। इस अनुवाद में काल-गत अन्तर की बात आती है, पर सौभाग्य से आज का भारत 'अमरु' के बाद बदल चाहे जितना गया हो, परम्परा से अलग नहीं हुआ है। अत: काल-भेद अनुवाद में कठिनाई नहीं पैदा कर पाया।

इस अनुवाद में मुझे अमरु के चार प्राचीन टीकाकारों—अर्जुनवर्मदेव, वेमभूपाल, रविचन्द्र तथा रुद्रमवर्मदेव—की टीकाओं से प्रचुर सहायता मिली। अपनी टिप्पणी में पाठभेद, श्लोकों के उद्धरणस्थल तथा काव्यशास्त्रीय विवेचन में उपर्युक्त चारों टीकाकारों तथा प्राचीन आचार्यों एवं कवियों की रचनाओं के अतिरिक्त बहुत से आधुनिक विद्वानों की कृतियों से प्रचुर साहाय्य मिला। रिचर्ड साइमन तथा सुशील कुमार दे की कृतियों से मुझे भूमिका, पाठभेद, अमरु के नाम से प्राप्त श्लोक तथा श्लोकों के उद्धरण स्थल के सम्बन्ध में जानकारी मिली है। चिन्तामण रामचन्द्र देवधर के 'अमरुशतकम्' के—मराठी तथा अँग्रेज़ी—दोनों संस्करणों से भी मुझे बहुत सहायता मिली है। मैं इन विद्वानों का विशेष आभारी हूँ। इस अनुवाद में मूल का क्रम 'निर्णय-सागर-प्रेस' के 'अमरुशतकम्' के अनुसार ही रखा गया है। इस संस्करण के सम्पादक महोदय का आभारी हूँ। इनके अतिरिक्त प्राचीन अर्वाचीन जिन लेखकों की कृतियों से मुझे सहायता मिलीं, उनकी कृतियों की सूची परिशिष्ट में दे दी गयी है। उन सबके प्रति मेरी विनम्र कृतज्ञता है।

गुरुवर क्षेत्रेशचन्द्र जी चट्टोपाध्याय ने मुझे प्रयाग में अप्राप्त कई पुस्तकें एवं कुछ समस्याओं पर परामर्श देकर मेरे ऊपर अनुग्रह किया है। उनके प्रति अपना आभार किन शब्दों में व्यक्त करूँ? कई–एक कठिन स्थल पर मेरे गुरु पं. भूपेन्द्रपति जी त्रिपाठी ने मार्ग दिखाया। मैं सोचता हूँ, मैंने अपना अधिकार पाया है। इस पुस्तक को तैयार करने में भारती भवन पुस्तकालय, प्रयाग विश्वविद्यालय के पुस्तकालय तथा पब्लिक लाइब्रेरी से आवश्यक पुस्तकें मिलीं, इन पुस्तकालयों का भी मुझ पर ऋण है।

मित्र प्रकाशन के पुस्तक विभाग के अध्यक्ष श्री श्रीकृष्णदास जी के लिए मुझे इतना ही कहना है—

> ''हम पे मुश्तरका हैं एहसान 'ग़मे उल्फ़त' के,
> इतने एहसान कि गिनवाऊँ तो गिनवा न सकूँ।...''

कमलेशदत्त त्रिपाठी

दिनांक : ९.८.६१

प्रयाग

संकेत

कवीन्द्र	—	कवीन्द्रवचनसमुच्चयः
सदुक्ति	—	सदुक्तिकर्णामृतम्
सूक्तिमु	—	सूक्तिमुक्तावली
सूक्तिरत्न	—	सूक्तिरत्नहारः
शार्ङ्ग	—	शार्ङ्गधरपद्धतिः
सुभा	—	सुभाषितावली
पद्यावली	—	पद्यावली
सुभाषितरत्न	—	सुभाषितरत्नकोशः
काव्यालंसू	—	काव्यालङ्कारसूत्रवृत्तिः
ध्वन्या	—	ध्वन्यालोकः
लोचन	—	ध्वन्यालोक पर अभिनव गुप्त की टीका
काव्यमी	—	काव्यमीमांसा
वक्रोक्ति	—	वक्रोक्तिजीवितम्
दशरू	—	दशरूपकम्
औचित्य	—	औचित्यविचारचर्चा
कविक	—	कविकण्ठाभरणम्
व्यक्ति	—	व्यक्तिविवेकः

सरस्वतीक	—	सरस्वतीकण्ठाभरणम्
काव्यप्र	—	काव्यप्रकाशः
शृंगार	—	शृंगारतिलकम्
काव्यानु	—	काव्यानुशासनम्
अलङ्काररस	—	अलंकारसर्वस्वम्
साहित्यद	—	साहित्यदर्पणम्
रसार्णव	—	रसार्वण सुधाकोशः
काव्यसं	—	काव्यसंग्रहः
क	—	श्लोक का प्रथम चरण
ख	—	श्लोक का द्वितीय चरण
ग	—	श्लोक का तृतीय चरण
घ	—	श्लोक का चतुर्थ चरण
अर्जुन	—	अर्जुनवर्मदेव
वेम	—	वेमभूपाल
रुद्रम	—	रुद्रमदेव कुमार
रवि	—	रविचन्द्र

अर्जुनवर्मदेव द्वारा व्याख्यात श्लोक

वेमभूपाल द्वारा व्याख्यात अधिक श्लोक

रुद्रमदेवकुमार द्वारा व्याख्यात अधिक श्लोक

अन्य मूल प्रतियों में अधिक श्लोक

'सुभाषितावली' में अमरुक के नाम से उद्धृत अधिक श्लोक

'सूक्तिमुक्तावली' में अमरु के नाम से उद्धृत अधिक श्लोक

'शार्ङ्गधरपद्धति' में पूर्वश्लोकों से अतिरिक्त श्लोक

'औचित्यविचारचर्चा' में अमरक के नाम से उद्धृत अधिक श्लोक

प्रस्तावना

संस्कृत के महान् साहित्य ने वाल्मीकि, व्यास, कालिदास जैसे महाकवि विश्व-साहित्य को प्रदान किये हैं। इन कवियों के महाकाव्यों में समसामयिक युग मूर्त हो उठा है। इन रसनिःष्यन्दी महाकाव्यों में महान् चरित्रों की सृष्टि हुई। रामायण और महाभारत की कविता के परिवेश में जीवन की समग्रता अभिव्यक्त हो उठी। कविकुलगुरु कालिदास की 'मधुरसान्द्र मंजरी' सी कविता भी जीवन के समग्र उपस्थापन में अपना ही 'विलास' बन गयी। व्यास, वाल्मीकि, कालिदास, अश्वघोष, शूद्रक, भवभूति, बाण और दण्डी की प्रतिभा जीवन की समग्र अभिव्यक्ति में परिणत हुई है। किन्तु संस्कृत और प्राकृत साहित्य में ऐसे नाम अनजाने नहीं हैं, जिनके एक-एक श्लोक सौ-सौ प्रबन्धों की भाँति हैं। मानव जीवन की असीम व्यापकता में से छोटे-छोटे चित्र लेकर चौखटों में जड़ दिये गये। इनका अपना रस है, अपनी मार्मिकता है, अपना आन्दोलन है। ऐसे रससिद्ध कवियों की लम्बी परम्परा है। इनमें एक नाम अमरु का भी है।

व्यक्तित्व

'अमरुशतकम्' के सर्जक कवि का नाम भी सर्वत्र एक सा उल्लिखित नहीं है। रविचन्द्र ने अमरु[१] और अर्जुनवर्मदेव ने अमरुक[२] नाम दिया है। रुद्रमदेवकुमार ने अपनी टीका के अन्त में तथा वेमभूपाल ने अपनी टीका

१. ''कुरुतेऽमरुशतटीकां ज्ञानानन्दः कलाधरो विज्ञः।''—रविचन्द्र रचित 'कामदा'

२. ''अमरुककवित्वडमरुकनादेन विनिह्नुता न सञ्चरति।
श्रृंगारभणितिरन्या धन्यानां श्रवणयुगलेषु॥''

'शृंगारदीपिका' के आरम्भिक श्लोक में अमरुक नाम दिया है। क्षेमेन्द्र ने 'कविकण्ठाभरण' में अमरक नाम दिया है। 'औचित्य विचार-चर्चा' में अमरक के नाम से एक श्लोक उद्धृत है। इसके अतिरिक्त अमरूक, अम्रक, अमर नाम भी उल्लिखित हैं। किन्तु लेखक का नाम 'अमरु' ही रहा होगा। अउफ्रेश्त ने नाम तो 'अमरुक' दिया, किन्तु उन्होंने भी 'अमरु' नाम को ही अधिक सहज माना है।[१]

अमरु के नाम के साथ उसी प्रकार किम्वदन्ती सम्बद्ध है, जिस प्रकार अन्य सभी महान् कवियों के साथ हुआ है। परम्परा बताती है कि जगद्गुरु शंकराचार्य ने अपनी दिग्विजय-यात्रा के प्रसंग में माहिष्मती में मण्डन मिश्र से शास्त्रार्थ किया। शास्त्रार्थ की मध्यस्थता मण्डन मिश्र की पत्नी भारती ने की। भारती स्वत: देवी सरस्वती का अवतार थीं। लम्बे शास्त्रार्थ के बाद मण्डन ने शंकराचार्य से पराजय स्वीकार की। किन्तु भारती ने आचार्य शंकर से शास्त्रार्थ करने का अनुरोध किया। उन्होंने तर्क दिया कि अभी तो मण्डन मिश्र के अर्धांश ने ही पराजय स्वीकारी है। उनकी अर्द्धांगिनी को पराजित करके ही पूर्ण विजय प्राप्त की जा सकती है। शंकर ने शास्त्रार्थ की चुनौती स्वीकार की। शास्त्रार्थ चलता रहा। भारती ने अन्य शास्त्रों में शंकर को अपराजेय पाकर काम शास्त्र विषयक प्रश्न पूछे। आचार्य शङ्कर बाल ब्रह्मचारी होने के कारण अपेक्षित अनुभव से शून्य थे। उन्होंने उत्तर देने के लिए एक मास की अवधि चाही। अनुमति मिल जाने पर वे नर्मदा के तट पर गये। वहाँ वन में किसी वृक्ष के कोटर में अपने निर्जीव शरीर को छोड़ कर उसकी एक मास तक रक्षा करने की आज्ञा अपने शिष्यों को दी। योग बल से अपनी आत्मा को अपने शरीर से पृथक् कर किसी निर्जीव शरीर के अन्वेषण में चले, जिसके माध्यम से

तथा
"प्रजानवानमरुकस्य कवे: प्रसारश्लोकाञ्छतं विवृणुतेऽर्जुनवर्मदेव:।"
—भूमिका श्लोक, 'रसिक संजीवनी'

१. "The form Amaru owes its origin to the desire to make a good Sanskrit word of the name, the form Amaru is more easily handled."

Aufrecht, Zeitschrift der Deutschen Morgenlandischen Gesellschaft, 27-7

Quoted by Dr. P. Peterson in the introduction of Subhasitavali, p. 2.

वे अनुभव अर्जित कर सकते। सौभाग्यवश अमरुक नाम का नृपति मर गया था और उसे चिता पर रक्खा ही जानेवाला था। वहाँ पहुँच कर शंकराचार्य की आत्मा अमरुक के शरीर में प्रविष्ट हो गयी। राजा जीवित हो गया, सारा नगर, परिवार आनन्द से भर उठा। किन्तु धीरे-धीरे अमरुक की रानियों तथा अमात्यों ने उनके व्यवहार में कुछ विचित्रता देख कर सोचा कि संभवत: यह किसी महात्मा की आत्मा अमरुक की काया में प्रविष्ट हो गयी है। उन्होंने राजपुरुष छोड़े जो किसी भी वन, पर्वत, कन्दरा आदि में सुरक्षित शरीर को नष्ट कर दें, ताकि वह महात्मा अपने पूर्व शरीर में प्रविष्ट न हो सके और उनके साथ ही रहे। पुरुष चल पड़े।

इधर शंकराचार्य ने अमरुक के शरीर से अनुभव कर एक ग्रन्थ की रचना की, जो 'अमरुशतक' नाम से चला आ रहा है। सुन्दरियों के इस सान्निध्य में शंकराचार्य की आत्मा अपने शिष्यों के साथ किये गये वायदे को भूल गयी और मास बीत गया। तब शिष्यों ने उन्हें ढूँढ़ना शुरू किया। अमरुक के सम्बन्ध की घटना को सुन कर वे वहाँ पहुँचे। उस नगरी में पहुँच कर उन्होंने अमरुक के सामने कुछ दार्शनिक गीत गाये, जिससे आचार्य शंकर की स्मृति जाग गयी।

इस बीच राजपुरुषों ने शंकराचार्य का मृत शरीर प्राप्त कर लिया। उन्होंने शरीर को चिता पर रख कर आग लगायी ही थी कि शंकर की अनासक्त आत्मा अपने पूर्व शरीर में प्रवेश कर गयी। तब उन्होंने नृसिंहावतार विष्णु की प्रार्थना सहायता के लिए की। भगवान् ने ठीक अवसर पर वृष्टि कर अग्नि शान्त कर दी। आचार्य शंकर फिर अपने शरीर में आ गये।[१]

विद्यारण्य ने अपने 'श्रीमच्छङ्करदिग्विजय:' में इसी आशय की कथा कही है। रविचन्द्र ने अमरुशतकम् पर अपनी 'कामदा' टीका के आरम्भ में इससे कुछ पृथक् विवरण दिया है। उन्होंने लिखा है—''भगवानञ्छङ्कराचार्यो दिग्विजयच्छलेन काश्मीरमगमत्। तत्र शृङ्गाररसवर्णनार्थं 'सभ्यैरभ्यर्थित:' 'शृंगारी चेत् कवि: काव्ये जातं रसमयं जगत्' इति वचनादमरुनाम्नो राज्ञो मृतस्य परवपु: प्रवेशविद्यया शरीरे प्रवेशं कृत्वा स्त्रीशतेन सह केलिं विधाय प्रातस्तथा कारयामास। पिशुनै: कापटिकोऽयमाजन्मब्रह्मचारी

1. C.V. Krishnasami Iyer, Shankaracharya, 45
Quoted by M. Krishnamachariar in his History of Classical Sanskrit Literature, p. 348-349

इत्युपहसितेः शान्तरसमत्र व्याचष्टे इति किम्वदन्ती।''

भगवान् शंकराचार्य दिग्विजय के बहाने काश्मीर गये। वहाँ शृंगार रस के वर्णन के लिए सभासदों द्वारा प्रार्थना करने पर 'यदि कवि शृंगारी हो, तो जगत् रसमय हो जाता है।' इस वचन के अनुसार अमरु नाम के मृत राजा के शरीर में परकाय प्रवेश विद्या के द्वारा प्रवेश कर सौ-सौ स्त्रियों से केलि कर, प्रातः वैसा ही किया। पिशुन मन्त्रों के द्वारा 'यह आजन्म ब्रह्मचारी कपटी है' यह उपहास किये जाने पर शान्त रस की यहाँ व्याख्या की—यह किम्वदन्ती है।

रविचन्द्र के मन्तव्य के अनुसार शंकराचार्य ने अमरु के शरीर में रह कर अमरुशतक की रचना की। किन्तु स्वतः 'शंकर दिग्विजय' से यह बात स्पष्ट नहीं है कि उन्होंने अमरुशतकम् की रचना की। वहाँ लिखा है—

''वात्स्यायनप्रोदितसूत्रजातं
तदीयभाष्यं च विलोक्य सम्यक्।
स्वयं व्यधत्ताभिनवार्थगर्भ
निबन्धमेकं नृपवेषधारी॥''

(श्री मच्छङ्करदिग्विजय : १०-१८)

अर्थात् वात्स्यायनोक्त सूत्रों एवं उनके भाष्यं को भली भाँति देख कर राज-वेषधारी (आचार्य शंकर) ने स्वयं एक अभिनवार्थगर्भित निबन्ध लिखा। इससे इतना ही स्पष्ट होता है कि शंकराचार्य ने वात्स्यायन की रचना देख कर कोई एक निबन्ध लिखा और उसमें भारती के प्रश्नों का उत्तर भी सन्निविष्ट कर दिया। वह निबन्ध 'अमरुशतक' ही है—इसका प्रमाण नहीं है और न तो अमरुशतक में भारती के प्रश्न के उत्तर के अनुरूप ही कुछ है। भारती का प्रश्न था—

कलाः कियत्यो वद पुष्पधन्वनः
किमात्मिकाः किंच पदं समाश्रिताः।
पूर्वे च पक्षे कथमन्यथा स्थितिः
कथं युवत्यां कथमेव पूरुषे॥

(श्री मच्छङ्करदिग्विजय : ९-६९)

इसका उत्तर तो अमरुशतक में कुछ भी नहीं है। रविचन्द्र का कथन है कि आचार्य से सभासदों ने शृंगार रस के वर्णन के लिए प्रार्थना की—यह भी

असम्बद्ध ही है, क्योंकि शंकर दिग्विजय में सोलहवें सर्ग में आचार्य की काश्मीर यात्रा, वहाँ शारदा के भवन में वहाँ के वादियों से शास्त्रार्थ आदि का तो उल्लेख है, किन्तु शृंगार रस के वर्णन के लिए सभासदों ने प्रार्थना की—इसकी चर्चा भी नहीं। अत: ऐसी निर्मूल जनश्रुति को प्रमाण कैसे माना जा सकता है ? यदि यह कहा जाय कि आचार्य ने भारती के प्रश्नों के उत्तर में किसी निबन्ध की रचना कर, फिर अमरुशतक भी रचा होगा, तो अपनी सर्वज्ञता और कीर्ति की रक्षा के लिए आचार्य का वैसा निबन्ध लिखना तो ठीक है, किन्तु अमरुशतक की रचना तो शृंगारव्यसनी होने के कारण ही की होगी—और यह यतिवर की बड़ी विडम्बना होगी। अत: इस 'अमरुशतक' की रचना करनेवाले अमरु कोई और ही हैं।[१]

उपर्युक्त विवेचन तो शंकर दिग्विजय की कथा को उसी रूप में सत्य मानकर किया गया है। तब भी अमरुशतक अमरु वेषधारी शंकराचार्य की रचना है—यह सिद्ध नहीं होता, किन्तु वस्तुत: ऐसी चमत्कार भरी कहानियाँ तो तत्तद्-महापुरुषों की असाधारणता व्यक्त करने के लिए कही जाती हैं। इन्हें ऐतिहासिक रूप में ज्यों की त्यों स्वीकार करना भी भूल ही होगी। अत: शंकराचार्य का अमरुशतक के रचनाकार से सम्बन्ध जोड़ना अवैज्ञानिक ही होगा।

स्थिति काल

अमरु का स्थिति-काल संस्कृत के अन्य बहुत से महान् कवियों की ही भाँति अज्ञात है। किन्तु सौभाग्यवश अमरु प्राचीन काव्य शास्त्रकारों को बहुत प्रिय रहे हैं। उनकी रचनाओं का बहुश: उद्धरण दिया गया है। महान् आचार्य आनन्दवर्धन ने उनका पहली बार नामत: उल्लेख किया है—

"मुक्तकेषु प्रबन्धेष्विव रसबन्धाभिनिवेशिन: कवयो दृश्यन्ते। यथा ह्यमरुकस्य कवेर्मुक्तका: शृंगाररसस्यन्दिन: प्रबन्धायमाना: प्रसिद्धा एव।"[२]

इससे स्पष्ट ही है कि नवीं शताब्दी के महान आचार्य के समय तक अमरु ने मुक्तक कवियों के मध्य अद्वितीय प्रतिष्ठा प्राप्त कर ली थी। आचार्य आनन्दवर्धन से पूर्ववर्ती आठवीं शताब्दी के आचार्य वामन ने अमरु के कुछ

---

१. भूमिका, अमरुशतकम्—निर्णय सागर प्रेस संस्करण, मुंबई।
२. ध्वन्यालोक, तृतीय उद्योत, सप्तमकारिका की वृत्ति।

श्लोकों का बिना नामोल्लेख के ही उद्धरण दिया है।[1] वामन द्वारा उद्धृत श्लोक अमरुशतक में प्राप्त हैं, अत: यह निश्चित हो जाता है कि अमरु की ख्याति आठवीं शताब्दी तक इतनी हो चुकी थी कि बड़े-बड़े आचार्य उनकी रचनाओं के उद्धरण अपनी रचनाओं में देते थे, उनका आदर से नाम लेते थे। स्पष्ट है, अमरु ईसा की आठवीं शताब्दी से पूर्व के कवि हैं।

अमरुशतक के मंगलाचरण-श्लोक 'लोभभ्रमद्भ्रमरविभ्रमभृत्...' के समान ही शब्द संहति शिशुपाल वध महाकाव्य के श्लोक 'वदनसौरभलोभ-परिभ्रमद्भ्रमरसंभ्रम...'' (शिशु. ६-१४) में मिलती है। 'सुभाषितावली' में निम्नलिखित श्लोक अमरुक के नाम से उद्धृत है—

सुरतविरतौ व्रीडावेशश्रमश्लथहस्तया,
रहसि गलितं तन्व्या प्राप्तुं न पारितमंशुकम्।
रतिरसजडैरङ्गरङ्गं पिधातुमशक्तया
प्रियतमतनौ सर्वाङ्गीणं प्रविष्टमधृष्टया॥
(सुभाषितावली, पीटर्सन—२१०६)

इस श्लोक के भाव के समान भाव माघ के निम्नलिखित श्लोक में है—

उत्तरीयविनयात् त्रपमाणां
रुन्धती किल तदीक्षणमार्गम्।
आवरिष्ट विकटेन विवोढु—
र्वक्षसैव कुचमण्डलमन्या॥
(शिशुपाल. १०—४२)

इन श्लोकों से यह प्रतीत होता है कि परस्पर आदान-प्रदान हुआ है। गुजराती भाषा में अमरुशतक के यशस्वी अनुवादक केशव लाल हर्षदराय ध्रुव ने इस साम्य के आधार पर अमरु पर माघ का प्रभाव स्वीकार किया है। उनका निष्कर्ष है कि सातवीं शती के पूर्वार्ध में माघ, मध्यमार्ध में भट्टि और उत्तरार्ध में अमरु हुए। किन्तु एक-दो श्लोकों के साम्य से यह निर्णय बहुत प्रमाण-पुष्ट नहीं प्रतीत होता। पहले तो 'सुभाषितावली' में उद्धृत उपर्युक्त श्लोक अमरु का ही है, इसकी अन्य साक्ष्य से भी पुष्टि होनी

१. 'दृष्ट्वैकासन संस्थिते...' काव्यालंकारसूत्र वृत्ति—३. २. ४
'सा बाला वयमप्रगल्भ...' काव्यालंकारसूत्र वृत्ति—४. ३. १२
'सुतनु जहिहि मानम्...' काव्यालंकारसूत्र वृत्ति—५. २. ४७

चाहिए, क्योंकि काव्य-संग्रहों में एक स्थल पर एक कवि के नाम से उद्धृत श्लोक अन्य संग्रहों में अन्य कवियों के नाम से भी उद्धृत हैं। प्राय: असन्दिग्ध रूप से अमरु के केवल एक श्लोक के अंश की शब्दसंहति माघ के श्लोकांश के समान है। इतने मात्र से कोई निष्कर्ष निकालना कठिन है। दूसरे इस साम्य से जिस प्रकार अमरु पर माघ की छाया स्वीकार की जा सकती है, उसी प्रकार माघ पर अमरु की छाया भी तो स्वीकार की जा सकती है। अत: इस आधार पर कोई निर्णय असन्दिग्ध नहीं होगा। इस बात को अमरुशतक के मराठी भाषा के अनुवादक चिन्तामण रामचन्द्र देवधर ने स्वीकार किया है।[१] अत: निर्विवाद रूप में हम यह स्वीकार कर सकते हैं कि अमरु आलंकारिक आचार्य वामन से पूर्ववर्ती हैं।

डॉ. पीटर्सन ने सुभाषितावली की भूमिका में किसी टीकाकार का एक वाक्य उद्धृत किया है—'विश्वप्रख्यातनाडिंधमकुलतिलको विश्वकर्मा द्वितीय:।' उन्होंने कहा है कि इससे प्रतीत होता है कि अमरु जाति से स्वर्णकार थे। चिन्तामण रामचन्द्र देवधर ने अमरुशतक के अपने उपोद्घात में संकेत किया है कि अर्जुनवर्मदेव ने अपनी टीका में कवि को 'कलाओं का क्रीड़ा धाम' कहा है। साहित्य, संगीत आदि सुकुमार कलाओं के साथ ही क्या स्वर्णकार की कला की ओर भी संकेत हो सकता है? (श्लो. सं.—११०) वेमभूपाल ने 'रोहन्तौ प्रथमं...' श्लोक की व्याख्या की है। इस श्लोक की अन्तिम पंक्ति 'निर्दाक्षिण्य! करोमि किं नु विशिखाप्येषा न पन्थाअत:तव' है। इसमें 'विशिखा' शब्द आया है। कौटिल्य के अर्थशास्त्र में 'विशिखायां सौवर्णिकप्रचार:' प्रयोग है। अत: 'विशिखा' का अर्थ 'सोनारों की गली' लिया है। 'पश्याश्लेष...' (श्लो. सं. ७४) श्लोक में 'पादाग्रसन्दशके' प्रयोग आया है। 'सन्दंशक' का अर्थ 'सँड़सा' होता है। इन उल्लेखों से अमरु के स्वर्णकार होने का निष्कर्ष निकाला जा सकता है।[२]

देवधर महोदय ने अमरुशतक के रचयिता के दाक्षिणात्य होने की संभावना व्यक्त की है। 'त्वं मुग्धाक्षि विनैव कञ्चुलिकया...' (श्लो. सं. २७) श्लोक में प्रयुक्त 'कञ्चुलिका' शब्द पर टीका करते हुए अर्जुनवर्मदेव ने लिखा है—'कञ्चुलिका चेयं दाक्षिणात्यचोलिकारुपैव। तस्या एव ग्रथनपदार्थे वीटिकाव्यपदेश:।' अर्थात् कंचुलिका दक्षिण की 'चोली' ही है।

१. अमरुशतक—मराठी अनुवाद, उपोद्घात, पृ. ४, पूना, १९५९
२. अमरुशतक—मराठी अनुवाद, उपोद्घात, पृ. ५, पूना, १९५९

'गाढ़ाश्लेषविशीर्ण चन्दनरजः...' (श्लो. सं. ७४) में गाढ़ चन्दन लेप का वर्णन है। 'आलम्ब्याङ्गरणवाटिकापरिसरे...' (श्लो. सं.— ७८) श्लोक में 'उत्तरीयशकलेन' का अर्थ वेमभूपाल ने 'सव्येन अञ्चलेन' किया है। यह सब दाक्षिणात्य महिलाओं के वेश-प्रसाधन की चर्चा है। इससे संभावना है कि अमरु दक्षिण भारत के कवि थे। 'मलयमरुतां व्राता वातां...' (श्लो. सं.—३२) श्लोक में कवि ने मलयमारुत की भी चर्चा की है। इससे तथा वापीस्नान (सं.—१०५) आदि के उल्लेख से देवधर महोदय ने यह संभावना व्यक्त की है कि अमरु वापी, जलाशय आदि से समृद्ध चालुक्यों की राजधानी 'वातापी' में कदाचित् रहते थे। उपर्युक्त कतिपय शब्दों के उल्लेख के आधार पर निकाला गया यह निष्कर्ष सबल नहीं है।

अज्ञात टीकाकार के कथन से तथा 'विशिखा' और 'सन्दंशक' शब्दों के प्रयोग से अमरु की जाति का निर्णय उसी प्रकार सन्दिग्ध है, जिस प्रकार 'शंकरदिग्विजय' और रविचन्द्र के उल्लेख के आधार पर उन्हें 'नृपति' मानना। उसी प्रकार 'कञ्चुलिकया', 'चन्दनरज...', 'उत्तरीयशकलेन', 'मलयमरुतां व्राता' तथा 'वापीस्नान' आदि के उल्लेख के आधार पर उन्हें दक्षिणापथवासी और विशेषतः 'वातापी' का निवासी होने की संभावना, संभावना मात्र है। वेमभूपाल द्वारा व्याख्यात 'स्विन्नं केन मुखं...' (सं.—११३) श्लोक में 'भ्रष्टं कुङ्कुमम्' अंश में तथा रुद्रमदेवकुमार द्वारा व्याख्यात 'नीत्वोच्चैर्विक्षिपन्तः...' श्लोक में 'कुङ्कुमांकस्तनकलश-भरास्फालन...' अंश में 'कुंकुम' के विलेपन का उल्लेख भी तो है। वेमभूपाल ने 'कुंकुमं काश्मीरं' कह कर व्याख्या की है। तो क्या कुंकुम अर्थात् केसर के विलेपन का उल्लेख करने मात्र से हम उन्हें काश्मीर का मान लें? वैसे 'अमरु' नाम का संगीत भी 'लोल्लट', 'शंकुक', 'अभिनव', 'कल्हण' जैसे काश्मीरी नामों से मिलता है। अतः अमरु की जाति अथवा निवास के प्रदेश के सम्बन्ध में निर्णय पुष्टतर प्रमाण की प्राप्ति तक न किया जाय, तो अधिक समीचीन होगा।

मूल पाठ

अमरु की रचना 'अमरुशतक' के कई संस्करण सम्प्रति उपलब्ध हैं। कील (जर्मनी) से प्रकाशित रिचर्ड साइमन के 'अमरुशतक' के संस्करण में चार संस्करण स्वीकार किये गये हैं। (१) वेमभूपाल की टीका

'शृंगारदीपिका' के आधार पर दाक्षिणात्य संस्करण। (२) रविचन्द्र के आधार पर पौरस्त्य अथवा बंगाल संस्करण। (३) अर्जुनवर्मदेव की टीका 'रसिकरंजनी' के आधार पर पश्चिमी संस्करण। (४) रुद्रमदेवकुमार तथा रामरुद्र के आधार पर मिश्र संस्करण। अमरुशतक के पाठ निर्धारण और वैज्ञानिक संस्करण के सम्पादन में रिचर्ड साइमन का कार्य अत्यन्त सराहनीय और स्तुत्य है। इस सम्बन्ध में 'आवर हेरिटेज' के द्वितीय जिल्द के प्रथम खण्ड में डा. एस.के. दे का प्रयास भी अत्यन्त सराहनीय हुआ है। डा. दे ने रिचर्ड साइमन के चतुर्थ पाठ को स्वतंत्र पाठ नहीं माना है, अपितु विभिन्न परम्पराओं का एक मिश्रित रूप स्वीकार किया है। मूलशतक के निर्धारण के लिए पाठ निर्धारण के नियमों का सतर्कतापूर्वक प्रयोग कर उन्होंने मौलिक शतक का पाठ निर्णीत किया है, जिसमें ७२ श्लोक हैं। २५ श्लोकों की प्रामाणिकता सन्दिग्ध है।

उन्होंने 'आवर हेरिटेज' की उसी जिल्द के द्वितीय भाग में रुद्रमदेवकुमार की टीका के साथ अमरुशतक का मूल-पाठ प्रकाशित किया है। उन्होंने इस कार्य में १४४०-४१ ई. की एक पाण्डुलिपि का उपयोग किया है। चिन्तामण रामचन्द्र देवधर ने रुद्रमदेवकुमार और काकतीय राजवंश के प्रतापरुद्र को एक माना है।[१] इस प्रकार रुद्रमदेव को भी प्राचीन टीकाकार मानकर उन्होंने कुछ महत्त्वपूर्ण सुझाव दिये। रुद्रमदेवकुमार की टीका के अनुसार ११४ श्लोक और अर्जुनवर्मदेव ने १०२ श्लोकों में संस्करण की परस्पर तुलना की है। दोनों व्याख्याताओं के श्लोकानुक्रम में समानता दिखायी पड़ती है। आरम्भ से १६ श्लोकों तक दोनों के श्लोक समान हैं। किन्तु रुद्रमदेवकुमार की टीका में ''प्रयच्छाहारं में...' श्लोक १७वाँ हो जाता है। अर्जुनवर्मदेव का १७वाँ श्लोक 'अज्ञानेन पराङ्मुखीं...' रुद्रमदेव की टीका में १८वाँ हो जाता है। फिर ५६वें श्लोक तक एक श्लोक के अन्तर के साथ श्लोक ही हैं। केवल कुछ श्लोकों में पौर्वापर्य हो जाता है। फिर अर्जुनवर्मदेव अपने ५६वें श्लोक की टीका में एक महत्त्वपूर्ण बात कहते हैं। वे कहते हैं—

'अत्रान्तरे बहवः प्रक्षेपकश्लोकाः सन्ति। ते यथा—', 'मन्दं मुद्रितपांसवः...', 'इयमसौ—तरलायतलोचना...', 'सालक्तकं शतदलाधिक...', 'श्रुत्वाकस्मा-

१. अमरुशतकम्—अँग्रेज़ी अनुवाद, भूमिका, पृ. १४, पूना, १९५९

त्रिशीथे'। 'पीतो यतः प्रभृति...'। अर्जुनवर्मदेव 'ते यथा' कह कर उन प्रक्षिप्तों का उदाहरण देते हैं। केवल इन्हें ही प्रक्षेप नहीं बताते। स्पष्ट है कि प्रक्षिप्त श्लोक और भी रहे होंगे। अर्जुनवर्मदेव के ५६वें और ७०वें श्लोक के बीच रुद्रमदेव के पाठ में १३ ऐसे श्लोक बढ़ गये हैं। फलतः 'मुग्धे मुग्धतयैव...' की संख्या अर्जुनवर्मदेव के अनुसार ७० है, किन्तु रुद्रमदेव के अनुसार ८४। देवधर महोदय ने रिचर्ड साइमन के संस्करण में प्रथम, द्वितीय तथा तृतीय संस्करणों के पाठान्तरों की तुलना करके स्पष्ट कर दिया है कि इन अन्तरों में अर्जुनवर्मदेव और रुद्रमदेवकुमार में बहुत समानता है।

उपर्युक्त विवेचन से सिद्ध किया गया है कि अर्जुनवर्मदेव तथा रुद्रमदेवकुमार के पाठ किसी सामान्य स्रोत से ग्रहण किये गये। जहाँ अर्जुनवर्मदेव ने अपनी समीक्षात्मक बुद्धि से नीरक्षीरविवेक कर 'प्रक्षेपकों' को निकाल दिया, रुद्रमदेव ने उन्हें यथा प्राप्त स्वीकार कर लिया। अन्त में अमरु के मूल पाठ से अर्जुनवर्मदेव का संस्करण सर्वाधिक समीप प्रतीत होता है। यद्यपि वेमभूपाल ने भी 'मूलश्लोकान् समाहृत्य प्रक्षिप्तान् परिहृत्य च' की घोषणा की है तथापि रुद्रमदेवकुमार और अर्जुनवर्मदेव की समानता से स्पष्ट है कि अर्जुनवर्मदेव ने श्लोकों का अनुक्रम अधिक ठीक रक्खा है। डॉ. दे द्वारा पुनर्निर्मित मूलपाठ से भी अर्जुनवर्मदेव का पाठ सर्वाधिक समीप है। जहाँ वेमभूपाल में १०३ अन्तर हैं, अर्जुनवर्मदेव में केवल ४५ का अन्तर ही हैं। यद्यपि रिचर्ड साइमन के अनुसार इन पाठों में से किसी को भी मूलपाठ के प्रतिनिधि मानने का निर्णय करना असंभव है और यद्यपि ओल्ड्रिख फ्रॉइस[१] की दृष्टि में वेमभूपाल का संस्करण अधिक अच्छा है, तथापि देवधर महोदय बुहलर[२] द्वारा समर्थित यही मत स्वीकार करते हैं कि अर्जुनवर्मदेव के संस्करण को ही प्रथम स्थान देना चाहिए।

यही नहीं, देवधर महोदय ने माना है कि रविचन्द्र ने भी उसी स्रोत से अपना पाठ स्वीकार किया है। रविचन्द्र के पाठान्तर में बहुत जगह अस्पष्टता और अशुद्धि भी है। अतः मूलपाठ के निर्धारण में इसे प्रथम स्थान नहीं मिल सकता। जब अर्जुनवर्मदेव, वेमभूपाल तथा रुद्रमदेवकुमार

---

१. The Recensions of the Amarusataka, Journal of the Czechoslovoc Oriental Institute Prague, Vol. 19. 1951, p. 125-176

२. Z.D.M.G. Vol. 57, 1893, p. 94

के संस्करणों में समान श्लोकों की संख्या ७२ से ८४ पहुँच जाती है। केवल १६ श्लोक ही संदिग्ध रह जाते हैं। वे हैं—

(१) धीरं वारिधरय...(२) मलयमरुतां व्राता...(३) सा बाला वयमप्रगल्भ... (४) पुरस्तन्व्या गोत्र...(५) ततश्चाभिज्ञाय...(६) न जाने सम्मुखायाते... (७) अनल्पचिता...(८) इति प्रिये पृच्छति...(९) यास्मीति समुद्यतस्य... (१०) जाता नोत्कलिका...(११) तप्ते महाविरह...(१२) सैवाहं प्रमदा... (१३) इदं कृष्णं कृष्णं...(१४) तनवङ्ग्या गुरुसन्निधौ..., सभी वेमभूपाल द्वारा अगृहीत; (१५) सालक्तकेन नव-पल्लव...अर्जुनवर्मदेव द्वारा अगृहीत (१६) कान्तेतल्पमुपागते...रुद्रमदेव कुमार द्वारा अगृहीत।

७, ८, १० और १३ को छोड़ कर ये सारे श्लोक सुभाषित संग्रहों में अमरु के नाम से दिये गये हैं। केवल वेमभूपाल द्वारा व्याख्यात (१) अच्छिन्नं नयनाम्बु...(२) रोहन्तौ प्रथमं...(३) आयस्ता कलहं...(४) क्वचित्ता-म्बूलाक्त:—(५) स्मररस-नदी...(६) नि:शेषच्युत...(७) शठान्यस्या: काञ्ची...(८) पुष्पोद्‌भेदमवाप्य...(९) पराचीकोपेन...(१०) स्विन्नं केन मुखं...(११) नान्त: प्रवेशं...(१२) प्रियकृतपटस्तेय...श्लोकों में केवल 'अच्छिन्नं नयनाम्बु'...ही अमरु नाम से अन्यत्र उद्धृत है।

अत: सुनिश्चित है कि सर्वप्राचीन टीकाकार अर्जुनवर्मदेव के संस्करण को प्रथम स्थान देना ही समीचीन है।[१]

जर्मन विद्वान् आउफ्रेश्त ने अमरुशतक के केवल शार्दूलविक्रीड़ित छन्दों को ही अमरुरचित माना था, किन्तु इस प्रकार के निर्णय का आधार दृढ़ नहीं है। अमरुशतक के पूर्वोल्लिखित चारों संस्करणों में आये श्लोकों के अतिरिक्त कुछ अधिक श्लोक प्राचीन सुभाषित संग्रहों में भी उद्धृत हैं। वल्लभदेव द्वारा संगृहीत प्राचीन काव्य-संग्रह 'सुभाषितावली' में ३० श्लोक अमरु के नाम से उद्धृत हैं। 'शार्ङ्गधरपद्धति' में २७ श्लोक अमरु के नाम से उद्धृत हैं। विद्याकर द्वारा संकलित 'सुभाषितरत्नकोश' में केवल दो श्लोक 'यदि विनिहिता शून्या दृष्टि:...', 'वलतु तरला दृष्टा दृष्टि:...' अमरुक के नाम से उद्धृत हैं। विद्याकार ने यद्यपि अमरु के कुल श्लोक ३२ श्लोक उद्धृत किये हैं किन्तु उनमें १३ बिना कवि के

१. अमरुशतकम्, अँग्रेज़ी अनुवाद, चिन्तामण रा. देवधर, भूमिका—१२-२१, पूना, १९५९

नामोल्लेख के तथा शेष विकटनितम्बा, सिद्धोक, भट्टहरि, देवगुप्त आदि के नाम से उद्धृत हैं। इनसे केवल ५० वर्ष के बाद तेरहवीं शती के प्रथम दशक में स्थित 'सदुक्तिकर्णामृत' के संकलनकर्ता श्रीधरदास ने इन श्लोकों में से २३ श्लोक अमरु के नाम से दिये हैं। विद्याकर ने जो दो श्लोक अमरुक के नाम से दिये हैं, वे अमरुशतक के किसी संस्करण में प्राप्त नहीं हैं, किन्तु 'सुभाषितावली' में अमरुक के नाम से एक तो उसी रूप में दूसरा कुछ पाठान्तर में प्राप्त है।[१] इन प्राचीन-सुभाषितों अथवा काव्य-संग्रहों में एक में अमरु के नाम से उद्धृत श्लोक दूसरे में किसी दूसरे के नाम से अथवा बिना नाम दिये ही उद्धृत किये गये हैं। कभी-कभी उद्धृत श्लोक के लिए रचयिता कवि का दिया गया नाम श्लोक में आये किसी भाव अथवा शब्द से अनुप्रेरित अतएव कल्पित प्रतीत होता है। जैसे—

प्रहरविरतौ मध्ये वाह्नस्ततोऽपि परेण वा
किमुत सकले याते वाह्नि प्रिय त्वमिहैष्यसि।
इति दिनशतप्राप्यं देशं प्रियस्य यियासतो
हरति गमनं बालालापैः सवाष्पगलज्जलैः॥ (-१२)

इस श्लोक के रचयिता 'सूक्तिमुक्तावली' और 'सुभाषितावली' में 'झलज्झलिका वासुदेव' तथा 'शार्ङ्गधरपद्धति' में 'गलज्जलवासुदेव' बताये गये हैं।

तप्ते महाविरहवह्निशिखावलीभि—
रापाण्डुरस्तनतटे हृदये पियायाः।
मन्मार्गवीक्षणनिवेशितदीनदृष्टे—
र्नूनं छमच्छमिति वाष्पकणाः पतन्ति॥ (-८६)

यह श्लोक 'सुभाषितावली' और शार्ङ्गधरपद्धति' में 'छमच्छमिकारत्न' के नाम से उद्धृत है। इस प्रकार का नामोल्लेख केवल अमरु के श्लोकों पर ही नहीं, अन्यत्र बहुधा दिखायी पड़ता है। इसलिए भी अर्जुनवर्मदेव के संस्करण को ही प्रामाणिक आधार बनाना ही एकमात्र गति बच रहती है।

---

१. 'यदि विनिहिता शून्या दृष्टिः...' १६२५ (श्लो. संख्या)
'चलतु तरल धृष्टा दृष्टिः...' १५७५ (श्लो. संख्या)
सुभाषितावली, पीटर्सन, बाम्बे १८८६

साथ ही दूसरे संस्करण में एवं सुभाषित संग्रहों में अमरु के नाम से प्राप्त श्लोकों को भी गृहीत करना आवश्यक है, क्योंकि अर्जुनवर्मदेव के संस्करण से बहिर्गत श्लोकों में से कितने ही अमरुरचित हो सकते हैं। प्राचीन परम्पराएँ इन्हें पृथक–पृथक स्वरूपों में अमरु के नाम से कहती हैं। इन विभिन्न परम्पराओं में से अर्जुनवर्मदेव के संस्करण को हम उपलब्ध प्रमाणों के आधार पर अधिक प्रामाणिक मान सकते हैं; किन्तु अन्य परम्पराओं का सर्वथा अपलाप नहीं कर सकते।

इन विभिन्न संस्करणों एवं सुभाषित संग्रहों के परस्पर विरोधी कथनों से सतर्क होना स्वाभाविक है। यह प्रश्न हो सकता है कि क्या 'अमरुशतक' एक कवि की रचना है, या अनेक कवियों की रचनाओं का 'अमरु' द्वारा किया गया संकलन है। डा. डी.डी. कोसम्बी ने 'अमरुशतक' को एक संकलन माना है। उनकी दृष्टि में यह एक व्यक्ति की रचना की अपेक्षा संग्रह ही अधिक प्रतीत होता है।[१] किन्तु यह सम्मति स्वीकार नहीं की जा सकती। सामान्यत: शतक एक व्यक्ति की ही रचना होती है। इसमें स्वतंत्र मुक्तक होते हैं। कोई कथासूत्र भी इन्हें नहीं बाँधता, न तो कोई वर्गीकरण ही होता है। इसलिए प्रक्षेप होने की गुँजायश बहुत रहती है। किन्तु अमरु की अपनी 'स्पिरिट', वैयक्तिकता और ढाँचे की एकता दिखलायी पड़ती है, जो इसे एक ही सर्जक मस्तिष्क की रचना सिद्ध करती है।[२] देवधर महाशय के इस तर्क में पर्याप्त बल है। 'अमरुशतक' में प्रक्षेप हो सकते हैं, किन्तु मूलत: वह एक ही व्यक्ति की रचना है।

अमरु के टीकाकार

अमरु की शतक का रसास्वादन जहाँ शताब्दियों तक सहृदयों को संतृप्त करता रहा, वहीं इसे महान टीकाकार भी उपलब्ध हुए। यद्यपि इन टीकाओं की संख्या अधिक नहीं है, परन्तु यह बात महत्त्वपूर्ण है कि इन टीकाकारों में से तीन कला मर्मज्ञ, रसिक नृपति हैं। ये हैं—अर्जुनवर्मदेव, वेमभूपाल और रुद्रमदेवकुमार। चौथे व्यक्ति हैं रविचन्द्र। अन्त:साक्ष्य

---

१. The Subhasitarantnakosa, Edited by D.D. Kosambi and V.V. Gokhale, Introduction. p. 71, Harvard Oriental Series 42, 1957.

२. Amarusatakam, Introduction, G. R. Devadhar, p. 21, Oriental Series 101, Poona, 1959.

तथा बहि:साक्ष्यों के आधार पर उनके सम्बन्ध में थोड़ी-सी जानकारी उपलब्ध होती है।

अर्जुनवर्मदेव

अर्जुनवर्मदेव ने स्वत: अपने सम्बन्ध में अपनी टीका के आदि में लिखा है—

> ''क्षिप्ताशुभः सुभटवर्मनरेन्द्रसूनुर्वीरव्रती जगति भोजकुलप्रदीपः।
> प्रज्ञानवानमरुकस्य कवेः प्रसारश्लोकाञ्छतं विवृणुतेऽर्जुनवर्मदेवः॥''

इससे स्पष्ट है कि अर्जुनवर्मदेव मालवनरेश पारमार भोज के वंश में उत्पन्न हुए थे और सुभटवर्म के पुत्र थे। काव्यमाला में प्रकाशित १२७२ वैक्रम संवत् के एक दानपत्र से भी इस बात की पुष्टि होती है। अत: ईसा की तेरहवीं शताब्दी का पूर्वार्ध अर्जुनवर्मदेव का समय निश्चित होता है। अपनी टीका में यत्र-तत्र उन्होंने अपने गुरु 'बालसरस्वती अपरनाम मदन' के श्लोक प्रमाणस्वरूप उद्धृत किये हैं। प्रथम श्लोक की टीका में ही वे कहते हैं—

> 'यदुक्तमुपाध्यायेन बालसरस्वत्यपरनाम्ना मदनेन—
> संसारे यदुदेति किञ्चन फलं तत्कृच्छ्साध्यं नृणां
> कित्वेतत्सुखसाध्यमस्ति युगलं सम्यग्यदि ज्ञायते।
> यल्लक्ष्मीसमुपार्जनं पुलकिनां रक्तस्वरं गायतां
> यत्कान्तारतिनिस्तरङ्गमनसामुत्पद्यते नन्दनः॥'

उपर्युक्त दानपत्र की समाप्ति में भी कहा गया है कि वह राजगुरु मदन रचित है। इससे ज्ञात होता है कि अर्जुनवर्मदेव के कोई गुरु मदन नाम के थे और उन्होंने किसी एक ग्रन्थ की भी रचना की थी जो आज उपलब्ध नहीं है। निर्णयसागर प्रेस से प्रकाशित अमरुशतक की भूमिका में एक श्लोक प्रकाशित है। उसमें कदाचित इन्हीं मदन आचार्य का वर्णन किया गया है। श्लोक है—

> ''हरिहरगर्व परिहर कविराजगजांकुशो मदनः।
> मदन विमुद्रय वदनं हरिहरचरितं स्मरातीतम्॥''

स्वयं अर्जुनवर्मदेव अपने को न केवल 'वीरव्रती' और 'भोजकुल का प्रदीप' मानते हैं, अपितु अपने 'प्रज्ञान' की घोषणा भी करते हैं। अर्जुनवर्मदेव

की 'रसिक संजीवनी' टीका में प्राचीन काव्यशास्त्रीय ग्रन्थों एवं काव्यों से प्रभूत उद्धरण दिये गये हैं। भाव-विवेचन की सूक्ष्म और सरस शैली के दर्शन होते हैं। पाठ भेद और प्रक्षेपों पर भी कहीं-कहीं विचार किया है। अर्जुनवर्मदेव की सरस साथ ही वैज्ञानिक व्याख्यापद्धति उन्हें महान टीकाकारों में स्थान दिलाती है।

वेमभूपाल

वेमभूपाल ने भी अपनी टीका 'श्रृंगार-दीपिका' में अपना परिचय दिया है—

''आसीच्चतुर्थान्वयचक्रवर्ती वेमक्षितीशो जगनोब्बगण्डः।
एकादशेति प्रतिभाति शंका येनावताराः प्रथमस्य पुंसः॥
राज्यं वेमः सुचिरमकरोत् प्राज्यहेमाद्रिदानो
भूमीदेवैर्भुवमुरुभुजो भुक्तशेषामभुङ्क्त।
श्रीशैलाग्रात् प्रभवति पथि प्राप्तपानालगंगे
सोपानानि प्रथमपदवीमारुरुक्षुश्चकार॥
माचक्षोणिपतिर्महेन्द्रमहिमा वेमक्षितीक्षाग्रजो
रामाद्यैः सदृशो बभूव सुगुणैस्तस्य त्रयो नन्दनाः।
कीर्त्या जाग्रति रेडिपोतनृपतिः श्रीकोमटीन्द्रस्ततो
नागक्ष्मापतिरित्युपान्तवपुषो धर्मार्थकामा इव॥
वेमाधिपो माचविभुश्च नन्दनौ श्रीकोमटीन्द्रस्य गुणैकसंश्रयौ।
भूलोकमेकोदरजन्मवाञ्छया भूयोऽवतीर्णाविव रामलक्ष्मणौ॥
स वेमभूपः सकलासु विद्यास्वतिप्रगल्भो जगदेकबन्धुः।
कदाचिदास्थानगतः कवीनां काव्यामृतास्वादपरः प्रसङ्गात्॥
अमरुककविना रचितां श्रृंगाररसात्मिकां शतश्लोकीम्।
श्रुत्वा विकसितचेतास्तदभिप्रायं प्रकाशतां नेतुम्॥''[१]

इस आत्म-परिचय से स्पष्ट है कि वेमभूपाल रेड्डिनरपति कोमटीन्द्र के पुत्र थे। ऐसा प्रतीत होता है कि ये वेम और अभिनवभट्टबाण के 'वेमभूपालचरित' अथवा 'वीरनारायणरचित' के नायक कोन्डवीडु के वेम अथवा पैड कोमटी वेम उपनाम वीरनारायण एक ही थे। इनका समय १४०३-१४२० ई. है।[२] चि.रा. देवधर ने 'श्रृंगारदीपिका' और अन्नवेम के ताम्रलेख के आधार पर वेम भूपाल की वंशावली दी है—

१. अमरुशतकम्—देवधर, पृ. १-२, पूना, १९५९
२. Sanskrit Poetics–S.K. De, i., p. 314

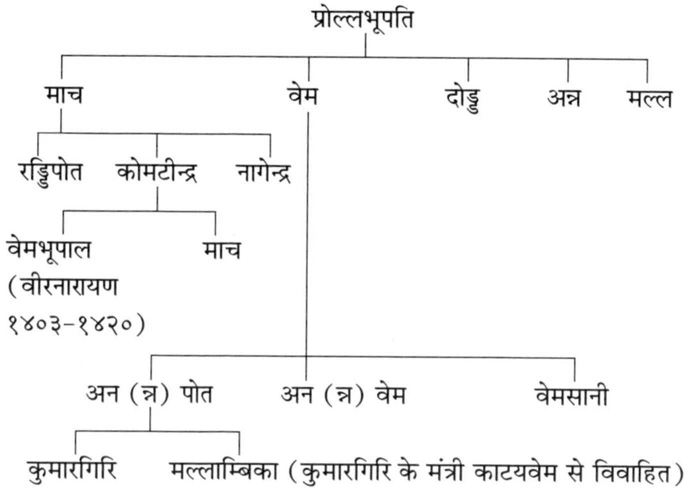

प्रोल्ल के द्वितीय पुत्र वेम की उपाधि 'पल्लवत्रिनेत्र' और 'जगन्नोब्बगण्ड' थी। उसने कृष्णा की सहायक नदी पाताल गंगा से श्रीशैल पर्वत तक सीढ़ियाँ बनवायी थीं। वेमभूपाल की उपाधि 'वीरनारायण' तथा 'जगनोब्बगण्ड' थी। वेमभूपाल ने अमरुशतक पर 'शृंगारदीपिका' टीका के अतिरिक्त अलंकार पर 'साहित्य चिन्तामणि' और संगीत पर 'संगीत चिन्तामणि' ग्रन्थ भी लिखे थे।[१]

'शृंगारदीपिका' के सम्बन्ध में स्वयं वेमभूपाल ने कहा है कि वे प्रक्षिप्त का परित्याग कर मूल श्लोकों पर विद्वानों की प्रिय टीका लिख रहे हैं। अवतार, सम्बन्ध, अभिप्राय, भाव-लक्षण, नायिका, नायिकावस्था, नायक, रस, कैशिकीवृत्ति के अंग और फिर अलंकार का क्रम से विवेचन इस टीका में करने का उनका दावा है। 'रसिक संजीवनी' के बाद दूसरी प्रमुख टीका यही है।

रविचन्द्र

रविचन्द्र ने 'अमरुशतक' पर 'कामदा' टीका लिखी। इसमें प्रत्येक श्लोक का शृंगार और शान्त—दो पक्षों में अर्थ किया गया। रविचन्द्र ने अपना नाम ज्ञानानन्द कलाधर फिर रविचन्द्र दिया है। अपने को कविकुलालंकार

१. अमरुशतकम्—चि.रा. देवधर, भूमिका (अंग्रे., सं.), पृ. ३०-३१, पूना, १९५९

'चूड़ामणि' कहते हैं। ढाका यूनिवर्सिटी की पाण्डुलिपि में उनका नाम 'खान रविचन्द्र कलाधर' दिया गया है। 'खान' आदरसूचक मुस्लिम उपाधि है। यदि यह प्रामाणिक है, तो रविचन्द्र का किसी मुसलमान शासक से सम्मानित होना बताती है। रविचन्द्र का समय निश्चित नहीं है, किन्तु वे रुद्र का नामतः उद्धरण देते हैं, अतः बारहवीं शती से पूर्व नहीं हो सकते। उन्होंने 'मेदिनीकोष' से भी उद्धरण दिया है। 'मेदिनीकोष' का समय पी.के. गोड के अनुसार १२००-१२७५ ई. है। अतः रविचन्द्र का समय १३वीं शती के बाद ही हो सकता है।[१]

रुद्रमदेवकुमार

रुद्रमदेवकुमार ने अपनी व्याख्या के अन्त में लिखा है—

> "अमरुकशतमिदमित्थं स्वबुद्धिविभवाद्रसाब्धितत्वज्ञः।
> रुद्रमदेवकुमारो विदग्धचूड़ामणिर्व्यवृणोत्॥"

देवधर महोदय ने रुद्रमदेवकुमार और काकतीय नरेश प्रतापरुद्र (१२९०-१३६२) को एक माना है। प्रतापरुद्र काकतीय महारानी रुद्रामाम्बा के पौत्र थे। रुद्रमाम्बा ने स्वयं अपने पिता गणपति के बाद उनकी गद्दी पर शासन किया था। १२६१ ई. के एक अभिलेख से पता चलता है कि रुद्रमाम्बा ने अपने पिता की अनुमति से दान दिये थे और उनके पुत्र का नाम रुद्रदेव था। रुद्रदेव वस्तुतः रुद्रमाम्बा की पुत्री के पुत्र थे और उन्हें रुद्रमाम्बा ने गोद ले लिया था। रुद्रमाम्बा ने रुद्रदेव को १२९० ई. में शासन भार सौंप दिया। शासन के आरम्भिक वर्षों में रुद्रमदेवकुमार को 'कुमार रुद्रदेव महाराज और रुद्रमाम्बा को रुद्रदेव महाराज' नाम से अभिलेखों में कहा गया है। 'प्रतापरुद्रीय' इस रहस्य को स्पष्ट कर देती है। रुद्रमाम्बा के पिता गणपति ने अपने कोई पुत्र न होने के कारण पुत्री रुद्रमाम्बा को ही पुत्रवत पाला और उसका नाम 'रुद्र' रखा। रुद्रमाम्बा अपने शासनकाल के अभिलेखों में 'रुद्रदेव महाराज' तथा 'रुद्रम महादेवी' नामों से अभिहित है। स्पष्ट है कि 'रुद्र' नाम के आगे स्त्री-पुरुष दोनों के ही लिए लगनेवाला 'म' लग गया है। अभिलेखों के कुमार रुद्रदेव हमारे टीकाकार रुद्रमदेवकुमार ही हैं।[२]

---

१. 'The Text of Amaru-Sataka'—S.K.D. Our Heritage, Vol. 2, Part 1, p. 13

२. अमरुशतकम्—भूमिका, पृ. १३-१४ (अँग्रेज़ी, सं.), चि. रा. देवधर, पूना, १९५९

इस प्रकार रुद्रमदेवकुमार वेमभूपाल से भी पहले के टीकाकार सिद्ध होते हैं? रुद्रमदेवकुमार स्वयं कवि और विद्वानों के आश्रयदाता थे। उन्होंने 'ययातिचरित' और 'उषारागोदय' नाम के दो नाटक लिखे थे। संभवतः यह उनके राज्यारोहण के पूर्व की रचनाएँ हैं। उन्होंने इसी शताब्दी के प्रथम दशक में लिखी अर्जुनवर्मदेव की टीका कदाचित नहीं देखी थी। रुद्रमदेवकुमार की टीका का नाम नहीं दिया गया है। किन्तु उद्धृत श्लोक के आधार पर तथा 'फ्लोरेन्टाइन' पाण्डुलिपि और बी.ओ.आर.आई. की पाण्डुलिपि के आधार पर एस.के. दे महोदय द्वारा दिया गया विवृति, टिप्पणी अथवा अवचूरि नाम हो सकता है। इस टिप्पणी में कोई उद्धरण, रस, अलंकार आदि का विवेचन नहीं है। केवल श्लोकों की खण्डान्वयानुसारी अर्थ किया गया है। एस.के. दे महोदय ने इसे 'कथम्भूती' टीका की संज्ञा दी है!

अन्य टीकाकार

रामानन्दनाथ वाग्दास की एक 'सरलाक्षरा' टीका भी है। इसमें मल्लिनाथ का उल्लेख होने से यह परवर्ती टीका मालूम होती है। रामरुद्र न्यास-वागीश द्वारा विरचित बिना नाम की एक टीका भी है। कोकसंभव की 'निष्टंकिताशया' टीका भी अमरुशतक पर लिखी गयी। चतुर्भुज की 'भावचिन्तामणि' तथा सूर्यदास की 'श्रृंगारतरंगिणी' टीका भी अमरुशतक की उल्लेखनीय टीकाओं में है। इन टीकाओं के अतिरिक्त अन्य ज्ञात और अज्ञात लेखकों की टीकाएँ भी हैं। शेषरामकृष्ण, नन्दलाल, शंकराचार्य, वेंकटवरद, हरिहर भट्ट, देवशंकर भट्ट, गोष्ठीसुरेन्द्र की टीकाएँ तथा अज्ञातकर्तृक टीकाएँ इनमें आती हैं।[१] श्री एस.के. दे के अनुसार ऐसी समस्त टीकाओं की संख्या चालीस तक पहुँचती है।[२]

अमरु की इन समस्त टीकाओं में 'रसिकसंजीवनी' का स्थान सर्वोपरि है। अर्जुनवर्मदेव की विमल दृष्टि ने न केवल काव्य के मर्मों का उद्घाटन किया अपितु पूर्ण जागरूकता के साथ उचित पाठ और प्रक्षेप पर भी विचार किया। मल्लिनाथ के शब्दों में उनका आदर्श भी मुखर हो उठता है—

---

१. History of Classical Sanskrit Literature, M. Krishnama Charian, p. 350, Madras, 1937

२. Our Heritage, Vol. 2, Part 1, p. 13-14, 1954

"इहान्वयमुखेनैव सर्वं व्याख्यायते मया।
नामूलं लिख्यते किञ्चिन्नानपेक्षितमुच्यते॥"

संस्कृत साहित्य की शृंगार परम्परा—संस्कृत साहित्य की सुदीर्घ परम्परा में 'रति' को बड़ा सम्मान मिला है, विशेषतः कान्ता-विषयिणी रति को। ऐसा नहीं कि संस्कृत के साहित्यकार ने जीवन के अन्य पक्षों को, मानव के हृदय में प्रतिष्ठित अन्य भावों को अंकित न किया हो, उन्हें अपनी लेखनी में उतारा न हो; किन्तु रति की—शृंगार की तो बात ही दूसरी थी। आर्ष महाकाव्यों में जीवन के विशाल-व्यापक परिवेश में शृंगार को भी यथोचित स्थान मिला। किन्तु प्रसारोन्मुख-विकासोन्मुख समग्र राष्ट्र की प्रतिच्छवि इन महाकाव्यों में शृंगार ही प्रधान हो, यह स्वाभाविक न था। 'रामायण' की बढ़ती हुई भौगोलिक सीमाओं में, युद्ध करती और फिर एक होती 'भारती सन्तति' में उभरते जीवन्त चरित्रों के अंकन में सारे रस समाते गये। 'यदि हास्ति तदन्यत्र यन्नेहास्ति न तत् क्वचित्?' की असीम सीमा में विस्तीर्ण 'महाभारत' में भला शृङ्गार के प्राधान्य की बात ही कहाँ उठती है? किन्तु आदि कवि के हृदय में समायी करुणा की अभिव्यक्ति जहाँ होती है, वहाँ रति और करुणा को एक झीना आवरण ही पृथक् करता है। आचार्य आनन्दवर्धन ने ठीक ही कहा—

> "रामायणे हि करुणो रसः स्वयमादिकविना सूत्रितः 'शोकः श्लोकत्वमागतः' इत्येवंवादिना। निर्व्यूढश्च स एव सीतात्यन्तवियोगपर्यन्तमेव स्वप्रबन्ध-मुपरचयता।"

सीता का हमेशा के लिए वियोग हो गया। विप्रलम्भ न हुआ। रति शोक में बदल गयी। फिर मिलने की आशा भी होती, तो शृंगार रस ही होता।

'महाभारत' में शान्त रस प्रधान हुआ। वृष्णियों और पाण्डवों के अवसान में 'महाभारत' की परिणति हुई। प्राचीन भारत के अशान्त-विक्षुब्ध समुद्र में श्मशान की शान्ति जा विराजी थी। महामुनि ने विराग की सृष्टि के लिए शान्त रस का उपनिबन्धन किया।

आसेतुहिमाचल, विस्तीर्ण भारत का लोकपुरुष उस युग की तैयारी में लग गया, जब कालिदास जनमने वाले थे। भले ही शंकित अश्वघोष ने कहा हो 'ग्राह्यं न ललितम्' किन्तु उर्ध्वगामी युग, और सञ्चित समृद्धि शृंगार के समुदय की भूमिका थी। कालिदास के महाकाव्यों, खण्ड काव्यों और

नाटकों में श्रृंगार के स्वर गूँज उठे। सारी भारत-धरित्री इस माधुरी में सराबोर हो उठी। सातवाहन हाल की 'गाहासत्तसई'—धरती की सुगन्ध में रसी-बसी कोटि 'गाहा' में चुना 'अमिअ पाउअकव्व' (अमृत प्राकृतकाव्य) इस लोकजीवन का स्वर है। संस्कृत काव्य की सभी विधाओं में 'रसराज' का राज्य हो गया। संस्कृत के परवर्ती महाकाव्यों में शृंगारी जीवन का विस्तार था। काव्य की ह्रासोन्मुखी प्रवृत्ति शृंगार वर्णन में लक्षित होती है। नाटकों में शृंगार संयमित था, किन्तु हर्ष की 'रत्नावली' नाटिका और 'राजशेखर' के 'कर्पूरमञ्जरी' सट्टक में जिस शृंगार का चित्र है, वह समसामयिक राजान्त:पुर के विलासी जीवन की प्रतिच्छाया है। बाण के 'हर्षचरित' में हर्ष के पिता का अन्त:पुर कुछ कम नहीं है। हाल की 'सत्तसई' जैसी 'आर्यासप्तशती', 'अमरुशतक', भर्तृहरि की 'शृंगारशतक', बिल्हण की 'चौरपञ्चाशिका' आदि संस्कृत रचनाओं में शृंगार के विविध बहुरंगी चित्र आये। महाकाव्यों और नाटिकाओं का शृंगारी चित्र राजान्तापुरों के अधिक समीप है, किन्तु इन सप्तशतियों, शतकों, पञ्चाशिकाओं का शृंगार सामान्य-जन के शृंगारी जीवन की अभिव्यक्ति करता है। धार्मिक साहित्य के शृंगार की परिणति 'यमुना के कूल पर राधामाधव की रह:केलि की जय' में हुई। जयदेव कवि की मधुर काकली में, शृंगार के स्वर तैरते रहे। ऐसे अनेक काव्य संस्कृत में आते रहे। लोक भाषा पर भी इसका प्रभाव पड़ा। विद्यापति की पदावली में यह दाय सुरक्षित रहा। हिन्दी कविता में भी शृंगार की यह धारा निर्बाध रही। वीरों के जीवन वर्णन में भी रणकौशल पूर्व प्रणय व्यापार का वर्णन आवश्यक रहा। फ़ारसी परम्पराओं से प्रभावित प्रेममार्गी काव्य में शृंगार का उद्देश्य व्यापकतर हो, किन्तु यह यथा-स्थान डटा रहा। यह सब शृंगार संस्कृत के महाकाव्यों की परम्परा में था। हिन्दी की रीतिकालीन परम्परा में संस्कृत-मुक्तकों का प्रभाव भी सम्पृक्त हो गया। गाहासत्तसई, आर्यासप्तशती, अमरुशतक का व्यापक प्रभाव हिन्दी के रीतिकालीन साहित्य पर पड़ा। कृष्णकाव्य पर 'श्रीमद्भागवत', 'उज्ज्वलनीलमणि', 'भक्तिरसामृतसिन्धु' की 'माधुरी' का प्रभाव भी गाढ़तर होता गया। संस्कृत की काव्य और शास्त्र की शृंगारिक प्रवृत्ति अनेक धाराओं में प्रवाहित होती शताब्दियों तक निर्बाध बहती रही। वात्स्यायन के कामसूत्र में शास्त्रनिहित हो कर साहित्य और कला में पिरोई यह प्रवृत्ति रीतिकाल के अन्त तक प्रवाहित होती रही।

शृंगार

अमरुशतक में शृंगार के ही विभिन्न चित्रों का अंकन है। शास्त्रीय दृष्टि से 'स्त्री और पुरुष की परस्पर अनुराग बुद्धि शृंगार कही जाती है।' साहित्य दर्पणकार विश्वनाथ के मत में शृंग का अर्थ मन्मथ का प्रस्फुरण होना है। शृंग कामोद्रेकम् ऋच्छति अनेन (शृंग + ऋ + अण्) शृंगारः। जिसमें स्त्री और पुरुष की काम वासना प्रदीप्त होती है, वह रस शृंगार कहलाता है। वात्स्यायन के अनुसार 'आत्मा से युक्त मन द्वारा श्रोत्र, त्वचा, नेत्र, जिह्वा तथा घ्राण का अपने-अपने विषय के अनुकूल प्रवृत्त होना काम है।'[१] इसी सूत्र की टीका में यशोधर ने इसे सामान्य काम का लक्षण माना है। विशेष काम का लक्षण कहते हुए वात्स्यायन तुरन्त बाद में बारहवें सूत्र में कहते हैं—'(स्त्री-पुरुष के) स्पर्श विशेष से तो अभिमानिक (राग संकल्प से सुख समझे जाते चुम्बनादि) सुख से अनुविद्ध इसकी फलवती अर्थप्रतीति प्राधान्यतः काम है।' यशोधर अपनी जयमंगला टीका में स्पष्ट करते हैं—'सुखेनानुविद्धेत्या-क्षिप्तसंस्कारेऽर्थप्रतीतिः प्राधान्यात्कामः।' काम के सामान्य स्वरूप से स्पष्ट हो जाता है कि प्राणी के अन्तः में उत्पन्न मूल प्रवृत्ति इसका आधार है। शृंगार संभोग और विप्रलम्भ दो प्रकार का होता है। परस्पर अनुरक्त प्रणयीयुगल की अनन्त प्रणय चेष्टाएँ सम्भोग पद की वाच्य हैं। फलतः संभोग शृंगार के प्रकार अनन्त हैं। उनकी गणना नहीं की जा सकती।

दशरूपककार ने शृंगार के तीन भेद किये हैं—अयोग, विप्रयोग और संभोग। अयोग शृंगार वह स्थिति है, जब दो प्रणयी एक-दूसरे के प्रति परस्पर अनुरक्त होते हैं किन्तु परतंत्रता या दैववश एक दूसरे से पृथक् रहते हैं। अयोग शृंगार में एक दूसरे के प्रति पूर्वानुराग होता है, किन्तु मिलन किन्हीं कारणों से नहीं हो पाता। इस अयोग शृंगार की दस अवस्थाएँ होती हैं। अभिलाष, चिन्तन, स्मृति, गुणकथा, उद्वेग, प्रलाप, उन्माद, संज्वर, जड़ता तथा मरण। इनकी अवस्था उत्तरोत्तर तीव्र होती जाती है। इन दस अवस्थाओं की ओर आचार्यों ने संकेत कर दिया है। महाकवियों के प्रबन्ध में तो अनन्तदशाएँ चित्रित हैं। विप्रयोग शृंगार में एक बार समागम हो जाने के बाद वियोग होता है। यह वियोग या तो रूढ़

---

१. कामसूत्र : वात्स्यायन अधिकरण १, अध्याय, सूत्र ११

होता है या प्रेम का ही एक बहाना हो सकता है। प्रणयी जन जब वस्तुतः दूर होते हैं, तब प्रवास रूप वियोग होता है और दूसरा होता है मानरूप वियोग, जब प्रेम या ईर्ष्या के कारण मान ठान लिया जाता है। ईर्ष्यामान के वैमनस्य, व्यलीक, विप्रिय और मन्यु—ये चार कारण हो सकते हैं। शाप के कारण भी वियोग होता है। विरह में यदि मिलन की आशा होती है तो विप्रलम्भ होता है। यदि आत्यन्तिक अर्थात् हमेशा के लिए वियोग होता है, तो करुण होता है। यदि मरण के बाद आकाशवाणी आदि के द्वारा प्रियजन के जीवन की सूचना मिल जाती है तो विप्रलम्भ शृंगार ही होता है।

नायिका भेद

शृंगार का आलम्बन तो नायक और नायिका होती ही है, किन्तु नायिका को विशेष महत्त्व दिया गया। आचार्य अभिनवगुप्त ने कहा 'स्त्रीति नामापि मधुरम्।' भोज ने भी शृंगारप्रकाश में कहा, 'नामापि स्त्रीति संह्लादि विकरोत्येव मानसम्।' भरत ने भी स्त्री को सुख का मूल माना है। अतएव नायिका का वैशिष्ट्य होना स्वाभाविक है। नायिका का वर्गीकरण तीन प्रकार से होता है। पहले प्रकार का वर्गीकरण नायक के और उसके सम्बन्ध पर आधारित होता है। दूसरे प्रकार के वर्गीकरण का आधार उसकी अवस्था तथा नायक के प्रतिकूल आचरण करने पर नायिका की प्रतिक्रिया होती है। तीसरे प्रकार का वर्गीकरण उसकी प्रेमगत दशा के वर्णन से सम्बद्ध है।

दशरूपककार के अनुसार नायिका तीन प्रकार की होती हैं। स्वीया, अन्या तथा सामान्या। स्वीया अथवा स्वकीया नायक की विवाहिता पत्नी होती है। अन्या या तो किसी अन्य की विवाहिता पत्नी अथवा अविवाहिता कन्या हो सकती है। सामान्या से तात्पर्य सर्वसाधारण की स्त्री अथवा वेश्या से है।

अवस्था के अनुसार नायिका तीन प्रकार की होती है। मुग्धा, मध्या तथा प्रौढ़ा अथवा प्रगल्भा। मुग्धा नायिका आरूढ़यौवना होती है। वह बड़ी भोली, प्रेम की चातुरी से अनभिज्ञ और डरी-डरी सी रहती है। नायक के समीप एकान्त में रहने पर उसे भय लगता है। नायक यदि प्रतिकूल कार्य करता है, तो क्रोध न कर स्वतः रोती है। सखियों की सीख भी उसे याद

नहीं रहती। मध्या नायिका में कामवासना उद्भूत हो जाती है। नायक के प्रतिकूल आचरण करने पर उसके तीन रूप होते हैं—धीरा, धीराधीरा और अधीरा। धीरा मध्या प्रतिकूल आचरण करने पर नायक को श्लेषगुम्फित वाक्यों में उलाहना देती है। धीराधीरा रोती भी है और कटु व्यंग्य भी सुनाती है। अधीरा मध्या नायक के अप्रिय आचरण पर उसे कटु शब्दों से लताड़ती है। प्रौढ़ा या प्रगल्भा प्रणय की कला में कुशल होती है। उसे प्रणय व्यापार का अनुभव होता है। अपराधी प्रियतम के प्रति उसकी भी प्रतिक्रिया तीन रूप में हो सकती है—धीरा, अधीरा, धीराधीरा। धीरा प्रौढ़ा अपराधी प्रिय से कुछ नहीं कहती, बस उदासीन हो जाती है। वह नायक के प्रणय व्यापार में प्रोत्साहन नहीं देती और इस प्रकार बाधा उत्पन्न कर अपने क्रोध को व्यक्त करती है। अधीरा प्रौढ़ा नायक को डराती-धमकाती है, अवसर पड़ने पर मार भी देती है। धीराधीरा प्रौढ़ नायिका व्यंग्योक्तियों का प्रयोग करती है। मध्या तथा प्रौढ़ा के इन तीन भेदों को ज्येष्ठा और कनिष्ठा में वर्गीकृत करते हैं। ज्येष्ठा नायिका नायक की पहली प्रेमिका होती है। कनिष्ठा नायिका अभिनव प्रेयसी को कहते हैं। इस तरह मध्या के ६ भेद, प्रौढ़ा के ६ भेद और मुग्धा के १ भेद को मिला कर अवस्था भेद से १३ प्रकार की नायिकाएँ होती हैं।

दशाभेद से नायिकाएँ आठ प्रकार की होती हैं। स्वाधीनपतिका, वासक-सज्जा, विरहोत्कण्ठिता, खण्डिता, कलहान्तरिता, विप्रलब्धा, प्रोषितप्रिया तथा अभिसारिका। स्वाधीनपतिका का नायक उनके सर्वथा अनुकूल रहता है जैसे वह उसके आधीन हो। वासकसज्जा नायिका पति के आने की राह देखती प्रसाधन-मण्डिता सज्जित हो नयन बिछाए रहती है। नायक के आने की उसे पूरी आशा रहती है। विरहोत्कण्ठिता नायिका का नायक ठीक समय पर नहीं आता, इसलिए वह समुत्सुक बनी रहती है। प्रिय के आने की आशा और निराशा का संघर्ष उसके हृदय में बना रहता है। खण्डिता नायिका का प्रिय किसी दूसरी कान्ता के साथ रात्रि बिता कर लौटता है। संभोग के चिह्न देख कर खण्डिता क्रुद्ध होती है। कलहान्तरिता प्रिय से कलह कर लेती है और क्रोध में प्रिय का निरादर करती है। विप्रलब्धता नायिका संकेत स्थल पर जाती है। किन्तु प्रिय वहाँ नहीं पहुँचता। वह ठगी जाती है। प्रोषित प्रिया प्रवासी की कान्ता को कहते हैं। अभिसारिका या तो स्वतः प्रिय के पास अभिसार करने जाती है अथवा

दूती के द्वारा उसे अपने पास बुला लेती है।

भरत ने नायक-नायिका को प्रथमतः उत्तम, मध्यम, अधम भेद में विभक्त किया। उन्होंने दिव्या, नृपपत्नी, कुलस्त्री और गणिका—ये भेद भी किये। अवस्था के अनुसार वासकसज्जिका, विरहोत्कण्ठिता, अभिसारिका आदि पूर्वोल्लिखित भेदों का निर्देश भी उन्होंने किया है। कामसूत्रकार वात्स्यायन सवर्णतः प्रयुज्यमान काम को पुत्रीय, यशस्य और लौकिक मानते हैं तथा अपने से उत्तम वर्ण में अथवा परोढ़ा में प्रयुज्यमान काम को विपरीत मानते हैं। अवरवर्णा तथा पात्रबहिष्कृता में प्रतिषिद्ध तथा वेश्या और पुनर्भू को न शिष्ट ही मानते हैं और प्रतिषिद्ध ही। वे कन्या, पुनर्भू और वेश्या ये तीन प्रकार की नायिकाएँ मानते हैं। अन्य कारणवश परस्त्री को चौथी प्रकार की नायिका गोणिकापुत्र ने माना है। पुनर्भू का अर्थ कहते हुए यशोधर ने बताया है कि जो स्त्री अक्षतयोनि होने के कारण पुनः यथाविधि विवाहिता होती है, उसे पुनर्भू कहते हैं। रुद्रट ने 'शृंगारतिलक' में विधवा, परिव्राजिका, गणिका, दुहिता, परिचारिका और कुलयुवती—ये भेद भी स्वीकार किये हैं।

नायिकाओं के २० गुण अथवा अलंकार भी गिनाये गये हैं। इनमें पहले तीन शारीरिक, अन्य सात अयत्नज और शेष दश स्वभावज हैं। ये हैं—भाव, हाव, हेला, शोभा, कान्ति, दीप्ति, माधुर्य, प्रगल्भता, औदार्य, धैर्य, लीला, विलास, विच्छिन्ति, विभ्रम, किलकिञ्चित, मोट्टायित, कुट्टमित, विब्वोक, ललित तथा विहृत।

नायक भेद

भरत ने नायिका के साथ ही नायक को भी उत्तम, मध्यम और अधम—तीन श्रेणियों में बाँटा था। नाट्यशास्त्र में नायक का प्रख्यात वर्गीकरण किया गया। भरत के अनुसार नायक धीरोदात्त, धीरललित, धीरप्रशान्त तथा धीरोद्धत भेदों में विभक्त हैं। धीरोदात्त राजा या राजकुलोत्पन्न होता है। वह निरभिमान, अत्यन्त गम्भीर, स्थिर और अविकत्थन (अपनी स्वतः प्रशंसा न करनेवाला) होता है। व्रत का दृढ़ होता है। धीरललित नायक राज्य आदि की चिन्ता से मुक्त होता है। वह संगीत, नृत्य, चित्र आदि कलाओं का प्रेमी और रसिक होता है। प्रेम की उपासना में रत

धीरललित भोगलिप्त और प्राय: बहुपत्नीक होता है। धीरललित अधिकतर राजा होता है। उसका कार्य अमात्य आदि देखते हैं और वह स्वयं अन्त:पुर प्रणय के आनन्द में डूबा रहता है। नयी-नयी प्रेमिकाओं से प्रेम करने का उसे व्यसन होता है। वह अपनी महादेवी से भयभीत, शंकित सा प्रणय में प्रवृत्त होता है। धीरप्रशान्त प्रकृति का नायक धीरललित से सर्वथा विपरीत होता है। वह शान्त प्रकृति का होता है। जाति से प्राय: ब्राह्मण या वैश्य होता है। धीरोद्धत नायक घमंडी, ईर्ष्यालु, विकत्थन तथा छललिप्त होता है। नायकों का यह वर्गीकरण विशेषत: महाकाव्य और नाटकों की दृष्टि से किया गया है। भरत ने प्रेम-प्रसंग में नायिका द्वारा नायक के लिए सम्बोधनों का निर्देश किया है। प्रसन्नता की वेला में नायिका को प्रिय के लिए ये सम्बोधन करने चाहिए—प्रिय, कान्त, विनीत, नाथ, स्वामिन, जीवित और नन्दन। कोप की वेला में ये सम्बोधन विहित हैं—दु:शील, दुराचार, शठ, वाम, विकत्थन, निर्लज्ज और निष्ठुर। ये सम्बोधन प्रेमव्यापार और तत्सम्बन्धी व्यापार के आधार पर आचार्यों द्वारा स्वीकृत वर्गीकरण के सन्दर्भ में स्पष्ट हो जाते हैं। प्रेम की दशा में नायक दक्षिण, शठ, धृष्ट तथा अनुकूल देखा जा सकता है। दक्षिण नायक एक से अधिक प्रियाओं को समान रूप से प्यार करता है। शठ नायक अपनी ज्येष्ठा नायिका से बुरा व्यवहार तो नहीं करता, किन्तु कनिष्ठा से छिप-छिप कर प्रणय करता है। धृष्ठ नायक अपराध करके भी नि:शंक रहता है। झिड़कियाँ खाकर भी लज्जित नहीं होता, दोष मालूम हो जाने पर भी झूठ बोलता जाता है। अनुकूल नायक केवल एक नायिका में निरत होता है और उसी के प्रेम में डूबा रहता है।

भरत ने वेशोपचारकुशल वैदिक नायक का उल्लेख किया है। उन्होंने प्रिया के आराधन की पद्धति के अनुसार भी नायक के पाँच भेद किये हैं। चतुर, उत्तम, मध्यम, अधम तथा प्रवृत्तक या संप्रवृत्तक ये पाँच भेद हैं। भरत के धीरोदात्तादि चार भेद कामशास्त्र में नहीं दिखायी पड़ते। वात्स्यायन ने एक सार्वलौकिक नायक और दूसरा प्रच्छन्न नायक माना है। गुण और दुर्गुण से इन्हें उत्तम, मध्यम और अधम माना है। महाकुलीन, विद्वान, सर्वरीतिज्ञ, कवि, आख्यानकुशल, वाग्मी, प्रगल्भ, विविधशिल्पज्ञ, अनुभवियों की संगति करनेवाला, महत्त्वाकांक्षी (स्थूल लक्ष), महोत्साही, दृढ़भक्ति, असूयाहीन, मित्रवत्सल, गोष्ठी, प्रेक्षणक, समाज, समस्या,

घटा आदि का शौकीन, नीरोग और सर्वांगसुन्दर नायक उत्तम होता है। परकीया नायिका के प्रेम करनेवाले नायक को 'उपपति' का सम्बोधन दिया है। नायक के अनुकूल, शठ, दक्षिण और धृष्ट भेदों की चर्चा रुद्रट, धनंजय आदि सभी प्रमुख आचार्यों ने की है। भोजदेव ने अपने ग्रन्थ 'शृंगारप्रकाश' तथा 'सरस्वतीकण्ठाभरण' में गुण, प्रकृति, प्रवृत्ति तथा परिग्रह ये चार उपाधियाँ स्वीकार की हैं, जो नायक का विभाजन करती हैं। उनके अनुसार नायक गुणतः उत्तम, मध्यम और अधम तथा प्रकृतितः सात्विक, राजस, तामस और प्रवृत्तितः अनुकूल, दक्षिण, शठ और धृष्ट होता है। स्त्री को स्वीकार करने की दृष्टि से एक प्रिया वाला असाधारण और अनेक प्रिया वाला साधारण प्रकार का नायक होता है। इस प्रकार साहित्य शास्त्र में नायक का बहुविध वर्गीकरण है। शोभा, विलास, माधुर्य, गाम्भीर्य, स्थैर्य, तेज, लालित्य और औदार्य ये आठ नायक-गुण बताये गये हैं।

नायक और नायिका का एक निराला वर्गीकरण भी किया गया है। नायक शश, वृष और अश्व प्रकार का तथा नायिका मृगी, वडवा और हस्तिनी प्रकार की होती है। साथ ही नायिका पद्मिनी, चित्रिणी, शंखिनी और हस्तिनी तथा नायक भद्र, दत्त, कुचुमार और पाञ्चाल प्रकार का होता है। किन्तु इस प्रकार के वर्गीकरण को काव्यशास्त्र में स्थान नहीं दिया गया है।

वृत्तियाँ

आचार्य भरत ने चार वृत्तियों का उल्लेख किया है—भारती, सात्वती, आरभटी और कैशिकी। इन वृत्तियों को जहाँ एक तरफ नेतृ-व्यापार बताया गया है, वहाँ दूसरी इन्हें रस से भी सम्बद्ध किया गया है।[१] राजशेखर ने इस सम्बन्ध में बड़ी रोचक बात कही है। इससे उपर्युक्त तथ्य स्पष्ट हो जाता है। उन्होंने काव्यपुरुष और साहित्यविद्यारूपिणी वधू की कल्पना की है। पूर्व-पश्चिम, उत्तर-दक्षिण दिशाओं में भ्रमण करता यह काव्यपुरुष और साहित्य विद्यावधू के युगल ने तत्तद् देशों के वेशविन्यास, व्यापार अथवा विलास तथा वचन रचना के अनुकूल पृथक्-पृथक्

१. धनिक के अनुसार—नेतृ (नायक-नायिका) का वह व्यापार अथवा स्वभाव जो उसे किसी विशेष ओर प्रवृत्त करे—वृत्ति कहलाती है। व्यापार से यहाँ तात्पर्य वेश, विलास, वचन, रचना आदि से है।

प्रवृत्ति, वृत्ति और रीति देखी। इस प्रकार देशनियत चार प्रवृत्ति, चार वृत्ति और चार रीति से इस युगल का परिचय हुआ। इस युगल ने तत्तद् देशों के स्त्री-पुरुष का अनुकरण किया। यही चार वृत्तियाँ साहित्य में आयीं। दशरूपककार के अनुसार भारती शाब्दी-वृत्ति है, अतः उसका प्रयोग विशेषतः आमुख या प्रस्तावना में पाया जाता है। सात्वती वीर, अद्भुत तथा भयानक रस के उपयुक्त होती है। इसका प्रयोग शृंगार और करुण में भी किया जा सकता है। आरभटी वृत्ति का प्रयोग भयानक, बीभत्स तथा रौद्र रसों में होता है। कैशिकी वृत्ति शृंगार रस के उपयुक्त है। रुद्रट ने शृंगारतिलक में कहा है—"नृत्यगीत प्रमदोपभोगवेषाङ्गसंकीर्तनचारुबन्धा माधुर्ययुक्ताल्पसमासरम्या वृत्तिः समासाविह कैशकीति।" कैशिकी में वेष, भाषा तथा क्रिया का समन्वय स्पष्ट हो जाता है। इसमें शृंगार के अनुकूल प्रवृत्ति और रीति का समावेश है। कैशिकी गीत, नृत्य, विलास आदि शृंगारमयी चेष्टाओं के कारण कोमल होती है। इसका फल है—काम। कैशिकी के चार अंग होते हैं—नर्म, नर्मस्फिञ्ज, नर्मस्फोट और नर्मगर्म। नर्म उस परिहास को कहते हैं जो प्रियजन का आह्लादक और अग्राम्य है। यह तीन प्रकार का होता है—हास्य से युक्त नर्म, शृंगार से युक्त नर्म तथा भय से युक्त नर्म। प्रथम भेद तो हास्य से युक्त होता है। दूसरा शृंगारी नर्म तीन प्रकार का होता है—आत्मोपक्षेपपरक, जहाँ नायक-नायिका स्वयं प्रेम को प्रकट करते हैं। संभोगपरक—जहाँ संभोग की इच्छा प्रकट की जाय। मानपरक—जहाँ प्रिया के अनिच्छित कार्य करने पर प्रिया मान करती है। भययुक्त नर्म दो प्रकार का होता है—शुद्ध तथा अंग। नर्मस्फिञ्ज उसे कहते हैं, जहाँ नायक और नायिका को प्रथम समागम की वेला में पहले तो सुख हो, फिर भय होता है कि कहीं किसी पिता आदि (गुरुजन) ने देख न लिया हो। नर्मस्फोट वह है, जहाँ सात्त्विकादि भावों के लेशमात्र से भाव की सूचना कर दी जाय। नर्मगर्म उसे कहते हैं जहाँ नेतृ (नायक-नायिका) किसी प्रयोजन के लिए छिप कर प्रवेश करते हैं। कैशिकी के अंग सहास्य और निर्हास्य दोनों ढंग के हो सकते हैं।

मुक्तक की परम्परा

संस्कृत की कविता महाकाव्य, खण्डकाव्य और मुक्तकों के रूप में सृष्ट

हुई। प्रबन्ध काव्य में प्रत्येक छन्द के पौर्वापर्य में सूत्र पिरोया रहता है। प्रत्येक श्लोक पूर्व और पर के प्रति साकांक्ष रह कर अपनी सत्ता रखता है। किन्तु मुक्तक अपने में पूर्ण होता है। चार चरण के एक छन्द में कोई नीतितत्त्व, धर्मकल्पना, व्यवहारोपदेश, प्राकृतिक चित्र अथवा कोई हृद्य प्रसंग आदि उपनिबद्ध होता है। यह कला प्राचीन प्राकृत एवं संस्कृत कवियों से आरम्भ हुई। 'धम्मपद', 'गाहासत्तसई', भर्तृहरि की 'त्रिशती' आदि में मुक्तकों के विभिन्न स्वरूपों का दर्शन होता है। संस्कृत के मुक्तक मुख्यतः तीन धाराओं में प्रवाहित हुए। भर्तृहरि की शतकत्रयी उसका सर्वोत्तम उदाहरण है। नीतिपरक, शृंगारपरक शान्ति अथवा वैराग्यपरक मुक्तकों की रचनाएँ हुईं। नीतिपरक मुक्तकों में जीवन का गहरा अनुभव काव्यमयी भाषा में अभिव्यक्त हुआ। प्राचीन आचार्यों ने काव्य का प्रयोजन 'सद्यः परनिर्वृति' के साथ ही यश, अर्थ, व्यवहारज्ञान, शिवेतरक्षति, कान्तासम्मित उपदेश भी बताया है। इन मुक्तकों में जीवन का व्यवहारज्ञान कराने का प्रयोजन मुखर हो उठा है। बहुधा अन्योक्तियों के माध्यम से भी जीवन के सत्यों का काव्यमय उपस्थापन किया गया है।

शान्तिपरक मुक्तकों में जीवन की क्षणभंगुरता की बात बलपूर्वक उपस्थित की गयी। वैदिक संहिताओं के देवस्तुतिपरक सूक्त धार्मिक और दार्शनिक विकास के सन्दर्भ में नया स्वरूप ग्रहण कर स्तोत्र साहित्य के रूप में आये। शान्तिपरक मुक्तकों में इन स्तोत्रों में प्रवाहित आस्था और श्रद्धा के साथ-साथ जगत् की नश्वरता के प्रतिपादन का स्वर ऊँचा है।

शृंगारपरक मुक्तकों में शृंगारी जीवन के विविध चित्र उपस्थित किये गये। भारतीय जीवन में धर्म और दर्शन का स्थान सदा ही महत्त्वपूर्ण रहा है, किन्तु जीवन के आनन्द की ओर से कभी मुँह नहीं फेरा गया। इसके ज्वलन्त प्रमाण ये काव्य और मुक्तक हैं। प्राकृत और संस्कृत के मुक्तकों में जिन उन्मुक्त यौन-सम्बन्धों का उल्लेख है, इस जीवन के उपभोग की जो अदम्य लालसा है, वह इस बात को स्पष्ट कर देती है। सैकड़ों की संख्या में कवियों ने जीवन के जिस मांगलिक स्वरूप को अभिव्यक्ति प्रदान की, उससे उनका जागतिक जीवन के प्रति अनुराग भी सहज दृष्टिगत होता है। मनुस्मृति के वर्ण और आश्रम के आधार पर खड़े कालिदास ने ही जीवन के प्रति जो अनुराग प्रकट किया, वह आकर्षक है। इन्दुमती माला के आघात से मर गयी। अज का हृदय सहज धीरता खो

बैठा। तब वशिष्ठ ने उनके पास जो सन्देश भेजा, उसमें कालिदास की अपनी निष्ठा है—

> ''मरणं प्रकृतिः शरीरिणां विकृतिर्जीवितमुच्यते बुधैः।
> क्षणमप्यवतिष्ठते श्वसन् यदि जन्तुर्ननु लाभवानसौ॥''

शरीरधारियों के लिए मरना तो स्वाभाविक है, जीना ही अस्वाभाविक है। इसलिए यदि कोई एक क्षण भी साँस ले लेता है, तो वह लाभ में ही है। जीवन की एक-एक साँस तक का मूल्य कालिदास ने आँक लिया था। इसी से उनके काव्य में जीवन के प्रति मांसल प्रेम की अभिव्यक्ति हुई। यह कोई कालिदास की ही बात नहीं, सारे संस्कृत साहित्य की बात है। अन्यथा कामिनी की देहयष्टि, मीनकेतन की विजय पताका, मधुमास की मदकारिणी समृद्धि, दयिता के लोचनों से अंकित मधुपान की चर्चा का अर्थ ही क्या होगा? हाँ, यह अवश्य है कि संस्कृत के कवि ने ऐहिक जीवन को ही सब कुछ नहीं समझ लिया। इसके बाद की भी चिन्ता उसे सर्वदा रही। परन्तु शृंगारी मुक्तकों में इहलोकपरकता के स्वर बड़े स्पष्ट हैं। इन मुक्तकों की रसवन्ती लहरी और सब कुछ डूब गया है।

वैदिक सूक्त

इन सर्वविध मुक्तकों की सुदीर्घ परम्परा शताब्दियों की समयसीमा में विस्तीर्ण है। प्राचीन वैदिक साहित्य, पाली और प्राकृत साहित्य में हमें वे तत्त्व उपलब्ध होते हैं, जो आगे चल कर मुक्तकों और विशेषतः शृंगारी मुक्तकों के विकास में कड़ियाँ बनते हैं। वैदिक सूक्तों की मुक्त प्रवृत्ति, देवस्तुति के साथ ही जीवन के विभिन्न पक्षों का काव्यमय स्वपूर्ण उपस्थापन भावी खण्ड-काव्यों और मुक्तकों के समीप ही अधिक है। ऋग्वेद संहिता में उषा, पर्जन्य, सरित्, अरण्यानी आदि के प्रति कौतूहल भरी, श्रद्धापूरित, भावसिक्त कविवाणी को हम नज़रअन्दाज़ भी कर दें, किन्तु अर्थववेद संहिता के उन सूक्तों को हम कैसे भुला देंगे, जो किसी स्नेह के प्यासे प्रेमी की बात बताते हैं। प्रिय को प्राप्त करने के लिए आतुर प्रिया की आतुरता प्रकट करते हैं। प्रेम के मार्ग में पड़ गये प्रतिस्पर्धी को मार्ग से दूर करने की याचना करते हैं। प्रतिस्पर्धिनी से ग्रस्त कोई कन्या कहती है—

"मैं उसका सौभाग्य, और वर्चस् ग्रहण करती हूँ जैसे तरु से माला। बनी रहे वह सुचिर काल तक अपने पितृगृह में, विशालतल वाले पर्वत की भाँति। ओ राजा यम! यह कन्या तुम्हारी वधू बन तुम्हें समर्पित हो। वह, माता और भाई और पिता के घर में बँधी रहे। वह तुम्हारे कुल की रानी है, तुम्हें देती हूँ। सुचिर काल तक वह पितृगृह में बैठी रहे, जब तक (परिणत) वयस् से उसके केश श्वेत न हो जायें।"

(अ. काण्ड १, सूक्त १२, मं.—१-२-३)

कोई प्रणयी चुपके से प्रिया के पास जा रहा है। यह उसकी आकांक्षा है—

"सहस्र शृंगों वाला वृषभ, जो समुद्र से उठ रहा है, उस बलशाली से हम लोगों को सुलवा रहे हैं। भूमि पर वायु नहीं बह रही है, कोई देख नहीं रहा है, ओ इन्द्र के विचरण करते मित्र! सुला दो सारी स्त्रियों को, कुत्तों को भी! माँ सोयें, पिता सोयें, कुत्ता सो जाये, गृहस्वामी सो जाये। इसके कुटुम्बी सो जायें, चारों ओर घेरे लोग सो जायें!

स्वप्नदायी अभिकरण वाली ओ निद्रे! सभी लोगों को सुला दे। सुला दे दूसरों को (तब तक) जब तक सूर्य आये, मैं उषः तक जागूँगा इन्द्र की भाँति अनिष्टरहित, क्षतिरहित!"

(अथ. का. ४, सूक्त ५, मं.—१, २, ६, ७)

प्रेमी अपने शरीर, चरण, नेत्र की कामना करने को कहता है। प्रेमिका के केशों और नयनों को अपने प्रणय से सिक्त करना चाहता है। उसे अपनी बाँहों में, अपने वक्ष पर ले लेना चाहता है। प्रेमिका के चुम्बन बन्धन हैं। (अ. का ६, सू. ९) प्रेमिका वह ओषधि खोदती है जिससे उसका प्रिय उसे देखेगा, रोएगा। यह ओषधि प्रेमी को बन्दी बना देगी। (अ. का. ७, सूक्त ३८) ये और ऐसे ही सूक्त अथर्ववेद के प्रेमी और प्रेमिका के चित्र उपस्थित करते हैं। अथर्व-संहिता के व्यापक क्षेत्र में प्रणय के इन चित्रों में अनुराग, आकर्षण, ईर्ष्या, आक्रोश के सहज दर्शन होते हैं। यही नहीं, चौदहवें काण्ड में विवाह का प्रकरण है। दम्पति के कुशल की कामना है। ११वें काण्ड के ५२वें सूक्त में कहा गया 'कामस्तदग्रे समवर्तत मनसो रेतः प्रथमं यदासीत्।' काम की बड़ी प्रतिष्ठा की गयी।

अथर्ववेद के ये सूक्त प्राकृत और संस्कृत के मुक्तकों की शृंगार धारा के आदि स्रोत हैं। यह अवश्य है कि अथर्ववेद का प्रणयी-प्रेमिका का यह चित्र और इसके रंग प्राकृत और संस्कृत मुक्तकों के चटक रंग नहीं हैं।

इनकी ऋजुता, सरलता और अकृत्रिमता वैदिक युग की निश्छल प्रवृत्ति का प्रतिबिम्ब है।

थेर गाथा थेरी गाथा

हाल द्वारा संकलित 'सत्तसई' में जीवन के कितने ही चित्र अंकित हैं। 'सत्तसई' के कवि जीवन सरस और प्राणवान पक्ष को अपनी लेखनी में साकार करते चले गये। किन्तु हाल के इस संकलन से बहुत पहले ही गाथाओं की परम्परा आरम्भ हो चुकी थी। वैदिक युग में राजाओं की, वीरों की कथाएँ गाथाओं में गायी जाती थीं। 'धम्मपद' की गाथाएँ बौद्धभिक्षुओं का मार्ग आलोकित कर रही थीं। थेरगाथा और थेरी गाथाओं में बहुत से स्थलों पर शुद्ध काव्य के दर्शन होते हैं। वर्षा को देख कर थेरे के ये उद्गार कितने मनोहारी हैं। गोधिक थेर कहते हैं—

> ''देव (ऐसा) वर्ष रहा है मानो संगीत हो रहा है।
> मेरी कुटी छायी है, सुखदायी है और वायु से सुरक्षित है।
> मेरा चित सुसमाहित है।
> इसलिए देव चाहो तो बरसो।[१]

थेर गिरिमानन्द भी ऐसे उद्गार व्यक्त हैं—

> ''देव (ऐसे) बरसता है (मानो) संगीत हो रहा है।
> मेरी कुटी छाई है, सुखदायी है, हवा से सुरक्षित है।
> इसमें उपशान्त हो विहरता हूँ।
> देव चाहो तो बरसो।[२]

थेर महाकस्सप का हृदय पर्वतों को देख कर उमड़ पड़ा था—

> ''जहाँ करेरि पुष्पों की मालाएँ बिछी हुई मनोरम भूखंड हैं,
> जो हाथियों की चिंघाड़ से रम्य हैं—
> ऐसे पर्वत मुझे प्रिय हैं।''
> ''जहाँ नील बादलों की तरह
> सुन्दर, शीत और स्वच्छ जलाशय हैं,
> जो इन्द्रगोपों से आच्छादित हैं—

१.-२. थेरगाथा—अनु. भिक्षु धर्मरत्न एम.ए., महाबोधि सभा, सारनाथ, बुद्धाब्द, २४९९

ऐसे पर्वत मुझे प्रिय हैं।
नील बादलों की चोटियों के समान,
उत्तम महलों के शिखरों के समान
और हाँथियों के चिंघाड़ से रम्य
जो पर्वत हैं, वे मुझे रम्य हैं।
वर्षा के पानी से प्रफुल्लित, रम्य, ऋषियों से सेवित,
और मोरों के नाद से प्रतिध्वनित जो पर्वत हैं,
वे मुझे प्रिय हैं।[१]

थेरगाथा और थेरी गाथा की ऐसी गाथाओं से निश्चय ही प्राकृत के गाथाकारों को प्रेरणा मिली होगी। हाल द्वारा संकलित गाथाएँ इसीलिए ऐसे महान काव्य से अनुप्राणित हैं। हाल द्वारा संकलित बहुविध गाथाओं ने बाद की संस्कृत काव्य की परम्परा पर गहरा प्रभाव डाला। संस्कृत में मुक्तकों की परम्परा आयी। भर्तृहरि की शतकत्रयी, अमरुशतक, सुभाषित संग्रहों के सैकड़ों कवि और कवयित्रियाँ, गोवर्धनाचार्य की आर्यासप्तशती और पण्डितराज जगन्नाथ के मुक्तकों ने संस्कृत मुक्तक काव्य की उत्कृष्ट और सुदीर्घ परम्परा स्थापित की। संस्कृत के मुक्तकों की जलवायु दूसरी थी, व्यक्तित्व दूसरा था, किन्तु ये सब हाल के संकलन से व्यापक रूप से प्रभावित थे। हाल ने मुक्तक साहित्य पर युगव्यापी प्रभाव डाला, इसमें सन्देह नहीं।

गाहासत्तसई

मुक्तकों का वास्तविक स्वरूप तो हमें सातवाहन हाल द्वारा संकलित 'गाहासत्तसई' में प्राप्त होता है। स्वयं हाल ने उल्लेख किया है कि उन्होंने कोटि गाथाओं में से सात सौ गाथाएँ चुनी हैं। ईसा की आरम्भिक शताब्दियों में ये गाथाएँ–मुक्तक कदाचित लोक सम्पत्ति थे। सहस्र–सहस्र कवि ऐसी रचनाएँ करते रहे होंगे। कदाचित यही कारण है कि इस 'सत्तसई' में हमें लोक का जैसा चित्र प्राप्त है, वैसा अन्यत्र कहीं नहीं। सामान्य जनता का जीवन, आचार, धर्म, अर्थ और काम का वह स्वरूप दिखता है, जिसका प्रत्यक्ष दूसरे माध्यम से होना मुश्किल है। किन्तु इस सब में एक स्वर तीव्र है—और वह है काम–शृंगार। कवि कहता है—

१. थेरगाथा—अनु. भिक्षु धर्मरत्न एम.ए., महाबोधि सभा, सारनाथ, बुद्धाब्द, २४९९

''अमिअं पाउअकव्वं पढिउं सोउं अ जे ण आणन्ति।
कामस्स तत्ततन्तिं कुणन्ति ते कहं ण लज्जन्ते॥''

अमृत प्राकृत काव्य को पढ़ना, सुनना जो नहीं जानते काम का तत्त्वचिन्तन करते उन्हें लाज क्यों नहीं आती? अपने इतिहास के आरम्भ में ही हमारी मुक्तक परम्परा की दिशा मुख्यत: शृंगारी जीवन का चित्रण हो गयी, हाँ 'सत्तसई' का स्वर घरेलू है, उसका शृंगार, महलों का नहीं, नगरवीथियों, गाँवों और वनों का है। 'सत्तसई' के कवियों की दृष्टि विशाल है। उनकी मर्मस्पर्शिनी दृष्टि ने जीवन का सारा सौन्दर्य देखा था, लेकिन शृंगार में वे खूब रमें। इन गाथाओं में गहरी व्यंजना है। सच पूछिये तो, ध्वनि सम्प्रदाय के महान आचार्यों ने इन गाथाओं का ध्वनि की स्थापना में बड़ा सहारा लिया। अर्थ के अभिव्यंजन की अद्‌भुत क्षमता है इनकी और काव्य की दृष्टि तो अद्‌भुत है। चाहे प्रकृति का चित्रण हो, नीति के उपदेश हों, जीवन का अंकन हो—इन छोटे छन्दों की क्षमता का जवाब नहीं है। मनोहारिणी शान्ति का यह अंकन है—

''उअ णिच्चन्लणिप्पन्दा भिसिणीपत्तम्मि रेहइ बलाआ।
णिम्मलमरगअभाअणपरिठ्ठिआ संखसुत्ति व्यय॥''

''देखो, कमलिनी के पात पर निश्चल निष्पन्द बगुली शोभित है जैसे निर्मल मरकत के भाजन पर स्थित शंखशुक्ति।'' आचार्यों ने इस वर्णन से गहरी व्यंजना निकाली है। स्वभाव से सतर्क बगुली निश्चल—'स्वप्रयत्नाधीनक्रियाशून्य' तथा निष्पन्द—'स्वाधीनक्रियाशून्य' है। बगुली आश्वस्त है। यहाँ कोई हो नहीं सकता! अभिसार के लिए उत्तम स्थल है। यह किसी विलासिनी का अभिप्राय है। स्वयं भोजन बनाती सुन्दरी के मुख पर काजल लग गया था। मुख मलिन था। पति ने आकर आनन छू लिया। आनन खिल उठा, चन्द्र का उपहास करता हुआ। चूल्हे की आग जल नहीं रही थी। सुन्दरी मुख से फूँक मार रही थी, लेकिन आग थी, कि धुआँ ही देती जा रही थी। पति ने कहा—

''रन्धणकम्मणिउणिए! मा जूरूसु, रत्तपाडलसुअन्धम्।
मुहमारुअं पिअन्तो धूमाइ सिही ण पज्जलइ॥''

''ओ रन्धनकर्म निपुणिके! क्रोध न करो, रक्तपाटल सी सुगन्धित तुम्हारे मुख की श्वाँस पीकर लोभी अनल धुआँ देता जा रहा है, दीप्त नहीं होता

कि कहीं इससे वंचित न हो जाऊँ।''

देवर और भाभी का सम्बन्ध बड़ा ही स्नेहसिक्त रहा है। 'सत्तसई' साक्षी है—

''णवलअपहरं अंगे जहिँ जहिँ महइ देवरो दाउम्।
रोमञ्चदण्डराई तहिं तहिं दीसई बहूए॥''

''देवर जहाँ-जहाँ अंगों पर नूतन लता मारना चाहता है, वहाँ-वहाँ वधू के अंगों पर रोमांच राजि दिखायी पड़ती है।''

लेकिन एक भाभी को अन्ततः इतिहास का सहारा लेना पड़ा—

''दिअरस्स असुद्धमणस्स कुलवहू णिअअकुड्डुलिहआइं।
दिअहं कहेहि रामाणुलग्गसोमित्तिचरिआइं॥''

''अशुद्धमना देवर को कुलवधू अपनी भित्ति पर अंकित राम के अनुगामी लक्ष्मण के चरित दिन भर सुनाया करती है।''

यौवन नदी के प्रवाह सा है, फिर भला मान क्यों किया जाय? भावी पथिक की स्त्री विरह में जीवन कैसे बचाया जाय—इसका उपाय घर-घर पूछती फिरती है। भरी दोपहरी है। पथिक से अनुरोध किया जाता है। देखो तो, यह दुपहरी। शरीर में लीन अपनी छाया भी शरीर से तनिक बाहर नहीं जा रही, धूप से डरकर। अरे पथिक! फिर तुम विश्राम क्यों नहीं कर लेते? मेघ को देख कर सुखी जनों का हृदय भी काँप उठता, फिर उनकी तो बात ही क्या, जिसके पिया परदेस बसते हैं। कोई सहेली समझाती है कि ये गरमी में दावानल के धूम से मलिन विन्ध्य के शिखर हैं, समाश्वस्त हो प्रोषितपतिके! यह वर्षा के नूतन मेघ नहीं हैं। भाग्यशालिनी तो राधा है, जो श्याम की प्यारी है—

''मुहमारुएण तं कण्ह! गोरअं राहिआए अवणेन्तो।
एताणँ बल्लवीणं अण्णाणं वि गोरअं हरसि॥''

''ओ कान्हा! अपने मुख के फूँक से राधिका के शरीर पर गायों द्वारा उड़ायी धूल तुम दूर कर रहे हो, साथ ही अन्य स्त्रियों का गौरव भी।'' और जब यशोदा ने यह कहा कि मेरा कन्हैया तो अभी भी बच्चा है, तब तो ब्रज की बहुएँ एक दूसरे को देख कर मुस्करा उठीं।

राधा ही कान्हा के पास नहीं जाती थी। गोदावरी के तट पर खड़े गृहस्वामी

को देख कर हलिक वधू तेजी से उस राह से नीचे उतरने लगती है, जिससे उतरना बहुत कठिन है।

'सत्तसई' के कवि का प्रकृतिदर्शन भी बड़ा मनोहर है। पर्वत के शिखर पर धनुष पर टिके पुलिन्द मेघों से घिरते विन्ध्य को यों देख रहे हैं जैसे वह हाथियों से भर रहा हो। वन की दावाग्नि के धूम से मलिन विन्ध्य श्वेत मेघों से घिर कर ऐसा प्रतीत होता है, जैसे क्षीर सागर की मन्थन वेला में छलकते दूध से नहा गये विष्णु। मलयमारुत महमहा उठा है। सास मुझे बाहर निकलने से रोकती है। अरे! अंकोट की सुगन्ध से भी, जो मर गया, तो मर ही गया, वह बच थोड़े ही जायेगा।

भर्तृहरि

संस्कृत के मुक्तकों का समृद्ध स्वरूप भर्तृहरि की नीति, वैराग्य और शृंगार शतकों में मिलता है। नीतिशतक के श्लोकों में नीति के तत्त्व बड़ी कुशलता से कहे गये। सरल और चुटीली भाषा में कहे गये ये मुक्तक 'गम्भीर घाव' करते हैं। यह वचोभंगी इनका अपना गुण है—

> ''एके सत्पुरुषाः परार्थघटकाः स्वार्थं परित्यज्य ये,
> सामान्यास्तु परार्थमुद्यमभृतः स्वार्थाविरोधेन ये।
> तेऽमी मानुषराक्षसाः परहितं स्वार्थाय निघ्नन्ति ये,
> ये निघ्नन्ति निरर्थकं परहितं ते के न जानीमहे॥''

एक तो सत्पुरुष होते हैं, जो स्वार्थ की बलि देकर परोपकार करते हैं, दूसरे सामान्य जन स्वार्थ की हानि न कर परार्थ साधन का प्रयत्न करते हैं, वे मानव राक्षस होते हैं, जो स्वार्थ के लिए परार्थ का हनन कर देते हैं, लेकिन जो निरर्थक परार्थ का हनन करते हैं, नहीं जानता, वे क्या कहलायेंगे?

> ''मनसि वचसि काये पुण्यपीयूषपूर्णा—
> स्त्रिभुवनमुपकारश्रेणिभिः प्रीणयन्तः।
> परगुणपरमाणून् पर्वतीकृत्य नित्यं
> निजहृदि विकसन्तः सन्ति सन्तः कियन्तः॥''

मन, वाणी और काया में पुण्य पीयूष से भरे, सारे जगत को उपकारों से हर्षित करते और दूसरों के परमाणु जैसे गुण को भी अपने हृदय में विकसित करते लोग भला हैं कितने?

विद्या की प्रशंसा अविद्या की निन्दा, विवेक की स्तुति, परोपकार और दान की श्रेष्ठता की उद्‌घोषणा, उद्योग का महत्त्व, धैर्य की आवश्यकता और ऐसे कितने ही विषयों पर भर्तृहरि की लेखनी से मार्मिक उक्तियाँ निकलीं।

शृंगारशतक में शृंगार के चित्र उपस्थित किये। कामिनी और काम की विजय–पताका फहराती है। भर्तृहरि का यह प्रश्न शृंगारशतक की चेतना है—

"मात्सर्यमुत्सार्य विचार्य कार्य—
मार्याः समर्यादमिदं वदन्तु।
सेव्याः नितम्बाः किमु भूधराणा—
मुतस्मस्मेरविलासिनीनाम्॥"

मात्सर्य त्याग कर, कार्य का विचार कर आर्यजन मर्यादापूर्वक यह बतायें कि पर्वतों के मध्यभाग सेवनीय हैं या स्मरस्मेरविलासिनी के नितम्ब? शृंगार–शतक के कवि को यौवन, युवती, दयिता के विलास का समर्थन ही स्वीकार्य हुआ।

'वैराग्य शतक' में कवि ने संसार की नश्वरता का अनुभव किया। विवेक, वैराग्य, तृष्णा का परित्याग और विषय त्याग की बातें बलपूर्वक कहीं। कवि की बड़ी मार्मिक आकांक्षा है—

"गंगातीरे हिमगिरिशिलाबद्धपद्मासनस्य,
ब्रह्मध्यानाभ्यसनविधिना योगनिद्रां गतस्य।
किं तैर्भाव्यं मम सुदिवसैर्यत्र ते निर्विशङ्काः,
सम्प्राप्स्यन्ते जरठहरिणाः शृंगकण्डूविनोदम्॥"

क्या मेरे वे सुदिन आवेंगे जब गंगा के तीर पर, हिमालय की शिला पर पद्मासन लगाये, ब्रह्मध्यान की अभ्यासविधि से योगनिद्रा में डूबे मेरे शरीर से वृद्ध हरिण निःशंक हो अपनी सींगें खुजलायेंगे?

इन मुक्तकों में भर्तृहरि ने जीवन के विविध पक्ष बड़ी ईमानदारी के साथ उपस्थित किये। इनकी मार्मिकता और हृदय के आन्दोलन का रहस्य सरल और ऋजु काव्यशक्ति है।

कालिदास के नाम से कहे जानेवाला काव्य 'शृंगारतिलक' और घटकर्पर

कवि के नाम से सम्बद्ध 'घटकर्पर काव्य' में भी शृंगारपरक मुक्तक हैं। इन मुक्तकों का विषय भी रमणी, रमण, सुरत और पथिक आदि हैं। इनकी शैली में वह परिपाक नहीं है, जो हमें हाल, भर्तृहरि या अमरु में प्राप्त होता है। निश्चय ही इन्हें कालिदास की रचना नहीं माना जा सकता।

अमरु के मुक्तक

हाल और भर्तृहरि की समृद्ध परम्परा में अमरु के मुक्तक आये। आचार्य आनन्द वर्धन ने अमरु को बड़े समादर से स्मरण किया। उनके शृंगाररसस्यन्दी मुक्तकों को 'प्रबन्धायमान' कहा।[1] अभिनवगुप्त ने तो एक श्लोक को 'प्रबन्धशत' की भाँति कहा। अमरु के मुक्तकों में प्रबन्धों की ही भाँति मुख, प्रतिसुख, गर्भ आदि सन्धियों के चिन्ह दिखायी पड़ते हैं। मुक्तकों में 'रसबन्धाभिनिवेश' में तो अमरु की सफलता अद्भुत है।

प्राचीन भारत में जीवन के लिए उपयोगी अन्य अनेक शास्त्रों के साथ ही कामशास्त्र का भी आविर्भाव हुआ था। जीवन के इस पक्ष पर भी बौद्धिक रूप से विचार किया गया। यह भी प्राचीन भारतवासी के मस्तिष्क के खुलेपन का प्रमाण है। साहित्यशास्त्र में नायक और नायिकाओं के भेदों पर विवेचन हुआ। इन मुक्तकों को नायक और नायिका भेद के उदाहरणों के रूप में व्याख्यात किया गया। ऐसे भी प्रयत्न किये जिनमें नायक-नायिका भेद के प्रत्येक भेद को स्पष्ट करने के लिए मुक्तकों की रचना की गयी थी। रुद्रट का 'शृंगारतिलक' इसी प्रकार की रचना थी। डा. पिशेल ने 'अमरुशतक' को भी मूलतः 'शृंगारतिलक' की ही भाँति विभिन्न रसों और नायक-नायिका भेद के उदाहरण प्रस्तुत करने के उद्देश्य से रचित बताया।[2] उनके इस कथन का प्रतिवाद डा. एस.के. दे ने यह कह कर दिया है कि चूँकि कोई भी परम्परा 'अमरुशतक' की रचना के पीछे कोई विशेष उद्देश्य का होना नहीं बताती, अतः यह बात असम्भावित ही है। ए.बी. कीथ ने भी 'अमरुशतक' को नायक और नायिका भेद के बन्धनों से मुक्त समझ कर इन मुक्तकों को प्रणय के पृथक्-पृथक् चित्र माना है। अमरु के प्रसिद्ध टीकाकार अर्जुनवर्मदेव ने भी इन मुक्तकों को

---

१. ध्वन्यालोक, तृतीय उद्योत, कारिका ७

२. शृंगारतिलक—रुद्रहट, भूमिका, कील १८८६, पृ. ९-११

संभोग, ईर्ष्या, मान, अभिसार आदि का पृथक्-पृथक् स्वतंत्र चित्रण माना है। भले ही अमरु के मुक्तक नायिका-नायक के किसी भेद में आते जायें किन्तु निश्चय ही उनकी रचना इस विशेष उद्देश्य से नहीं की गयी थी।

अमरु के मुक्तकों में प्रणय की विविध स्थितियों का अंकन कवि ने अत्यन्त कुशलता से किया है। महान् साम्राज्यों के उदय के साथ ही महान् नगरियों का उदय हुआ। पौरों और जानपदों की पृथक् जीवन-पद्धति स्पष्ट होती आ रही थी। वात्स्यायन ने कामशास्त्र के विधान प्रस्तुत किये। कला, काव्य और शास्त्रों की आराधना के केन्द्र अब नगर बन रहे थे। राजाओं की राजसभाएँ, राजधानियाँ और नगरियाँ एक आभिजात्य संस्कृति का पल्लवन कर रही थीं। 'निष्पन्नसस्य ऋद्धि शरद् में गाते पामर' का जीवन और कला तथा साहित्य में सम्यगभ्यस्त पौर का जीवन कुछ पृथक् हो गया था। आख्यान, आख्यायिका, व्याख्यान, आलेख्य और समस्या पूर्ति से विनोद करनेवाले घटा, समाज, प्रेक्षणक और गोष्ठी के रसिक पौर का आन्तर जीवन अभिजात्य और संस्कृत हो गया था। हाल की 'सत्तसई' में प्राप्य प्रणय के सहज, लोक सामान्य चित्र से ये चित्र भिन्न थे। 'अमरुशतक' में अंकित चित्र उस मतवाले पौर जीवन के चित्र ही अधिक प्रतीत होते हैं। 'केलिरुचि सहृदय कान्त' प्रणय की कला में दक्ष होता था। सखियाँ प्रणय करने, मान करने, विलास प्रदर्शित करने की कला का विधिवत् उपदेश देती थीं। भवनों में पले शुक-सारिका रसिक प्रणयीजनों के प्रणय-व्यापार में साक्षी हुआ करते थे। यहाँ 'गोदावरी के तट पर् कगारों से उतरती हलिकस्नुषा' नहीं दिखायी पड़ती। यहाँ तो प्रणय को कला के रूप में आराधित करनेवाले युगलों की कहानी है। उनके रंगभरे चित्र हैं—सुन्दर, मोहक, संस्कृत। एक-एक मुक्तक चौखटों में जड़ा एक-एक चित्र है, जिनमें प्रणयीजन की एक-एक भंगिमा का सावधानीपूर्वक अंकन किया गया है। सधी तूलिका इतना रंग भरती है, जितना कला के संस्कार की रक्षा कर सकें। संस्कृत आँखों में न खटके। वधू गुरुजन के सम्मुख कुशलता से अपने प्रणय के रहस्य का गोपन कर लेती हैं। बीती रात की बातें गुरुजन के सम्मुख दुहरा भी नहीं पाता कि वधू अपने कान में पड़े लाल मणि को उसकी चोंच में देकर उसका मुख ही बन्द कर देती है। संभोग, विरह, प्रवास कलह आदि के ऐसे ही चित्र सुरुचिसम्पन्न प्रणयीजन का अंकन करते हैं।

साहित्य शास्त्र के आचार्यों ने भावों का वर्गीकरण स्थायी और संचारी दो वर्गों में कर दिया है। सात्विक तो भाव नहीं, वस्तुत: उनकी बाह्य प्रतिक्रियाएँ हैं। इन पुस्तकों में संचारी भावों के सजीव अंकन प्राप्त होते हैं। चिन्ता, मद, श्रम, आलस्य, व्रीडा, चपलता, हर्ष, आवेग, जड़ता, विषाद, औत्सुक्य, उग्रता आदि संचारी भावों का अंकन 'अमरुशतक' के मुक्तकों में पूरी अभिव्यक्ति पा सके हैं। भाव के उतार-चढ़ाव का सूक्ष्म अंकन इन मुक्तकों में में संभव हो सका है। रतिरस जड़ विलासिनी, प्रियतम के अपराध से उत्तेजित प्रगल्भा या चुप आँसू गिराती मुग्धा, प्रिय के प्रवास में नयन बिछाये प्रोषितपतिका, दूर देश में उत्कण्ठित पति—सभी के हृदय का स्पन्दन इन मुक्तकों में सुनायी पड़ता है। प्रणयी और कान्ता के प्रणय की विभिन्न चित्तवृत्ति, स्थिति और क्रिया-प्रतिक्रिया इन श्लोकों का वर्ण्य बनी हैं। प्रणय की चित्तवृत्तियों का यह सूक्ष्म अंकन अमरु की कारयित्री प्रतिभा का अपना गुण था। सारे वर्णन में चित्त को आन्दोलित कर देने की क्षमता है। रससृष्टि की शक्ति है।

प्रणय की स्थितियों के अंकन में अमरु भीतर तक पैठते हैं। कहीं प्रणय में मिलन की तीव्र मांसल वासना है। जीवन के ऐहिक उपभोग की कलात्मक अभिव्यक्ति है। मानसिक अभिव्यक्ति के साथ ही तन का वेगवान् अंकन है। अँधेरी रात है, घने बादल हैं, उमड़ती वर्षा है, फिर भी विलासिनी अकेली जा रही है, तो क्या हुआ? काम-राजाओं का राजा, वीरों का वीर—तो साथ में है। प्रिय के वक्ष से सट कर उरोज मंडलित हो उठते हैं। वक्ष के चन्दन का विनिमय हो जाता है।

कहीं सर्वथा समर्पण की भावना है। कान्त समीप आता है, नीवी स्वत: विगलित हो उठती है। वसन खुद सरक जाते हैं। विलासिनी सब कुछ भूल जाती है। लेकिन यदि कान्त लौट गया है, तो तीव्र वेदना भी है। कहीं हास्य में कह दिया 'जाओ', कि वह चला ही गया। अब मन की कसक कौन जाने? विदेश में पड़े प्रिय के न रहने पर आकुलता कौन समझे? रात बीत जाती है। प्रिय आता नहीं। कैसे उससे मिलें? अपने द्वारा किये नख क्षतों को देख मदक्षीबा कान्ता रूठ जाती है, समझती है कि शठ ने किसी और से मिलने का अपराध किया है। प्रिय ने अन्य प्रिया से मिलने का अपराध किया है। अब वह लाख चरण गिरेगा, चाटु करेगा किन्तु उसका अपराध तो क्षमा नहीं किया जा सकता। वह दूसरे से मिला है। यह

अपमान भला कैसे सहा जाय? लेकिन आपस के झगड़े दूर भी होते हैं। एक शय्या पर मुँह फेरे दम्पति की जब धोखे से नज़रें मिल जाती हैं, तो हँसी फूटती है, कलह की बात उसी में डूब जाती है। कभी-कभी तो प्रेम का वह बन्धन भी टूट जाता है। प्रणय का आग्रह चला जाता है। सद्भावरहित प्राणी सा प्रियतम सामने से लौट जाता है। इससे हृदय टूक-टूक क्यों न हो जाय?

प्रणय के व्यापार में प्रतिद्वन्द्विता भी है। ऊपर से सीधी दिखती, किन्तु भीतर से कुटिल नारियाँ प्रियतमों को उड़ा लेती हैं। इसलिए प्रिय से मान तो किया जाय, किन्तु ऐसा नहीं कि प्रिय हाथ से निकल ही जाय। मर्द किसी के मीत नहीं होते, हाथ से निकले, तो निकल गये। प्रतिज्ञाएँ की जाती हैं, किन्तु टूट भी जाती हैं। प्रिय चरणों पर गिरता है, प्रतिज्ञाएँ करता है, किन्तु शपथें भूल जाती हैं। सभी प्रियाएँ चतुर नहीं प्रणय के इस व्यापार में। कुछ भोली तो मान करना भी नहीं जानतीं। कुछ सीखती भी हैं, जितना सिखाया गया, उतना शुक की भाँति कह कर फिर तो मनसिज की आकांक्षा के अनुणय ही करती हैं। बड़े-बड़े प्रयत्नों से अभ्यस्त मान भी टूट जाता है। मन में बसे प्रिय के डर से मान की बात भी नहीं सुनतीं।

कहीं-कहीं बड़े नाटकीय रूप में चित्र उपस्थित किये गये हैं। प्रश्न और उत्तर के माध्यम से प्रणय के चित्र अंकित कर दिये गये हैं। इन कथोपकथनों में व्यंग्य की चुटीली मार भी है। इन मुक्तकों की भाषा संस्कृत का वह स्वरूप है, जो पूर्वतन महाकाव्यों में ही उपलब्ध होता है। इन मुक्तकों पर जैसे हाल की 'सत्तसई' का प्रभाव पड़ा, उसी प्रकार अनलंकृत प्राकृत भाषा की वाक्य रचना और शब्दसंहति का भी प्रभाव पड़ा। यह महत्त्वपूर्ण बात है कि जब संस्कृत महाकाव्यों में पराभव युग के लक्षण स्पष्ट दिख रहे थे, उनकी वर्ण्यवस्तु, भाषा और सुरुचि पर ह्रासोन्मुख युग की छाया पड़ गयी थी। अलंकारों, शब्दाडम्बर तथा शास्त्रीय भारकारी विस्तारों का प्रभाव पड़ रहा था, तब अमरु के मुक्तकों में मुहावरेदार भाषा, सीधे-सादी हृदयावर्जक वर्ण्य वस्तु आ रही थी। अमरु के मुक्तकों की भाषा की प्रकृति अलंकृत-शैली के प्रभाव से बिलकुल अछूती रही। इसी कारण उसमें अभिव्यंजन की अतुलराशि आश्रय पा सकी।

अमरु ने ऋजु सरल और मार्मिक शैली में प्रणय की विभिन्न स्थितियों को

अंकित किया। उनके मुक्तकों में प्रणयी और प्रणयिनी कान्ता के पारस्परिक सम्बन्धों का अंकन किया गया है। इसके सिवा अमरु ने और किसी बात को अपनी कविता का विषय ही नहीं बनाया। प्रणय का आरोह-अवरोह उनकी कविता का विषय बना। अगर 'फ़ैज़' के शब्दों में मैं अमरु की आत्मा को बुला सकता तो अमरु भी यही कहते—

> ''ये भी हैं ऐसे कई और भी मज़मू होंगे,
> लेकिन उस शोख़ के आहिस्ता से खुलते हुए होंठ,
> हाय उस जिस्म के क़म्बख्त दिलावेज़ ख़ुतूत,
> आप ही कहिये कहीं ऐसे भी अफ़सूँ होंगे?
> अपना मौज़ू-ए-सुख़न इनके सिवा और नहीं।
> तब ए शायर का वतन, इनके सिवा और नहीं।[१]''

अमरु ही नहीं, कितने ही संस्कृत के मुक्तक कवि कहते—

> ''अपने अफ़कार की अशआर की दुनिया है यही।
> जाने—मजमूँ है यही, शाहिदे माने है यही॥''[२]

अमरु की कल्पना में भोली, चंचल, प्रगल्भ, असूयाग्रस्त, उत्सुक, कुपित दयिताओं के चित्र उभरते चले आते हैं। प्रिय की सन्निधि में अपना अस्तित्व भी भूल जानेवाली, भोली का चित्र बहुधा मिलेगा। ऐसी चंचल और प्रगल्भ कान्ता भी होगी, जिसके विलास की कथा शय्या का प्रच्छदपट कहा करता है। अपने नखक्षतों को किसी अन्य का नखक्षत समझ कर ईर्ष्या में डूबी का चित्र भी कठिन नहीं है। सौ देशों के पार पड़े प्रियतम को पंजों पर खड़ी देखती उत्कण्ठिता की उत्सुकता भी अज्ञात नहीं है। प्रिय के अपराध करने पर कलह-कुपित मानिनी के लीलाकमल का आघात अमरु को विदित है। आँगन के आम की बौर का स्पर्श कर प्रिय की स्मृति में डूबती प्रिया ने अमरु की दृष्टि को आकृष्ट किया। करतल पर आनन टिकाये चिन्ता में डूबी, आँसू की अविरल धार बहाती दयिता की स्वप्निल आँखों की गहरायी में अमरु उतरे थे। सारे के सारे चित्र गहरे, सजीव, शोभासम्पन्न हैं। प्रणय की आशा, निराशा, प्रतीक्षा की स्थितियों का अंकन अद्भुत है। कई बार कलह अथवा आशंका की भावना में आरम्भ चित्र हास्य, आलिंगन और हर्ष के स्वर में समाप्त होता है।

१.-२. फ़ैज़ अहमद फ़ैज़ की कविता, 'मौज़ू-ए-सुख़न' से उद्धृत।

रुद्रमदेवकुमार ने अमरु के प्रकृतिवर्णनपरक कुछ श्लोकों की टीका की है। प्रकृति के मनोहारी पक्ष का दर्शन इन श्लोकों में हुआ है। पावस के घुमड़ते बादल, धूल शान्त करती जल की बूँदें, शिशिर, हेमन्त वसन्त का पवन, ग्रीष्म की शाम, शरद्—सारी ऋतुएँ अपने निजी व्यक्तित्व में उभरती चली आती हैं। अपने 'मौज़ू-ए-सुख़न' के अनुसार ही अमरु प्रकृति के किसी भी पक्ष से स्त्री का-विलासिनी का संस्पर्श छोड़ कर कुछ नहीं कह पाये हैं। यद्यपि अर्जुनवर्मदेव ने ऐसे श्लोकों की प्रामाणिकता पर सन्देह प्रकट किया है, किन्तु यह विषयगत एकतानता इन्हें अमरु की लेखनी से प्रसूत होने के सूत्र से जोड़ सकती है। इन थोड़े से श्लोकों में प्रकृति का जो हृदयावर्जक चित्र उपस्थित हुआ है, वह कालिदास के 'ऋतुसंहार' का स्मरण अनायास करा देता है। विलासिनियों की स्मृति और अंकन से सम्पृक्त 'ऋतुसंहार' के चित्रों से आत्मिक साहचर्य इन वर्णनों का भी है। पावस की बूँदें अगर धूलि शान्त करती हैं, नये अंकुर उपजाती हैं, तो वायु वेग से अस्त-व्यस्त कुटिया के छावन से टपकती हैं, कार्यव्यग्र गृहिणी की पयोधर के स्वेदबिन्दु दूर कर देती है। गरमी की शाम में स्नान करती कान्ताओं की धौत कमनीयता कुछ विलक्षण ही होती है। वसन्त का प्राभातिक समीर यदि विकसित होते राजीवों के परिमलरज के जाल और सुगन्ध से मनोहर होता है, तो सुरतग्लानि भी दूर करता है। रमणियों के इन्दुवदन से श्रमसीकर दूर कर देता है। 'ज़ुल्फ़ों की शोख़ और मौहूम, घनी छाओं से' अठखेलियाँ करता है। नितम्ब के अंकुश का स्पर्श करता है। सप्तपर्ण और कहलार के परिमल से भरा शारद मारुत शायद नवरति-म्लान वधू के सम्पर्क से मन्थर हो उठता है। हेमन्ती वायु भौरों को छेड़ता बहता है। साथ ही मृगशावक के नयनाओं के सीत्कारी वदन का पान करता है। शायद इसी से अधर मुरझा जाते हैं। ऐसे श्लोकों में प्रकृति पर आरोपित प्रणयव्यापार यद्यपि संस्कृति के लिए नये नहीं है, लेकिन उनकी प्रयोगभूमि अमरु के अपने व्यक्तित्व की मुद्रा से अंकित अवश्य प्रतीत होती है। रुद्रमदेवकुमार के द्वारा व्याख्यात इन श्लोकों का प्रकृतिवर्णन भले ही अर्जुनवर्मदेव के लिए 'शिरोऽति' का कारण रहा हो, किन्तु वस्तुतः इनकी हृदयावर्जन की क्षमता में कमी नहीं है।

अमरुशतक में यद्यपि काव्यशास्त्र के किसी विशेष पक्ष के उदाहरण प्रस्तुत करने के उद्देश्य से मुक्तकों की रचना नहीं की गयी है, किन्तु अमरु

के पीछे और आगे संस्कृत काव्यशास्त्र की एक समृद्ध परम्परा तो रही ही है। प्राचीन टीकाकारों ने इन मुक्तकों में रस, अलंकार, नायक भेद, नायिका भेद आदि के शास्त्रीय आधार पर इनकी व्याख्या की। इस दृष्टि से अमरु के प्रत्येक श्लोक का सारगर्भ विवेचन करके उन टीकाकारों ने अपनी दृष्टि से अलंकार, नायक-नायिका भेद आदि के लक्षणों में इन मुक्तकों को भी बाँधा। यद्यपि अमरु के मुक्तकों से प्रतीत होता है कि उन्हें भारतीय काव्यशास्त्र और कामशास्त्र—दोनों का ही ज्ञान था। किन्तु यह ज्ञान काव्य में इतना अनायास उतरा है कि उसके आने का पता भी नहीं चलता। जिस प्रकार कालिदास समसामयिक विद्या की सारी शाखाओं के सम्यग् रूप में परिचित थे और परवर्ती पराभवयुगीन महाकवि भी समसामयिक विद्या की अतुल राशि के अधिकारी थे, किन्तु कालिदास के काव्यों में उनका पांडित्य काव्य में सहजभाव से आया, अतएव काव्य के आनन्द की अवतारणा पहले होती है, उनके पांडित्य पर ध्यान कभी अवकाश में बैठने पर किया जाता है। उत्तरवर्ती कवियों के काव्य पर उनका शास्त्रज्ञान आरोपित प्रतीत होता है। महाकाव्य के रसास्वादन की वेला में ही शास्त्रों का स्वर प्रधान सा होने लगता है। अमरु के मुक्तकों में कालिदास का वह गुण विद्यमान है। यदि मुक्तक किसी विशेष रस, अलंकार और नायक-नायिका भेद की सीमा में बँधते हैं, तो इसलिए नहीं कि अमरु ने उन्हें इस तरह बाँधा है, अपितु इसलिए कि अमरु का वह स्वज्ञान अनारोपित रूप में सहजभाव से कहीं उतर आया है। इस दृष्टि से अमरु रस-कवियों की उज्ज्वल परम्परा में अपना विशिष्ट स्थान रखते हैं। इस रहस्य का भेदन आचार्य गोवर्धन ने किया है—

"अकलितशब्दालंकृतिरनुकूला स्खलितपदनिवेशापि।
अभिसारिकेव रमयति सूक्तिः सोत्कर्षशृङ्गारा॥"

शब्दालंकारहीन, अनुकूल, कोमल पदों से युक्त श्रृंगार के उत्कर्ष से समन्वित सूक्ति आभूषण के रव न करती, लड़खड़ाते क़दम रखती, अनुकूल अभिसारिका की भाँति रञ्जित करती है। अमरु ने लम्बे-लम्बे छन्दों में भी समस्त पदावली और शब्दालंकार के प्रयोग को वर्जित रखा। इसके साथ ही काव्य में वस्तु, अलंकार और रसादिध्वनि की प्रतिष्ठा अमरु ने की। वे इस बात को जानते थे, जिसे भविष्य में आचार्य गोवर्धन ने कहा—

"अध्वनि पदग्रहपरं मदयति हृदयं वा न वा श्रवणम्।
काव्यमभिज्ञसमायां मञ्जीरं केलिवेलायाम्॥"

जानकारों की सभा में ध्वनि-रहित, शब्दालंकार के प्रति आग्रही काव्य और रवहीन, मात्र चरणों में पड़ा मंजीर केलि की वेला में न तो कानों को मतवाला बनाता है और न हृदय को ही।

गोवर्धन की सम्मति में दयिता की अधर-सुधा के आस्वाद पाये भाग्यशाली की सूक्तियाँ ही मधुर होती हैं। भला रसाल की मंजरी का आस्वाद किये बिना कहीं कोकिल के कण्ठ में माधुरी भी आती है। बाला के कटाक्ष सूत्र बनाते हैं। परकीया के नयन का आकुंचन भाष्य करता है। तब दूती भावों की व्याख्या करती है। यह सब देख कर ही कवि बालक सब समझ पाता है। सब अनुभव के बाद ही कवि का कण्ठ कोकिल की रसाल मंजरी-कषायित वाणी प्राप्त कर पाता है। रति की रीति में वीतवसना की भाँति अलंकृतिहीना वाणी भी यदि सरस हो, तो हर्षित करती है। अलंकृत किन्तु रसहीन वाणी निर्जीव पुतली सी ही प्रतीत होती है। अमरु के मुक्तक इन सारे आदर्शों से अनुप्राणित हैं। कदाचित् इसीलिए उनमें वह माधुरी है जो सहृदयों का अनुरंजन युगों-युगों से करती आ रही है।

पूरे-के-पूरे 'अमरुशतक' में एक विशिष्ट नैतिक आचार पर अनायास दृष्टि आकृष्ट होती है। हाल की 'गाहासत्तसई' में जहाँ प्रणय के उन्मुक्त चित्रण के प्रसंग में केवल पुरुष ही एकाधिक प्रणयिनी नहीं रखता, स्त्री भी पति के अतिरिक्त भी दयित की बाँहों में समा जाती है। अमरु के मुक्तकों की नारियाँ एक पति में ही समनुरक्त रहती हैं। पुरुष के लिए 'एक पीठ पर बैठी दो-दो दयिताओं' को रिझाना स्वाभाविक है, नैतिक आचार और सामाजिक बन्धन की दृष्टि से मान्य है। किन्तु ऐसी एक भी स्त्री का अंकन नहीं है जो उपपति के पास जा रही हो। वस्तुतः अमरु के मुक्तकों में तत्कालीन शिष्ट मान्यताओं के आधार पर बने दाम्पत्य-जीवन के प्रणयसिक्त पक्षों का अंकन किया गया। जैसा कि हमने संकेत किया है, यह शतक सामान्यलोक जीवन का नहीं, अपितु अपनी मान्यताओं और मर्यादाओं में परिचालित पौर जीवन का चित्र है। भवनों में रहने वाले लोग हैं। अंशुक और कंचुलिकाएँ नारी परिधान हैं। सुशिक्षित सारिका-शुक पले होते हैं। बड़े-बूढ़ों की बड़ी मर्यादा है। सखियों से भरे घर में दयिता प्रणय की कला में दक्ष होती रहती है। आँगन की बगिया का आम्र-वृक्ष

संगम और विरह का साथी है। चन्दन और केसर, रशना और हार—सभी कुछ सुरुचि और सम्पन्नता व्यक्त करते हैं। धौत प्रच्छद पट से धवल शय्या, शून्य वासगृह, ताम्बूल, कुसुम—ये सब कामियुगल की उत्कण्ठा में अभिवृद्धि करते हैं। शिष्ट, अभिजात, कलात्मक वातारण में अमरु का काव्यसर्जन संस्कृत के विशिष्ट परिष्कार और संस्कार से समन्वित हो उठा।

परवर्ती मुक्तक-काव्य

अमरु के बाद संस्कृत साहित्य में लघुकाव्य और मुक्तकों के रूप में श्रेष्ठ रचनाएँ आयीं। सन्देश काव्य, गीतकाव्य, खण्डकाव्य और मुक्तकों की प्रचुर राशि संस्कृत साहित्य को प्राप्त हुई। इन पर अमरु का प्रभाव किन्हीं अंशों में अवश्य पड़ा। अमरु ने पौर जीवन के जिस अभिजात श्रृंगार का चित्रण किया, परवर्ती साहित्य पर उसका स्पष्ट प्रभाव दिखायी पड़ता है। हाल ने व्यापक रूप से सामान्य लोक जीवन प्रतिबिम्बित किया। महाकाव्यों ने श्रृंगार के सामान्य रूप को ग्रहण किया या राजान्तःपुर का श्रृंगारी जीवन चित्रित किया। भर्तृहरि ने श्रृंगार और कामिनी के सामान्य पक्ष का, मनुष्य के जीवन में श्रृंगार के समग्र प्रवेश का चित्रण किया अथवा श्रृंगार की क्षणिकता का विचार कर शान्ति और वैराग्य का मार्ग दिखलाया। किन्तु अमरु ने प्रणय की विशेष स्थितियों का अंकन किया। परवर्ती काव्यों पर हाल और अमरु के इस वैशिष्ट्य का प्रभाव पड़ा। सन्देशकाव्य और गीतकाव्य तो अपनी एक विशेष परम्परा में विकसित हुए, किन्तु बिल्हण जैसे कवियों के लघु काव्यों और प्राचीन काव्यसंग्रहों में उद्धृत मुक्तक कवियों के ऊपर अमरु और हाल का व्यापक प्रभाव स्पष्ट दिखायी पड़ता है। हाल की संकलित 'सत्तसई' की तो ऐसी धाक है कि संस्कृत का महान् सप्तशतीकार ऐसी रचना के लिए उपयुक्त भाषा प्राकृत ही मानता है—

> ''वाणी प्राकृतसमुचितरसा बलेनैव संस्कृतं नीता।
> निम्नानुरूपनीरा कलिन्दकन्येव गगनतलम्॥''

प्राकृत में उचितरस समन्वित वाणी को बलात् ही संस्कृत में लाया हूँ जैसे निम्नाभिमुखनीरा यमुना को (बलराम ने) गगनतल में उत्क्षिप्त कर दिया था। इस कार्य को बहुत अमरु ने कर दिखाया था, इसलिए गोवर्धन का कार्य और भी सरल हो गया था।

चौर पंचाशिका

अमरु के शतक के आदर्श पर बिल्हण की 'चौरपञ्चाशिका' अथवा 'चौर-सुरतपञ्चाशिका' आयी। ग्यारहवीं शती में काश्मीर में कोणमुख स्थान में बिल्हण का जन्म हुआ। ज्येष्ठकलश, राजकलश, मक्तिकलश क्रमश: उनके पिता, पितामह, प्रपितामह थे। नागदेवी उनकी माता थीं। काश्मीर में जन्मा यह कवि गुजरात में सोमनाथ को और सुदूर दक्षिण में भी अपनी श्रद्धा अर्पित करने गया था। कल्याण के विक्रमादित्य चतुर्थ त्रिभुवनमल्ल ने बिल्हण का सम्मान किया। बिल्हण का महाकाव्य 'विक्रमांक-देवचरित'—१८ सर्गों का महाकाव्य, 'कर्णसुन्दरी' नाटिका, 'शिवस्तुति' स्तोत्र प्राप्त है। किन्तु 'चौरपञ्चाशिका' की प्रकृति ही दूसरी है। बिल्हणकाव्य की कथा में अनुस्यूत इस 'पञ्चाशिका' के पचास श्लोक अपने में अकेले ही पूर्ण भी हैं, और एक कथा से सम्बद्ध भी। महिलपत्तन नगरी में वीरसिंह नृपति था। उसने शशिकला सी अपनी पुत्री 'शशिकला' को पढ़ाने के लिए कवि बिल्हण को नियुक्त किया। बिल्हण ने शशिकला का अध्यापन आरम्भ किया। इस अवधि में शशिकला और कवि के बीच प्रणय के अंकुर का उद्‌भेद और विकास हुआ। कवि और राजकुमारी के प्रणय का प्रणय निर्बाध चलता रहा। किन्तु रहस्य का भेदन भी हुआ। कवि को वध का दण्ड समाज्ञप्त हुआ। गर्दभ-पृष्ठ पर उसे नगर से ले जाया गया। किन्तु वधस्थल पर कवि की कविता में कान्ता के चित्र उभरने लगे। पुरानी स्मृतियाँ कविता में साकार होने लगीं। कविता से ग्रावा भी सदय बनी। कविता का वध रुका, प्रिया मिली।

बिल्हण के पचास श्लोक किसी प्रिया की याद अवश्य करते हैं। एक-एक श्लोक एक-एक चित्र उपस्थित करता जाता है। स्वप्न में जैसे एक के बाद एक चित्र आते जायें। अमरु की चित्रांकन की सी शैली बिल्हण ने भी स्वीकार की। बिल्हण का वर्णन, बिल्हण की दृष्टि अपनी है, किन्तु उसकी पार्श्वभूमि में अमरु उभर आते हैं। पंचाशिका का प्रणय अन्त:पुर का प्रणय नहीं है, अपितु प्रेमरस में डूबे दो प्रणयीजन का हृदय-सन्तर्पक संगीत है। इस काव्य के स्वरूप पर ही नहीं, शैली और वस्तु पर भी अमरु का प्रभाव स्पष्ट दिखायी पड़ता है।

'चौरपञ्चाशिका' में यद्यपि कथा का एक सूत्र आद्योपान्त पिरोया है, तथापि प्रत्येक श्लोक अपने में पूर्ण है। प्रत्येक श्लोक सजीव चित्र है। इन

चित्रों पर 'अमरुशतक' की वर्णन–पद्धति का प्रभाव स्पष्ट दिखायी पड़ता है। प्रिय के विदेश गमन की चर्चा सुनते ही दयिता की यह दशा है—

> "अद्यापि तां गमनमित्युदितं मदीयं
> श्रुत्वैव भीरुहरिणीमिव चञ्चलाक्षीम्।
> वाचः स्खलद्विगलदश्रुजलाकुलाक्षीं
> सञ्चिन्तयामि गुरुशोकविनम्रवक्त्राम्॥"[1]

मेरे जाने की चर्चा सुनते ही भीरुमृगणी सी चञ्चलनयनी, रुकती वाणी, ढलते अश्रु बिन्दुओं से वे भरे नयन थे, गुरु विषाद से आनन झुका हुआ था, उसे आज भी सोच रहा हूँ।

कुछ इसी दशा का अमरु का भी चित्र है—

> "प्रहरविरतौ मध्ये वान्हस्ततोऽपि परेण वा,
> किमुत सकले याते वाह्नि प्रिय! त्वमिहैष्यसि।
> इति दिनशतप्राप्यं देशं प्रियस्य यियासतो,
> हरति गमनं बालालापैः सवाष्पगलज्जलैः॥"
> (अमरु., श्लो. सं. १२)

अथवा—

> "कान्ते कथञ्चिद्गदितप्रयाणे।
> क्षणं विनम्राविरहार्दितांगी।
> तस्तमालोक्य कदागतोऽसी—
> त्र्यालिङ्ग्य मुग्धा मुदमाससाद॥"
> (अमरु., श्लो. सं. १५८)

'चौर पञ्चाशिका' की कल्पना और वर्णन पद्धति पर इन छन्दों का प्रभाव स्पष्ट दृष्टिगोचर होता है।

अपराधी प्रियतम के प्रति प्रिया की प्रतिक्रिया, रतिकेलि की वेला में दयिता, प्रिय की प्रतीक्षा में दयिता आदि के वर्णनों में चौरपञ्चाशिका और अमरुशतक के कवियों की आन्तरिक दृष्टि की समानता अमरु के मुक्तकों का प्रभाव स्पष्ट रूप में बताती है।

---

१. चौरपञ्चाशिका, एस.एन. ताडपत्रीकर, पूना, १९४६, श्लो. सं. २८

आर्यासप्तशती

समय क्रम के अनुसार चौरपञ्चाशिका के बाद एक बहुत ही महत्त्वपूर्ण रचना आती है, और वह है 'आर्यासप्तशती'। आचार्य गोवर्धन ने हाल के आदर्श पर आर्याओं की रचना की। संस्कृत मुक्तकों के इतिहास में 'आर्यासप्तशती' का विशेष स्थान है। अमरु के द्वारा चलायी गयी परम्परा में यह दूसरा चरण है। सरल, मुहावरेदार भाषा में चित्रांकन की पद्धति में प्रणय के वर्णन की परम्परा गोवर्धन के हाथों में परिष्कृत होती है। आर्या छन्दों में प्रणय का अंकन संक्षेप में तो होगा ही, साथ ही उक्ति की तीव्रता की सृष्टि के लिए आचार्य गोवर्धन ने उपमा, उत्प्रेक्षा, व्यतिरेक आदि अलंकारों का बड़ा सहारा लिया। साम्य के सहारे पर कथ्य की मार्मिक और तीव्र अनुभूति कराने में 'आर्यासप्तशती' विशेष सफल है। हाल की 'सत्तसई' की ही भाँति 'आर्यासप्तशती' की कविता का विषय भी प्रणय के अतिरिक्त बहुत से पक्षों को समेटता है। जीवन में मर्मों का उद्घाटन बड़े अनायास रूप में होता है। उक्ति की मार्मिक शैली और भाषा पर परिष्कार और अलंकार का दर्शन होता है। फिर भी यह अलंकरण माघ और भारवि जैसे कालिदासोत्तरकालीन महाकवियों की अलंकृति और पराभवयुगीन रुचि से भिन्न है। प्रिया की अधरसुधा पर उक्ति है—

> ''एको हरः प्रियाधरगुणदेवी दिविषदोऽपरे मूढ़ाः।
> विषममृतं वा सममिति यः पश्यन्गरलमेव पपौ॥''
>
> (आर्यासप्त., एकारादि—१)

एक शिव ही प्रिया के अधर का गुण जानते हैं, जिन्होंने (प्रिया की अधर सुधा के आगे—) विष और अमृत को एक जैसा ही देख गरल ही पी लिया। दूसरे देवता तो मूढ़ हैं।

इस उक्ति पर अमरु की उक्ति का शैलीगत प्रभाव स्पष्ट है—

> ''संदष्टेऽधरपल्लवे सचकितं हस्ताग्रमाधुन्वती
> मा मा मुञ्च शठेति कोपवचनैरानर्तितभ्रूलता।
> सीत्काराञ्चितलोचना सरभसं यैश्चुम्बितामानिनी
> प्राप्तं तैरमृतं श्रमाय मथितो मूढैः सागरः॥''
>
> (श्लो., सं. ३६)

'आर्यासप्तशती' पर पराभवयुगीन महाकवियों की अन्ध-अलंकारप्रियता

के स्थान पर रसकवियों का प्रभाव साफ दिखायी पड़ता है। किन्तु गोवर्धन का स्वतंत्र व्यक्तित्व भी है। वह व्यक्तित्व उनकी रसव्यंजन के साथ ही उक्ति कौशल की क्षमता के कारण है। अपने आन्तरिक अनुराग का दिखावा कर सकने में अक्षम किसी सीधी-सादी गृहिणी की उक्ति है—

''आन्तरमपि बहिरिव हि व्यञ्जयितुं रसमशेषतः सततम्।
असती सत्कविसूक्तिः काचघटीति त्रयं वेद॥''

(आर्या., आकारादि—१)

आन्तर रस को भी बाह्य की भाँति सतत व्यंजित करना अपतिव्रता, सत्कविसूक्ति, शीशे की (जल—) घड़ी—ये तीनों जानती हैं। हाल के ही भाँति गोवर्धन ने भी उन्मुक्त प्रणय सम्बन्धों की चर्चा की है। इनसे कभी-कभी लोक-आचार पर भी प्रकाश पड़ता है। ऐसे उन्मुक्त प्रणय सम्बन्ध और समस्त पदावली, साथ ही मुहावरेदार भाषा का लय इस श्लोक में है—

''नागरभोगानुमितस्ववधूसौन्दर्यगर्वतरलस्य।
निपतति पदं न भूमौ ज्ञातिपुरस्तन्तुवायस्य॥''

(आर्या सं., नकारादि—५)

नागरजनों के उपभोग से अनुमित अपनी पत्नी के सौन्दर्य पर फूले न समाते तन्तुवाय के पैर कुटुम्बियों के सामने धरती पर पड़ते नहीं। किन्तु गार्हस्थ्य जीवन की प्रशस्ति का स्वर भी बहुत ऊँचा है—

''निष्कारणापराधं निष्कारणकलहरोषपरितोषम्।
सामान्यमरणजीवनसुखदुःखं जयति दाम्पत्यम्॥''

(आर्या., नकारादि—२७)

जो अकारण अपराध, अकारण कलह, रोष, परितोष से युक्त है, जहाँ जीवन-मरण, सुख-दुख सामान्य है—वह दाम्पत्य सर्वश्रेष्ठ है। दाम्पत्य का आदर्श रूप यह है—

''नाथेति पुरुषमुचितं प्रियेतिदासेत्यनुग्रहो यत्र।
दाम्पत्यमितोऽन्यन्नारी रज्जुः पशुः पुरुषः॥''

जहाँ 'नाथ!'—यह सम्बोधन कठोर, 'प्रिया!'—यह उचित, 'दास'—यह सम्बोधन अनुग्रह है, वह दाम्पत्य दाम्पत्य है, इसके अतिरिक्त तो नारी

बन्धन है और पुरुष पशु। इस श्लोक का भाव अमरु के इन श्लोकों से तुलनीय है—

> "तथाभूदस्माकं प्रथममविभक्ता तनुरियं
> ततो न त्वं प्रेयानहमपि हताशा प्रियतमा।
> इदानीं नाथस्त्वं वयमपि कलत्रं किमपरं
> मयाप्तं प्राणानां कुलिशकठिनानां फलमिदम्॥"
>
> (श्लो. सं.—६९)

तथा—

> "आश्लिष्टा रभसाद्विलीयत इवाक्रान्ताप्यनङ्गेन या,
> यस्याः कृत्रिमचण्डवस्तु करणाकूतेषु खिन्नं मनः।
> कोऽयं काहमिति प्रवृत्तसुरता जानाति या नान्तरम्
> रन्तुः सा रमणी स एव रमणः शेषौ तु जायापती॥"
>
> (श्लो. सं.—१४२)

आचार्य गोवर्धन ने प्रणय के अतिरिक्त नीतिपरक, अन्योक्तिपरक आर्यायें भी लिखी हैं। जीवन के प्रणयातिरिक्त पक्ष का भी अंकन किया है। उनकी सप्तशती पर हाल की 'सत्तसई' का प्रभाव स्पष्ट दिखता है। अमरु के केवल प्रणयपरक मुक्तकों के बाद विषय और शैली की दृष्टि से 'आर्यासप्तशती' का संस्कृत मुक्तकों में भिन्न व्यक्तित्व सुस्पष्ट है।

सुभाषित संग्रह—संस्कृत मुक्तकों की प्रचुर राशि सुरक्षित रखने में सुभाषितसंग्रहों का योगदान अविस्मरणीय है। कवीन्द्रवचनसमुच्चय, नन्दनरचित प्रसन्नसाहित्यरत्नाकर, अमितगतिरचित सुभाषितरत्नसन्दोह, श्रीधरदास-संकलित सदुक्तिकर्णामृत, जल्हण-संकलित सूक्तिमुक्तावली, शार्ंगधर संकलित शार्ंगधरपद्धति, वल्लभदेव संकलित सुभाषितावली, विद्याकर संकलित सुभाषितरत्नकोष आदि दर्जनों सुभाषित संग्रहों में प्राचीन प्रसिद्ध, अप्रसिद्ध, ज्ञात, अज्ञात कवियों की विविध रचनाएँ संकलित की गयी हैं। इनमें संस्कृत मुक्तकों की विविधता और उत्कृष्टता के दर्शन होते हैं। नीति, हास्य, देवस्तुति, प्रहेलिका, कूट, अन्योक्ति, शृंगार आदि विषयों पर प्राचीन कवियों की उक्तियों का संकलन किया गया। यही नहीं राजनीति, गणप्रशंसा, तुरगप्रशंसा, धनुर्वेद, गान्धर्व-शास्त्र, उपवनविनोद, शकुनज्ञान, पशुलक्षण, पशुचिकित्सा, विषापहरण, भूतविद्या,

बालग्रहोपशमन, कौतुक, कल्पस्थान, केशरञ्जन, विवेक, उपदेश, शरीर, योग आदि विभिन्न विषयों पर प्राचीन पुस्तकों से अंश अथवा स्वतंत्र रचनाओं का संकलन किया गया। इन बहुविध संकलनों में मुक्तकों का बहुविध स्वरूप और बहुत से कवि, कवयित्रियों का परिज्ञान हमें हो पाता है। कितने ही मुक्तकों के रचयिताओं का नाम भी नहीं उद्धृत है। इन अज्ञात कवियों में बहुतों की प्रतिभा श्लाध्य है। शीलाभट्टारिका, जघनचपला, इन्दुलेखा, मरुला, मोरिका, विकटनितम्बा, विज्जा, अविलम्बित सरस्वती, कुन्नी देवी, चाण्डाल-विद्या, नगमा, पद्मावती, मदालसा, रजकसरस्वती, लक्ष्मी, वीरसरस्वती, सरस्वती, सीता, कवि देवी आदि कवयित्रियों के मार्मिक श्लोक विभिन्न सुभाषित-संग्रहों में उद्धृत हैं। बहुत से कवियों की रचनाएँ उनके वास्तविक नहीं, अपितु कल्पित नाम से उद्धृत हैं। दग्धमदन, दर्शनीय, चन्द्रोदय, धैर्यमित्र, निद्रादरिद्र, प्रियविरह, मूर्ख, भेरीभ्रमक आदि अनेक नाम ऐसे ही हैं। इन काव्यसंग्रहों में व्यास, वाल्मीकि, पाणिनि, कालिदास, भवभूति, बाण, माघ, राजशेखर, मंखक आदि प्राचीन सुपरिचित कवियों की रचनाएँ भी उद्धृत हैं। काव्यसंग्रहों में संकलित मुक्तकों में सामान्यत: उक्तिकौशल, प्रसन्नभावा के साथ ही भावों के अनायास अभिव्यंजन तथा रससृष्टि पर विशेष आग्रह है। यह अद्‌भुत बात है कि महाकाव्यों की कालिदास के अनन्तर की अधोगामिनी प्रवृत्ति मुक्तकों में नहीं दिखायी पड़ती। जिस प्रकार कालिदास के बाद भी भवभूति, विशाखदत्त जैसे महान् नाटककार आते रहे, उसी प्रकार मुक्तक कवियों में अमरु के बाद भी महान् प्रतिभाओं का अभाव नहीं रहा। उनकी काव्यप्रवृत्ति कथपमि अधोगामिनी नहीं कही जा सकती। हाँ, अमरु की ऊँचाई कठिन अवश्य है। काव्य-शास्त्रकारों ने भी इन मुक्तकों का अपने उदाहरण के लिये प्रचुर उपयोग किया। इसका रहस्य इन मुक्तकों की अपनी श्रेष्ठता ही है। 'सुभाषितावली' में दर्वट के नाम से उद्धृत श्लोक कितना मार्मिक है—

> ''भ्रात: पान्थ व्रजसि यदि हे तां दिशं पुण्यभाजो
> वक्तासीत्थं कठिनहृदयं तं जनं किं यथेति।
> पृष्टा यावत्कथयति च सा वाञ्छितं नैव बाला,
> तावत्सर्वैर्वदनकमलं रुद्धमश्रुप्रवाहै: ॥''

(सुभा.—११४४)

"भाई पथिक! यदि उस ओर जाना, तो उस कठिन हृदय से यों कहना। 'जैसे क्या?'—यह पूछने पर वह बाला जब तक इच्छित सन्देश कह पाये कि तब तक उसका वदनकमल आँसुओं की धार से रुद्ध हो उठा।" प्रिय की कैसी सरल पहचान है यह, किसी अज्ञात कवि की वाणी में—

"भ्रात: प्रान्थ पथि त्वया नु पथिक: कश्िंचत्समासादितो
बाले नैकशतानि कीदृश इति प्रख्यायतां वल्लभ:।
यं दृष्ट्वां प्रमदाजनस्य भवत: स्फारे मुदा लोचने
स ज्ञेयो दयितो ममेति पथिकायावेद्य मोहं गता॥"

(सुभा.—११४५)

'भाई पथिक! उधर कोई पथिक तो नहीं मिला?' 'बाले! एक नहीं, सैकड़ों, कैसा तुम्हारा वल्लभ है बताओ तो!'

'जिसे देख कर प्रमदाओं के लोचन हर्ष से विकसित हो जाते हैं, उसे मेरा प्रिय समझो!' यह पथिक से कह कर मोहित हो गयी।

'शार्ंगधरपद्धति' में शीलाभट्टारिका के नाम से उद्धृत इस श्लोक का मर्म आवर्जक है—

"य: कौमारहर: स एव हि वरस्ता एव चैत्रक्षपा—
स्ते चोन्मीलितमालतीसुरभय: प्रौढ़ा: कदम्बानिला:।
सा चैवास्मि तथापि तत्र सुरतव्यापारलीलाविधौ,
रेवा रोधसि वेतसि तरुतले चेत: समुत्कण्ठते॥"

(शार्ंग—३७६८)

जिसने कुँवारापन हर लिया था, वही वर है, वे ही हैं चैत की रातें, वही उन्मीलितमालती से सुरभित प्रौढ़ कदम्ब मारुत है, वही मैं हूँ, फिर भी रेवा के तट पर वेतसी तरु के नीचे सुरतिकेलिविधि में चित्त उत्कण्ठित हो रहा है।

नदी के तट पर किसी उपपति से मिलने के लिए जाती स्त्री की सतर्कता विज्जका के शब्दों में—

"दृष्टिं हे प्रतिवेशिनि क्षणमिहाप्यस्मद्‌गृहे दास्यसि,
प्रायेणास्य शिशो: पिता न विरसा:कौपीरप: पास्यति॥

एकाकिन्यपि यामि सत्वरमितः स्रोतस्तमालाकुलं,
नीरन्ध्रास्तनुमालिखन्तु जरठच्छेदा नलग्रन्थयः ॥''

(शार्ङ्ग—३७६९)

ओ पड़ोसिन! जरा इधर हमारे घर की ओर भी नज़र रखना। इस शिशु के पिता शायद विरस कूप जल नहीं पियेंगे। मैं अकेली ही यहाँ से तमाल से भरे स्रोत पर सत्वर जाती हूँ। पुराने नरकट की गाँठें देह खरोंचे, तो खँरोचें।

सुभाषितरत्नकोश में वसुकल्प के नाम से उद्धृत श्लोक में चन्द्रोदय पर अनूठी कल्पना है—

''अद्यापि स्तनशैलदुर्गविषमे सीमन्तिनीनां हृदि,
स्थातुं वाञ्छति मान एष झगिति क्रोधादिवालोहितः ॥
उद्यन्दूरतरप्रसारितकरः कर्षत्यसौ तत्क्षणात्,
स्फायत्कैरवकोषनिःसरदलिश्रेणीकपाणं शशी ॥''

(सुभाषितरत्न—९२१)

स्तनशैलों के कारण दुर्गम और विषम वधूहृदय में अभी भी यह मान ठहरना चाहता है—इसी से मानो क्रोध के कारण झट से आलोहित उदय होता चन्द्रमा दूर तक करों (किरणों-हाँथों) को बढ़ाकर विकसित होते कैरवकोष से निकलती भँवरों की पाँतरूपी कृपाण तत्क्षण निकाल रहा है।

प्रत्यूष वर्णन में मुरारि की सर्वथा नवीन उपमाएँ—

''जाताः पक्वपलाण्डुपाण्डुरमधुच्छायाकिरस्तारकाः
प्राचीमङ्कुरयन्ति किञ्चनरुचो राजीवजीवातवः।
लूतातन्तुवितानवर्तुलमितो बिम्बं दधच्चुम्बति
प्रातः प्रोषितरोचिरम्बरतलादस्ताचलं चन्द्रमाः ॥''

(सुभाषितरत्न—९५९)

तारे पके प्याज जैसे पाण्डुर मधु की आभा का प्रसार कर रहे हैं, कमलों को जीवनदायिनी किरणें प्राची को कुछ-कुछ अंकुरित कर रही हैं, मकड़ी के जाल-वितान से मण्डलित बिम्बयुक्त कान्तिहीन चन्द्रमा प्रातः अम्बर-तल से अस्ताचल का चुम्बन कर रहा है।

इन सुभाषित संग्रहों में संस्कृत के कितने ही स्मृत और विस्मृत कवियों की रचनाओं का संकलन संस्कृत मुक्तकों की विविधता और श्रेष्ठता व्यक्त करता है।

पण्डितराज जगन्नाथ

संस्कृत मुक्तकों की परम्परा में सतत रूप से कवि और कवयित्रियों का आगमन होता रहा। परवर्ती सुभाषितसंग्रहों में ऐसे कवियों की रचनाएँ संकलित हैं। काव्यशास्त्र की पुस्तकों में भी प्रायः नवीन स्फुट श्लोक मिलते हैं। स्वतंत्र ग्रन्थ भी हैं। ऐसे कवियों की सुदीर्घ परम्परा आज बीसवीं शताब्दी तक अविच्छिन्न है। किन्तु इनमें एक अत्यन्त प्रमुख और महान् कवि पण्डितराज जगन्नाथ हैं। पण्डिराज ने नूतन मुक्तकों की रचना की। पण्डितराज के मुक्तकों का भी विषय व्यापक है। उनका भाषा पर अधिकार आश्चर्यजनक है। हिमालय से लेकर 'आपयोधिकूल' के विद्वानों को ललकारते इस कवि की वाणी में अद्‌भुत माधुर्य, आकर्षण और बल है। एक सिंहिनी की उक्ति देखिये—

> "धीरध्वनिभिरलं ते नीरद! मे मासिको गर्भः।
> उन्मदवारणबुद्धया मध्ये जठरं समुच्छलति॥"

ओ नीरद! बस कर अपने धीर-गंभीर गर्जन को! मुझे एक मास गर्भ है। उन्माद वारण की आशंका से वह उदर में ही उछल रहा है!

पण्डितराज के अपराजेय अभिमान ने ऐसी सबल उक्तियाँ कहलवायीं। दूसरी ओर उनकी गंगा सी पवित्र श्रद्धा ने 'किसी कादम्बिनी' के स्तवन में मधुर काव्य की सृष्टि की।

हिन्दी की मुक्तक परम्परा

संस्कृत की मुक्तक परम्परा की ही भाँति हिन्दी की अपनी परम्परा है। हिन्दी में महाकवियों के साथ-साथ मुक्तक कवियों की रचनाएँ हिन्दी की श्रीवृद्धि करती हैं। भक्तिकाल से आरम्भ यह परम्परा अनेक स्रोतों से प्रेरणा ग्रहण करके भी अपना स्वतंत्र व्यक्तित्व प्रतिष्ठित कर सकी है। विद्यापति, कबीर, सूर, तुलसी, रसखान, रहीम आदि के पदों, सवैयों, दोहों की अपनी सत्ता है। संस्कृत साहित्य में आचार्यों और कवियों की पृथक् परम्परा रही है, किन्तु रीतिकाल में हिन्दी कवियों के व्यक्तित्व में कवित्व और आचार्यत्व का अद्‌भुत मिश्रण हुआ। इन कवियों ने संस्कृत साहित्यशास्त्र के प्राचीन आचार्यों की रचनाओं के आधार पर काव्यशास्त्र का विवेचन किया और साथ ही अपनी रचना के द्वारा उनके उदाहरण भी

प्रस्तुत किये। इस प्रकार की उदाहरणमूलक रचनाओं पर संस्कृत की प्राचीन परम्परा का कुछ प्रभाव अवश्य है, किन्तु जहाँ संस्कृत के मुक्तक मूलतः शास्त्र के उदाहरण के लिए न बनाये जाकर काव्य रचना की स्वतंत्र प्रेरणा से सृष्ट है, भले ही उन्हें बाद में उदाहरण के रूप में आचार्यों ने प्रयुक्त किया हो, हिन्दी के काव्य-शास्त्रों में उदाहृत मुक्तक नियमबद्ध हैं। अतः इन रीतिकालीन रचनाओं में संस्कृत मुक्तकों से विषयगत साम्य होते हुए भी काव्यगत स्तर में अन्तर है। हिन्दी के भक्तिकालीन पदों को तो संस्कृत की मुक्तकों की श्रृंगारिक परम्परा से जोड़ा नहीं जा सकता। भारतीय दर्शन के विकास और हिन्दी कविता के स्वाभाविक विकास के सन्दर्भ में उनका स्वतंत्र और अप्रतिम अस्तित्व है। किन्तु रहीम, मतिराम के दोहों, कालिदास त्रिवेदी रचित 'वारवधूविनोद', गनेश कवि रचित 'रसवल्ली', देवरचित 'सुखसागरतरंग' आदि में नायक और नायिकाओं के भेदों के वर्णन में देश और काल की अपनी विशेषताओं के साथ प्राचीन परम्परा का प्रभाव भी पड़ा है। हाल, अमरु और गोवर्धन की परम्परा का सुस्पष्ट प्रभाव बिहारी की 'सत्तसई' में परिलक्षित होता है। सप्तशती के प्राचीन आदर्श पर रचित बिहारी की सतसई में 'सत्तसई', 'अमरुशतक' और 'आर्याशप्तशती' से भाव सीधे ग्रहण किये गये। बिहारी के इस दोहे पर अमरु का सीधा प्रभाव है—

> "मैं मिसहाँ सौभौ समुझि, मुँहुँ चूम्यौ ढिग जाइ।
> हँस्यौ, खिसानी, गल गह्यौ, रही गरैं लपटाइ॥"
>
> (बिहारी रत्नाकर—६४२)

इस दोहे की तुलना में उद्धृत श्लोक दृष्टव्य है—

> "शून्यं वासगृहं विलोक्य शयनादुत्थायं किञ्चिच्छनै—
> र्निद्राव्याजमुपागतस्य सुचिरं निर्वर्ण्य पत्युर्मुखम्।
> विस्त्रब्धं परिचुम्ब्य जातपुलकामालोक्य गण्डस्थलीं
> लज्जानम्रमुखी प्रियेण हसता बालाचिरं चुम्बिता॥"
>
> (अमरु., श्लो. सं.—८२)

अमरु के "त्वं मुग्धाक्षि विनैव कञ्चुलिकया—" (अमरु., श्लोक सं. २७) का अपने छोटे से छन्द की सीमा में बिहारी ने रूपान्तर किया है—

"पति रति की बतियाँ कहीं सखी लखी मुसकाइ।
कै कै सबै टलाटलीं अलीं चलीं सुख पाइ॥"

(बिहारी रत्नाकर—२४)

अमरु ने मुग्धा प्रिया का चित्र खींचा—

"मुग्धे मुग्धतयैव नेतुमखिलः कालः किमारम्यते,
मानं धत्स्व धृतिं बधान ऋजुतां दूरे कुरु प्रेयसि।
सख्यैवं प्रतिबोधिता प्रतिवचस्तामाह भीतानना
नीचैः शंस हृदि स्थितो हि ननु मे प्राणेश्वरः श्रोष्यति॥"

(अमरुशतक, श्लो. सं.—७०)

बिहारी ने इस प्रकार रूपान्तर किया—

"सखी सिखावति मानविधि, सैननि बरजति बाल।
हँसएँ कह मोहिय बसत, सदा बिहारी लाल॥"

(बिहारी रत्नाकर, उपस्करण २—११९)

इसी प्रकार "भ्रूभङ्गे रचितेऽपि..." (अमरु., श्लो. सं. २४) श्लोक के भाव पर दो दोहे द्रष्टव्य हैं—

"मोहि लजावत, निलजए हुलसि मिलत सब गात।
भानु उदै की ओस लौं मानु न जानति जात॥"

(बिहारी रत्नाकर, ५६६)

"कपट सतर भौंहें करीं मुख अनखौंहें बैन।
सहज हँसौंहैं जानि कै सौंहें करति न नैन॥"

(बिहारी रत्नाकर, ४१२)

परस्पर रूठ गये दम्पति का मान भंग अनोखा रहा—

"एकस्मिन् शयने परांमुखतयावीतोत्तरं ताम्यतो—
रन्योन्यस्य हृदि स्थितेऽप्यनुनये संरक्षतोगौर्रवम्।
दम्पत्योः शनकैरपाङ्गवलनामिश्रीभवच्चक्षुषो—
र्भग्नो मानकलिः सहासरभसव्यावृत्तकौतूहलः॥"

(अमरु., श्लो. सं. २३)

बिहारी ने इस चित्र को इस तरह उपस्थित किया—

"खिंचै मान अपराध हूँ चलिगै बढ़ै अचैन।
सुरत दीठि तजि रिस खिसी हँसे दुँन के नैन॥"

(बिहारी रत्नाकर, ६४९)

विरह से उत्तप्त उरोज पर गिरते विरहिणी के अश्रु छन-छन कर उड़ते जाते हैं—

"तप्ते महाविरहवह्निशिखावलीभि—
रापाण्डुरस्तनतटे हृदये प्रियायाः।
मन्मार्गवीक्षणनिवेशितदीनदृष्टे—
र्नूनं छमच्छमिति वाष्पकणाः पतन्ति॥"

(अमरु., श्लो. सं.—८६)

बिहारी ने यह भाव यों व्यक्त किया है—

पलनु प्रगटि, बरुनींन बढ़ि, नहिं कपोल ठहरात।
अँसुआ परि छतिया छनकु छनछनाइ छिपि जात॥

(बिहारी रत्नाकर—६५६)

बिहारी के इन दोहों से उन पर संस्कृत मुक्तककारों का विशेषतः अमरु का प्रभाव स्पष्ट है। रीतिकाल के इस श्रेष्ठतम कवि के मुक्तक अपने छोटे कलेवर में भी अनन्त भावराशि समेटे हुए हैं। इन मुक्तकों में संस्कृत मुक्तकों की सुदीर्घ परम्परा अविच्छिन्न रूप में समाहित है।

आनन्दवर्द्धन, अभिनवगुप्त आदि आचार्यों द्वारा प्रशंसित, अनेक टीकाकारों एवं अगणित सहृदय पाठकों द्वारा समादृत अमरु कवि की यह अमर रचना—'अमरुशतकम्' हिन्दी के पाठकों को भी आह्लाद प्रदान करेगी, इसमें कोई सन्देह नहीं। हमें तो इस समय अमरु के नाम के साथ अर्जुनवर्मदेव की यह उक्ति सम्पृक्त लगती है—

अमरुककवित्वडमरुकनादेन विनिह्नुता न सञ्चरति।
शृंगारभणितिरन्या धन्यानां श्रवणयुगलेषु॥

कमलेशदत्त त्रिपाठी

अमरुशतकम्

१

ज्याकृष्टिबद्धखटकामुखपाणिपृष्ठ—
प्रेखन्नखांशुचयसंवलितोऽम्बिकायाः।
त्वां पातु मञ्जरितपल्लवकर्णपूर—
लोभभ्रमद्भ्रमरविभ्रमभृत्कटाक्षः॥

खटकामुखमुद्रा में प्रत्यंचा खींच लिये
कर का जो पृष्ठभाग
उस पर अठखेलियाँ रचाती नखकिरणों से
अनुरंजित नयन बान अम्बा का,
श्रवणों पर अर्पित मंजराये नवपल्लव पर
भ्रमत मधुलोभी सा विलसित वह,
कुशल करे!

२

२

क्षिप्तो हस्तावलग्नः प्रसभमभिहतोऽप्याददानोंऽशुकान्तं,
गृह्णन् केशेष्वपास्तश्चरणनिपतितो नेक्षितः संभ्रमेण।
आलिङ्गनयोऽवधूतस्त्रिपुरयुवतिमिः साश्रुनेत्रोत्पलाभिः,
कामीवार्द्रापराधः स दहतु दुरितं शांभवो वः शराग्निः॥

करतल का संस्पर्श किया तो क्षिप्त हुआ जो,
पकड़ा आँचल-छोर प्रसभ जो हुआ प्रताड़ित,
केशों को पकड़ा तो दूर कर दिया,
गिरा चरण पर; नहीं हुआ अवलोकित जो संभ्रम के कारण,
सरसिज लोचन भरे त्रिपुर की सुन्दरियों ने
आलिङ्गन-तत्पर जिसको झकझोर दिया, वह—
अभी-अभी अपराध किये (परकीया से मिल कर आने का)
कामी सा पशुपति बाणानल,
अशुभ तुम्हारा भस्म करे सब!

३

आलोलामलकावलीं विलुलितां बिभ्रच्चलत्कुण्डलं,
किञ्चन्मृष्टविशेषकं तनुतरैः स्वेदाम्भसां शीकरैः।
तन्व्या यत् सुरतान्ततान्तनयनं वक्त्रं रतिव्यत्यये,
तत्त्वां पातु चिराय किं हरिहरस्कन्दादिभिर्दैवतैः॥

बिखर गयीं चंचल अलकावलियाँ,
काँप गये कुंडल औ'
तनुतर श्रमसीकर से फैला कुछ टीका भी,
संगम की परिणति में शिथिलनयन शोभित वह
पुरुषायित-लीला में तन्वी का मुखमंडल,
कुशल करे युग-युग तक!
(तुम्हें बचा दयिता की बिछुड़न से)
हरि-हर-षडाननादि देवों से करना क्या?

४

अलसवलितैः प्रेमार्द्रार्द्रैर्मुहुर्मुकुलीकृतैः,
        क्षणमभिमुखैर्लज्जालोलैर्निमेषपराङ्मुखैः ।
हृदयनिहितं भावाकूतं वमद्भिरिवेक्षणैः,
        कथय सुकृती कोऽयं मुग्धे त्वयाद्य विलोक्यते ॥

अलसतिरीछे प्रीतिभीगे से
बार बार आधा ही मूँद लिये
क्षण भर तो सम्मुख
फिर लज्जा से फेर लिये
पलक गिराना भी भूल गये
हृदय-निहित रहसभाव मानो उँड़ेल रहे
नयनों से,
अयि मुग्धे!
आज किसे देख रही!
कहो कहो कौन यह सुहागभरा!

५

५

अङ्गुल्यग्रनखेन वाष्पसलिलं विक्षिप्य विक्षिप्य किं,
तूष्णीं रोदिषि कोपने! बहुतरं फूत्कृत्य रोदिष्यसि।
यस्यास्ते पिशुनोपदेशवचनैर्मानेऽतिभूमिं गते,
निर्विण्णोऽनुनयं प्रति प्रियतमो मध्यस्थतामेष्यति॥

अंगुलिनख से
अश्रुसलिल को सार-सार कर
थोड़ा ही धीरे रोती है!
कोपिनि,
ले उँसास तू
(हिचकी भर कर)
बहुत बहुत रोएगी!
पिशुनों के उपदेशवचन से
अति करने पर जिस तेरे इस मान-कोप के
खिन्न हुआ प्रियतम (जब तेरे)
अनुनय के प्रति
उदासीन ही हो जायेगा!

६

दत्तोऽस्याः प्रणयस्त्वयैव भवतैवेय चिरं लालिता,
दैवादद्य किल त्वमेव कृतवानस्या नवं विप्रियम्।
मन्युर्दुःसह एव यात्युपशमं नो सान्त्ववादैः स्फुटं,
हे निस्त्रिंश! विमुक्तकण्ठकरुणं तावत् सखी रोदितु॥

दिया स्नेह का दान तुम्हीं ने,
और यही वह,
जिसे आपने अपना लालन-प्यार दिया है!
हाय अभाग!
आज तुमने ही पहला अप्रिय कार्य किया है।
ज़ाहिर है यह,
मानजनित ही शोक दुःसह है—
सामवचन से शान्त नहीं जो,
अरे ओ निठुर!
फूट-फूट फिर—
मेरी यह सखि सकरुण रोये!

७

७

लिखन्नास्ते भूमिं बहिरवनतः प्राणदयितो,
निराहाराः सख्यः संततरुदितोच्छूननयनाः।
परित्यक्तं सर्वं हसितपठितं पञ्जरशुकै,
स्तवावस्था चेयं विसृज कठिने! मानमधुना॥

जीवन जी का—
आँख झुकाये बाहर भूमि कुरेद रहा है—चुप बैठा है,
सतत रुदन से सूजे-सूजे नयनों वाली तेरी सखियाँ—
निराहार हैं,
पिंजरे के शुक
हँसना पढ़ना सब कुछ-सब कुछ छोड़ चुके हैं;
और, तुम्हारी यह हालत है!
अयि कठिने! तू—
छोड़ मान को अब तो, अब तो!

८

नार्यो मुग्धशठा हरन्ति रमणं तिष्ठन्ति नो वारिता—
स्तत्किं ताम्यसि किंच रोदिषि मुधा तासां प्रियं मा कृथाः।
कान्तः केलिरुचिर्युवा सहृदयस्तादृक्पति कातरे।
किं नो बर्बरकर्कशैः प्रियशतैराक्रम्य विक्रीयते।

बाहर से भोली, भीतर से कुटिल नारियाँ
प्रिय पर डाका पड़ जाती हैं
जो रोको भी, नहीं मानतीं।
फिर क्यों व्यर्थ दुखी होती हो—क्यों रोती हो,
उनके मन का क्यों करती हो!
वैसा क्रीड़ारसिक युवा सहृदय मनभावन प्रिय भी
पुरुष-कठिन वचनों से, सौ-सौ प्रिय बातों से
अरे कातरे,
छीन-झपट कर
क्यों स्वायत्त नहीं करती हो?

९

कोपात् कोमललोलबाहुलतिकापाशेन बद्ध्वा दृढं
नीत्वा वासनिकेतनं दयितया सायं सखीनां पुरः।
भूयोऽप्येवमितिस्खलन्मृदुगिरा संसूच्य दुश्चेष्टितं
धन्यो हन्यत एव निह्नुतिपरः प्रेयान् रुदत्या हसन्॥

बड़े कोप से,
कँपती कोमल बाहुलता से कस कर बाँधा,
सायं सखियों के सम्मुख ही वास-भवन में प्रिय को लायी,
'फिर ऐसे ही'-'फिर ऐसे ही'—कँपती कोमल-मृदु वाणी में—
दयिता ने अपराध बता कर—
मार दिया ही—
(कर से या क्रीड़ा कमलों से)
हँसते, 'न-न' करते, प्रियतम को!

१०

याताः किं न मिलन्ति सुन्दरि ! पुनश्चिन्ता त्वया मत्कृते
　　नो कार्या नितरां कृशासि कथयत्येवं सवाष्पे मयि।
लज्जामन्थरतारकेण निपतत्पीताश्रुणा चक्षुषा
　　दृष्टवा मां हसितेन भाविमरणोत्साहस्तया सूचितः॥

"पथिक नहीं क्या फिर मिलते हैं ?
तो फिर सुन्दरि !
मेरे लिये न चिन्तित हो तुम !"
रुँधे गले से मेरा इतना ही कहना था,
ढलने को आतुर आँसू पी जाने वाले—
लज्जामन्थरतारकलोचन—
मुझे देख कर एक उदासी भरी हँसी, बस—
इनसे उसने भावि-मरण के प्रति अपना उत्साह कह दिया।

११

तद्वक्त्राभिमुखं मुख विनमितं दृष्टिः कृता पादयो—
स्तस्यालापकुतूहलाकुलतरे श्रोते निरुद्धे मया।
पाणिभ्यां च तिरस्कृतः सपुलकः स्वेदोद्गमो गण्डयोः
सख्यः! किं करवाणि यान्ति शतधा यत्कच्चुके सन्धयः॥

उनके मुख से अभिमुख मुख नीचा कर पायी,
(फिर भी नयन न माने ओ सखि! तब तो—)
पैरों पर ही नज़र गड़ा ली,
उनकी बातें सुन पाने की उत्कण्ठा से आकुल-आतुर
कानों को भी मूँद लिया तब,
और कपोलों पर उभरे वे स्वेदबिन्दु, वह रोम पुलक,
हाथों से ढाँका,
अरे करूँ क्या ओ सखियो! जो मसक-मसक उठती यह अँगिया
शतधा!

१२

प्रहरविरतौ मध्ये वाह्नस्ततोऽपि परेण वा
किमुत सकले याते वाह्नि प्रिय! त्वमिहैष्यसि।
इति दिनशतप्राप्यं देशं प्रियस्य यियासतो
हरति गमनं बालालापैः सवाष्पगलज्जलैः॥

एक पहर बीते या दोपहरी में,
या उसके भी बाद,
अरे प्रिय! या सारा दिन ढल जाने पर लौट यहाँ आओगे?
यों ही सौ दिन की लम्बी राहों पर जाने को उन्मुख—
प्रियतम को रोक रही है—
बाला, बहती अश्रुधार से, इन बातों से।

१३

धीरं वारिधरस्य वारि किरतः श्रुत्वा निशीथे ध्वनिं
दीर्घोच्छ्वासमुदश्रुणा विरहिणीं बालां चिरं ध्यायता।
अध्वन्येन विमुक्तकण्ठमखिलां रात्रिं तथा क्रन्दितं
ग्रामीणैः पुनरध्वगस्य वसतिर्ग्रामे निषिद्धा यथा॥

अर्धरात्रि में वर्षण करते
जलधर की गम्भीर गरज को
सुन-सुन यादें आती रहीं पथिक को बड़ी देर तक
दूर देश में पड़ी विरहिणी उस बाला की।
आँसू उमड़े, गहरी हूक उठी; फिर सारी रात
पथिक भी ऐसा रोया फूट-फूट कर मुक्त कण्ठ से
कि ग्रामीणों ने रोक दिया ही
राही का फिर वहाँ ठहरना।

१४

कृतो दूरादेब स्मितमधुरमभ्युद्गमविधिः,
शिरस्याज्ञा न्यस्ता प्रतिवचनवत्यानतिमति।
न दृष्टेः शैथिल्यं मिलनै इति चेतो दहति मे,
निगूढान्तःकोपा कठिनहृदये! संवृतिरियम्॥

मन्दस्मिति से मधुर-मधुर स्वागत विधि
सम्पादित की दूर-दूर से, (भला उपचार निभाया!)
मेरी बातों के उत्तर में खूब झुके मस्तक पर
आज्ञा धारी, (मानो कोई बोझ कठिन हो!)
नज़र मिलाने में कोई आलस्य नहीं है,
(मन मिलने की बात दूसरी!)
अरे कठिन हृदये! तेरा यह गोपन मेरा चित्त जलाता,
इसके भीतर कोप छिपा है!

१५

कथमपि सखि! क्रीड़ाकोपाद्व्रजेति मयोदिते
कठिनहृदयः शय्यां त्यक्त्वा बलाद्गत एव सः।
इति सरभसं ध्वस्तप्रेम्णि व्यपेतघृणे स्पृहां
पुनरपि हतव्रीडं चेतः करोति करोमि किम्॥

प्रणयकोप में किसी तरह से—
'जाओ' यह मेरे कहने पर
बलपूर्वक वह निठुर चला ही गया!
अरे सखि! शय्या छोड़ी!
ऐसे बिना बिचारे, रति को ध्वस्त कर दिया!
लाजहीन मन फिर भी उस निर्दय को चाहे?
अरे सखि! बोल, करूँ क्या?

१६

दंपत्योर्निशि जल्पतोर्गृहशुकेनाकर्णितं यद्वच—
स्तत्प्रातर्गुरुसन्निधौ निगदितं श्रुत्वैव तारं वधूः।
कर्णालम्बितपद्मरागशकलं विन्यस्य चञ्च्वाः पुरो
व्रीडार्ता प्रकरोति दाडिमफलव्याजेन वाग्बन्धनम्॥

(अविदितयामा) गयी रात में बतियात दंपति की
बात सुनी जो पोषित शुक ने—
उसे भोर में बड़े ज़ोर से गुरुजन के सम्मुख दोहराया,
सुनते ही लज्जा से आकुल वधू
कान में पड़े लालमणि के टुकड़े को
चंचुपुटक में दे चुप करती—
बड़े बहाने से, मानो वह और नहीं कुछ—
बस अनार का दाना ही हो!

१७

अज्ञानेन पराङ्मुखीं परिभवादाश्लिष्य मां दुःखितां
 किं लब्धं शठ! दुर्नयेन नयता सौभाग्यमेतां दशाम्।
पश्यैतद्दयिताकुचव्यतिकरोन्मृष्टाङ्गरागारुणं
 वक्षस्ते मलतैलपङ्कशबलैर्वेणीपदैरङ्कितम्॥

(मेरे रहते और किसी के मज़े लूटते—)
इस परिभव से दुखियारी, मुँहफेरे मुझको—
ओ शठ! अनजाने में आलिङ्गन कर के क्या पाया?
प्यारी की आज्ञा को तोड़ा, अरे सुहाग यहाँ पहुँचाया!
देख, पियारी के उरोज के आलिङ्गन से पुँछे—
राग से अरुण वक्ष पर—
मल से, तैलपंक से चितकबरी वेणी की—
बस, छाप लगी है!

१८

एकत्रासनसंस्थितिः परिहृता प्रत्युद्गमाद्दूरतः
स्ताम्बूलाहरणच्छलेन रभसाश्लेषोऽपि संविघ्नितः ।
आलापोऽपि न मिश्रितः परिजनं व्यापारयन्त्यान्तिके
कान्तं प्रत्युपचारतश्चतुरया कोपः कृतार्थीकृतः ॥

देख दूर से—
स्वागत-अभ्युत्थान बहाने एक जगह बैठना बचाया,
बड़े वेग से आलिङ्गन के लिये बढ़ा तो—
पान-वीटिका लाने चल दी; इसी बहाने विघ्न कर दिया,
कुछ पूछा तो सेवक-जन को आस-पास व्यापारित कर के—
उत्तर से छुटकारा पाया,
प्रियतम के प्रति उपचार निभा कर चतुर नायिका—
अपना कोप सफल करती है।

१९

दृष्ट्वैकासनसंस्थिते प्रियतमे पश्चादुपेत्यादरा—
देकस्या नयने निमील्य विहितक्रीड़ानुबन्धच्छलः।
ईषद्वक्रितकन्धरः सपुलकः प्रेमोल्लसन्मानसा—
मन्तर्हासलसत्कपोलफलकां धूर्तोऽपरां चुम्बति॥

एक पीठ बैठी दो-दो दयिताओं को—
प्रिय ने देखा,
चुपके से पीछे से जाकर एक प्रिया की आँखें मूदीं—
सादर विहित केलि के छल से,
रोमांचित वह धूर्त वक्र थोड़ी ग्रीवा कर—
चूम रहा है और दूसरी प्राणप्रिया को—
जिसका मन उल्लसित प्रीति से—
और कपोल फड़क उठते हैं रुद्ध हँसी से।

२०

चरणपतनप्रत्याख्यानप्रसादपराङ्मुखे,
निभृतकितवाचारेत्युक्ते रुषा परुषीकृते।
व्रजति रमणे निःश्वस्योच्चैः स्तनार्पितहस्तया,
नयनसलिलच्छन्ना दृष्टिः सखीषु निपातिता॥

चरणविनति के निराकरण से
कान्ता के प्रसाद से वंचित,
'ओ प्रच्छन्नधूर्त' कह भर्त्सित,
रोषपरुष प्रिय के जाने पर
स्तन पर हाथ रखे रमणी ने एक उँसास बड़ी गहरी ली
अश्रु नहायी एक दृष्टि सखियों पर डाली।

२१

काञ्च्या गाढतरावनद्धवसनप्रान्ता किमर्थं पुन—
 मुग्धाक्षी स्वपितीति तत्परिजनं स्वैरं प्रिये पृच्छति।
मातः स्वप्तुमपीह वारयति मामित्याहितक्रोधया
 पर्यस्य स्वपनच्छलेन शयने दत्तोऽवकाशस्तया॥

'कांचीगुण से चेलांचल को कस कर बाँधे—
क्यों फिर मुग्धलोचना सोती?'
वल्लभ ने दासी से पूछा मन्दस्वर में,
'ओ माँ! नहीं यहाँ सोने भी देते'
क्रोधभरी सी उसने यों कह करवट लेकर
सोने के मिस
मेरे लिए जगह ही कर दी उस शय्या पर।

२२

एकस्मिञ्शयने विपक्षरमणीनामग्रहे मुग्धया
    सद्यः कोपपराङ्मुखं ग्लपितया चाटूनि कुर्वन्नपपि।
आवेगादवधीरितः प्रियतमस्तूष्णीं स्थितस्तत्क्षणा—
    न्माभून्म्लान इवेत्यमन्दवलितग्रीवं पुनर्वीक्षितः॥

उसी सेज पर जैसे प्रिय ने
अन्य प्रिया का नाम ले लिया,
झट भोली ने मुँह ही फेरा,
म्लान हो गयी,
बेचैनी में चाटुकार उस प्रियतम का अपमान कर दिया,
प्रियतम भी चुपचाप पड़ गया और उसी क्षण—
'अरे म्लान से कहीं न हों'—बस
झट बोली ने ग्रीवा मोड़ी, फिर से देखा।

२३

एकस्मिञ्शयने पराङ्मुखतया वीतोत्तरं ताम्यतो—
रन्योन्यं हृदयस्थितेऽप्यनुनये संरक्षतोगौरवम्।
दंपत्योः शनकैरपाङ्गवलनामिश्रीभवश्चक्षुषो—
र्भग्नो मानकलिः सहासरभसं व्यावृत्तकण्ठग्रहः॥

एक सेज पर आनन फेरे
और इसी से प्रश्नोत्तर भी बन्द कर चुके,
खिन्न हो रहे,
यद्यपि मन में अनुनय भी था,
(फिर भी निज-निज—) मान रख रहे
दम्पति ने जो धीरे-चुपके अपने लोचनकोर घुमाये—
आँख मिल गयी,
बड़े वेग से हँसते-खिलते दयिता-प्रियतम—
लपट पड़े गलबहइयाँ डाले, मान-कलह यों भंग हो गया

२४

पश्यामो मयि किं प्रपद्यत इति स्थैर्यं मयालम्बितं,
किं मां नालपतीत्ययं खलु शठः कोपस्तयाप्याश्रितः।
इत्यन्योन्यविलक्षदृष्टिचतुरे तस्मिन्नवस्थान्तरे,
सव्याजं हसितं मया धृतिहरो वाष्पस्तु मुक्तस्तया॥

देखूँ मुझसे बात करेगी कैसे
सोच यही चुपचाप रहा मैं,
'मुझसे बात नहीं कहता है प्रियतम—
शठ है निश्चय—' और इसी से कुपित हो गयी,
हम दोनों की लक्ष्यहीन नयनों वाली उस रम्य दशा में—
मैं हँस पड़ा बहाने से, पर
उसने अश्रुबिन्दु ढुलकाये।

२५

परिम्लाने माने मुखशशिनि तस्याः करधृते,
मयि क्षीणोपाये प्रणिपतनमात्रैकशरणे।
तया पक्ष्मप्रान्तध्वजपुटनिरुद्धेन सहसा,
प्रसादो वाष्पेण स्तनतटविशीर्णेन कथितः॥

मान म्लान हो चला,
सुन्दरी का मुख इन्दु हथेली पर था,
पर मैं तो हारा था, सब उपाय ही व्यर्थ गये थे,
चरणों पर गिरना बाक़ी था,
तभी पताका सी पपनी के प्रान्तपुटक से
रुद्ध अश्रु–ढल गया अचानक,
स्तनतट पर वह गिरा,
बिखर कर मान त्यजन की बात कह गया।

२६

तस्याः सान्द्रविलेपनस्तनयुगप्रश्लेषमुद्राङ्कितं,
किं वक्षश्चरणानतिव्यतिकरव्याजेन गोपाय्यते।
इत्युक्ते क्व तदित्युदीर्य सहसा तत्सम्प्रमार्ष्टुं मया,
साश्लिष्टा रभसेन तत्सुखवशात्तन्व्यास्तु तद्विस्मृतम्॥

चरणप्रणति के छल से ओ शठ!
उस प्यारी के
सघनविलेपित पीनकुचों की आलिङ्गन-मुद्रा से अंकित
अपना वक्ष छिपाते क्यों हो?
दयिता के इतना कहते ही
'अरे कहाँ वह!' —कह कर मैंने
आलिङ्गन कर लिया वेग से
और उसे भी आलिङ्गन के सुख में सब कुछ भूल गया था।

२७

त्वं मुग्धाक्षि! विनैव कञ्चुलिकया धत्से मनोहारिणीं,
लक्ष्मीमित्यभिधायिनि प्रियतमे तद्वीटिकासंस्पृशि।
शय्योपान्तनिविष्टसस्मितसखीनेत्रोत्सवानन्दितो,
निर्यातः शनकैरपाङ्गवचनोपन्यासमालीजनः॥

'मुग्धलोचने! बड़ी मनोहर शोभा तेरी
बिन चोली के'—
इतना कह कर जैसे प्रिय ने बँधी ग्रन्थि पर हाँथ लगाया,
सेज किनारे बैठी सखि के नयनोत्सव से हर्षित हो सब—
सखियाँ झूठी बातें कह कर—बात बना कर
चुपके से चलती बनी आयीं।

२८

भ्रूभङ्गे रचितेऽपि दृष्टिरधिकं सोत्कण्ठमुद्वीक्षते,
रुद्धायामपि वाचि सस्मितमिदं दग्धाननं जायते।
कार्कश्यं गमितेऽपि चेतसि तनू रोमाञ्चमालम्बते,
दृष्टे निर्वहणं भविष्यति कथं मानस्य तस्मिञ्जने॥

भौंहें कुटिल करूँ जो, तब भी
आँखें उत्कण्ठा से देखें और अधिक ही
जो वाणी को रुद्ध करूँ भी
अरे जला मुँह सस्मित होता,
मन को जो कठोर भी करती ओ सखि!
उसे देखते ही तन पुलकित हो उठता है,
भला बताओ, उससे कैसे मान निभाऊँ?'

२९

सा पत्युः प्रथमेऽपराधसमये सख्योपदेशं विना,
नो जानाति सविभ्रमाङ्गवलनावक्रोक्तिसंसूचनम्।
स्वच्छैरच्छकपोलमूलगलितैः पर्यस्तनेत्रोत्पला,
बाला केवलमेव रोदिति लुठल्लोलोदकैरश्रुभिः॥

अन्य वल्लभा से मिलने का
प्रियतम ने अपराध किया जब पहला-पहला,
सखियों के उपदेश बिना वह
मुख को मोड़ बड़े विभ्रम से
या तीखी-टेढ़ी बातों से
अपना कोप प्रकट करना भी नहीं जानती,
बिखरी पपनी वाले, इन्दीवर से नयनों वाली
स्वच्छ कपोलों के ऊपर से गिरते-ढलते
मोती जैसे अश्रुकणों से बाला केवल रोती ही है।

३०

भवतु विदितं व्यर्थालापैरलं प्रिय! गम्यतां,
तनुरपि न ते दोषोऽस्माकं विधिस्तु पराङ्मुख।
तव यदि तथारूढं प्रेम प्रपन्नमिमां दशां,
प्रकृतितरले का नः पीडा गते हतजीविते॥

जाने दो, जान लिया, बन्द करो वृथा बात,
जाओ प्रिय!
दोष नहीं तनिक भी तुम्हारा है,
दैव तो हमारा ही वाम हुआ,
अगर प्रीति, जिसकी वह परिणति थी,
उसकी यह हालत है,
(कि लाख पड़ूँ पैरों पर—
किन्तु तुम्हें याद पड़े अन्य-प्रिया मनभावन)
तब तो फिर हमें कौन पीड़ा है
जाये यह हत जीवन;
आखिर तो प्रकृतितरल-नश्वर है।

३१

उरसि निहितस्तारो हारः कृता जघने घने,
कलकलवती काञ्ची पादौ रणन्मणिनूपुरौ।
प्रियमभिसरस्येवं मुग्धे! त्वमाहतडिण्डिमा,
यदि किमधिकत्रासोत्कम्पं दिशः समुदीक्षसे॥

उर पर पहनी है यह झलमल मुक्तामाला,
विपुल जघन पर कलकल करती मुखर मेखला,
चरणों में ये रुन-झुन-रुन-झुन मणि नूपुर के,
ओ भोली! तुम ऐसे ही अभिसार करो यदि
कर डंके पर चोट, अरे सखि!
बहुत डरी फिर काँप-काँप क्या दिशा देखती?

३२

मलयमरुतां व्राता वाता विकासितमल्लिका—
परिमलभरो भग्नो ग्रीष्मस्त्वमुत्सहसे यदि।
घन! घटयितुं तं निःस्नेहं य एव निवर्तने
प्रभवति गवां किं नश्छिन्नं स एव धनंजयः॥

बह चुके चैती वे मलयानिल
एक नहीं; व्रात-झुण्ड,
वनमोगरा चटका कर परिमल का भार लिये—
ग्रीष्म भी टूट गया (थक कर बस चूर हुआ।)
हे घन! अब तुम यदि हिम्मत ही करते हो—
नेह-हीन उसको मिलाने की,
करो!
बिगड़ेगा मेरा क्या?
गायों को जो ही लौटा ले, वही फिर धनंजय है!

३३

प्रातः प्रातरुपागतेन जनिता निर्निद्रता चक्षुषो—
मर्न्दायां मम गौरवं व्यपगतं प्रोत्पादितं लाघवम्।
किं तद्यन्न कृतं त्वया मरणभीर्मुक्ता मया गम्यतां,
दुःखं तिष्ठसि यच्च पथ्यमधुना कर्त्तास्मि तच्छ्रोष्यसि॥

बड़े भोर में प्रतिदिन लौटे
मुझ अभागिनी की आँखों की नींद छीनते,
(दीवा सारी रात बले पर कहाँ रहे, ओ मेरे ज़ालिम?)
करते गौरव दूर, सिरज देते हल्कापन,
क्या ऐसा है, जो कुछ तुमने नहीं किया है!
मैंने भी मरने के डर को छोड़ दिया है,
जाओ! जाओ!
बड़े कष्ट में यहाँ पड़े हो,
और अभी मैं जो कुछ पथ्य करूँगी—
उसे सुनोगे!

३४

सा बाला वयमप्रगल्भमनसः सा स्त्री वयं कातराः,
सा पीनोन्नतिमत्पयोधरयुगं धत्ते सखेदा वयम्।
साक्रान्ता जघनस्थलेन गुरुणा गन्तुं न शक्ताः वयम्,
दोषैरन्यजनाश्रयैरपटवो जाताःस्म इत्यद्भुतम्॥

बाला वह है,
चित्र हमारा अप्रगल्भ है!
वह स्त्री है,
कातर हम हैं!
ऊँचे दीन पयोधर उसके,
थकन हमें है!
गुरुनितम्ब आक्रान्त वही है,
जाने में बेबसी हमारी!
यह विस्मय है,
दोष दूसरे के भीतर हैं, किन्तु गुणों की हानि हमारी।

३५

प्रस्थानं वलयैः कृतं प्रियसखैरस्त्रैरजस्त्रं गतं
धृत्या न क्षणमासितं व्यवसितं चित्तेन गन्तुं पुरः।
यातुं निश्चितचेतसि प्रियतमे सर्वे समं प्रस्थिताः
गन्तव्ये सति जीवित! प्रियसुहृत्सार्थः किमुत्यज्यते॥

कंकण खिसके,
प्रिय के सखा आँसुओं के भी तार बँध रहे,
पल भी बैठी नहीं धैर्य से,
और चित्त भी आगे-आगे भाग चला है,
प्रियतम ने जाने का निश्चय किया—
साथ ही सभी चल पड़े,
जाना है ओ जीवन! तो फिर
प्रिय मीतों का सार्थ भला तुम क्यों तजते हो?

३६

संदष्टेऽधरपल्लवे सचकितं हस्ताग्रमाधुन्वती
मा मा मुञ्च शठेति कोपवचनैरानर्तितभ्रूलता।
सीत्काराञ्चितलोचना सरभसं यैश्चुम्बिता मानिनी
प्राप्तं तैरमृतं श्रमाय मथितो मूढैः सुरैः सागरः॥

किसलय जैसे अधर काटने पर
सचकित हो करतल धुनती,
'न-न, ओ शठ छोड़'—कोपवचनों को कह
भ्रूलता नचाती,
'सी-सी' करती और नयन आकुंचित करती—
मानभरी का सरभस चुम्बन किया जिन्होंने
उन्हें सुधा मिल गयी असंशय!
मथा व्यर्थ इन मूढ़ सुरों ने सागर को,
बस थकन सँजोयी।

३७

सुप्तोऽयं सखि! सुप्यतामिति गताः सख्यस्ततोऽनन्तरं
प्रेमावेशितया सरलया न्यस्तं मुखं तन्मुखे।
ज्ञातेऽलीकनिमीलने नयनयोर्धूर्तस्य रोमाञ्चतो
लज्जासीन्मम तेन साप्यपहृता तत्कालोग्यैः क्रमैः ॥

'यह तो अब सो गया, अरी सखि! तू भी सो जा'—
यह कह कर जब चली गयीं सारी सखियाँ तब
प्रेम वेग में मुझ भोली ने
उसके मुख पर आनन रक्खा,
और झूठ ही आँखें मूँदी है इसने जब मैंने जाना
शठ के रोम पुलक से, तब तो लाज भरी मैं,
वह भी उसने अपहृत कर ली
अवसर के अनुकूल क्रमों से!

३८

कोपो यत्र मृकुटिरचना निग्रहो यत्र मौनं
यत्रान्योऽन्यस्मितमनुनयो दृष्टिपातः प्रसादः।
तस्य प्रेम्णस्तदिदमधुना नैशसं पश्य जातं
त्वं पादान्ते लुठसि न च मे मन्युमोक्षः खलायाः॥

भ्रूविलास है कोप जहाँ पर,
जिसमें मौन निरोध,
परस्पर स्मिति ही अनुनय,
दृष्टि डालना ही प्रसन्नता,
उसी प्रेम का यह विनाश तो—
देखो, अब तो,
तुम मेरे चरणों में लोट रहे औ—'
मुझ दुष्टा का कोप दूर ही नहीं हो रहा।

३९

सुतनु जहिहि मानं पश्य पादानतं मां
न खलु तव कदाचित्कोप एवंविधोऽभूत्।
इति निगदति नाथे तिर्यगामीलिताक्ष्या
नयनजलमनल्पं मुक्तमुक्तं न किञ्चित्॥

मौन छोड़ दो, ओ सुन्दर तन वाली! देखो,
मुझ पादानत को तो देखो,
तुमने ऐसा कोप कभी भी नहीं किया है,
प्रिय ने यह जो कहा
सुन्दरी ने तिरछे कर लोचन मूँदे,
बहुत नयन जल ढाला, बोली किन्तु नहीं कुछ।

४०

गाढालिङ्गनवामनीकृतकुचप्रोद्भूतरोमोद्गमा
सान्द्रस्नेहरसातिरेकविगलच्छ्रीमन्नितम्बाम्बरा।
मा मा मानद! माति मामलमितिक्षामाक्षरोल्लापनी
सुप्ता किन्नु मृता नु किं मनसि किं लीना विलीना नु किम्॥

गाढालिङ्गन से उरोज ऊँचे—
बौने हो गये सुभग की छाती से सट, रोमांचित हो उठे,
सघन स्नेह रस के उछाह से विगलित अंशुक
शोभिनि के शोभित नितम्ब का,
'नहीं, नहीं, ओ मानद! अति मत,
अरे मुझे बस...'
अस्फुट वाणी में—मर्मर करती विलासिनी
क्या सो गयी, अरे या मृत ही, या कि हृदय में लीन
विलीन हुई या!

४१

पटालग्ने पत्यौ नमयति मुखं जातविनया
हठाश्लेषं वाञ्छत्यपहरति गात्राणि निभृतम्।
न शक्नोत्याख्यातुं स्मितमुखसखीदत्तनयना
ह्रिया ताम्यत्यन्तः प्रथमपरिहासे नववधूः॥

प्रियतम ने जो आँचल खींचा,
मुख नीचा कर लिया विनय से
हठ से जो आलिङ्गन चाहा,
चुपके से बस अंग हटाया
स्मित वदना आली के मुख पर नयन लगाये,
कुछ भी बोल नहीं पाती है,
भीतर-भीतर लज्जा से उत्तप्त हो रही
नयी-नवेली प्रथम-प्रथम परिहास क्षणों में।

४२

नापेतोऽनुनयेन यः प्रियसुहृद्वाक्यैर्न यः संहृतो
यो दीर्घं दिवसं विषह्य विषमं यत्नात्कथञ्चिद्धृतः।
अन्योऽन्यस्य हृते मुखे निहितयोस्तिर्यक्कथंचिद्दृशोः
स द्वाभ्यामतिविस्मृतव्यतिकरो मानो विहस्योज्झितः॥

अनुनय से जो नहीं गया था,
नहीं गया था प्रियसखियों के समझाने से,
लम्बे विषम दिवस को सह कर
बड़े यत्न से किसी तरह रोका जा पाया,
बड़े कोप से एक दूसरे के फेरे-मोड़े मुखड़े पर—
किसी तरह से पड़े तिरीछे वे लोचन जो
दोनों ने ही हँस कर मान स्वयं तज डाला—
मान, कि जिसने वह लगाव ही भुला दिया था

४३

गते प्रेमाबन्धे प्रणयबहुमाने विगलिते
निवृत्ते सद्भावे जन इव जने गच्छति पुरः।
तदुत्प्रेक्ष्योत्प्रेक्ष्य प्रियसखि! गतांस्तांश्च दिवसान्न
जाने को हेतुर्दलति शतधा यन्न हृदयम्॥

प्रेमानुबन्ध जब चला गया
प्रीतिज बहुगौरव भी दूर हुआ
सारे सद्भावरहित प्राणी सा—
प्रियतम भी सम्मुख से लौट गया
इसे देख, सोच-सोच बीते उन दिवसों को—
हृदय नहीं खण्डित क्यों होता है शतधा यह,
ओ सखि! न जाने कौन कारण है?

४४

चिरविरहिणोरत्युत्कण्ठाश्लथीकृतगात्रयो—
　　र्नवमिव जगज्जातं भूयश्चिरादभिनन्दतोः।
कथमिव दिने दीर्घे याते निशामधिरुढयोः
　　प्रसरति कथा बह्वी यूनोर्यथा न तथा रतिः॥

चिरविरही उत्कण्ठाशिथिल अंग
दयिता औ' वल्लभ का नूतन सा सारा संसार हुआ
फिर से अभिनन्दन करे,
किसी तरह लम्बा दिन बीत गया,
(इस लम्बी सीढ़ी को पार किया)
तरुण और तरुणी का—
जैसा वह बढ़ता है बतियाता बहुत-बहुत,
वैसी रतकेलि नहीं।

४५

दीर्घावन्दनमालिका विरचिता दृष्ट्यैव नेन्दीवरैः
पुष्पाणां प्रकरं स्मितेन रचितो नो कुन्दजात्यादिभिः।
दत्तः स्वेदमुचा पयोधरभरेणार्घो न कुम्भाम्भसा
स्वैरेवावयवैः प्रियस्य विशतस्तन्व्या कृतं मङ्गलम्॥

बन्दनवार लम्बा सा विरच दिया
इन्दीवर नयनों से,
नहीं नील सरसिज से,
अपनी मुसकान से सुमन बिखेर दिये,
नहीं कुन्द-जाती से,
स्वेद निःष्यन्दी पृथु-पृथुल पयोधर से अर्घ्य दिया—
घट-जल की बात नहीं,
घर आये प्रियतम का तन्वी ने मंगल किया,
अपने ही अंगों से।

४६

कान्ते सागसि शापिते प्रियसखीवेषं विधायागते
भ्रान्त्यालिङ्ग्य मया रहस्यमुदितं तत्सङ्गमाकाङ्क्षया।
मुग्धे! दुष्करमेतदित्यतितमामुद्दामहासं बला—
दाश्लिष्यच्छलितास्मि तेन कितवेनाद्यप्रदोषागमे॥

जब अपराध किया प्रियतम ने—
शपथ रखा दी,
(जिससे इधर न आये ही वह)
किन्तु बना कर वेष सखी का जब वह आया—
मैंने भ्रमवश आलिङ्गन कर
उससे संगम की इच्छा का
कहा रहस्य बिना शंका के,
ओ भोली! यह बहुत कठिन है—
कह कर वह हँस पड़ा वेग से,
बलपूर्वक आलिंगन कर सखि!
उस छलिया ने मुझे छल लिया।

४७

आशङ्क्य प्रणति पटान्तपिहितौ पादौ करोत्यादराद्—
व्याजेनागतमावृणोति हसितं न स्पष्टमुद्वीक्षते।
मय्यालापवति प्रतीपवचनं सख्या सहाभाषते
तन्व्यास्तिष्ठतु निर्भरप्रणयिता मानोऽपि रम्योदयः॥

मैं चरणों पर झुक जाऊँगा—
इसकी अनुमति होते ही वह—
आँचल से ढँकती चरणों को,
आयी हँसी छिपा लेती है किसी बहाने,
नहीं व्यक्त अवलोकन करती,
मैं जो बात कहूँ भी कुछ तो
उलट सखी से बतियाती है,
तन्वंगी का अतिशयराग रहे, उसका यह—
मानोदय भी रम्य बहुत है।

४८

यावन्त्येव पदान्यलीकवचनैरालीजनैः पाठिता
तावन्त्येव कृतागसो द्रुततरं सँल्लप्य पत्युः पुरः।
प्रारेभे परतो यथा मनसिजस्येच्छा तथा वर्तितुं
प्रेम्णो मौग्ध्यविभूषणस्य सहजः कोऽप्येष कान्तःक्रमः॥

अपराधी प्रियतम के सम्मुख—
सखियों ने सिखलायीं जितनी—
क्रोध प्रकट करने की बातें—
उतनी सारी द्रुततर कह दीं,
फिर तो वही लगी करने वह—
जो मनसिज की आकांक्षा थी
सहज अनूठा क्रम यह कोई
होता भोले रम्य प्रणय का।

४९

दूरादुत्सुकमागते विवलितं सम्भाषिणि स्फारितं
संश्लिष्टत्यरुणं गृहीतवसने कोपाञ्चितभ्रूलतम्।
मानिन्याश्चरणानतिव्यतिकरे वाष्पाम्बुपूर्णेक्षणं
चक्षुर्जातमहो प्रपञ्चचतुरं जातागसि प्रेयसि॥

प्रियतम ने अपराध किया जब,
दूर रहा वह; उत्सुक थे ये,
जो समीप में आया तब तो—
फिरे, लगे दूसरी दिशा में,
सम्भाषण करने पर-फैले,
आलिंगनतत्पर होने पर अरुण हो उठे,
आँचल पकड़ा तब तो भौंहें अंकुचित कीं बड़े कोप से,
प्रिय जब चरण गिरा तब सजल दृष्टि हो उठे—
मानिनी के वे लोचन हुए प्रपंचचतुर—बहु-बहु-विध!

५०

अङ्गानामतितानवं कुत इदं कस्मादकस्मादिदं
मुग्धे! पाण्डुकपोलमाननमिति प्राणेश्वरे पृच्छति।
तन्व्या सर्वमिद स्वभावत इति व्याहृत्य पक्ष्मान्तर—
व्यापी वाष्पभरस्तया वलितया निःश्वस्यमुक्तोऽन्यतः ॥

'यह शरीर की कृशता कैसे,
सहसा यह क्यों पीला आनन,
यह क्यों पाण्डु कपोल हुआ ओ मुग्धे!'
प्राणेश्वर ने यह पूछा जब—
'सब कुछ यों ही स्वाभाविक है—' कह तन्वी ने
गहरी एक उँसास भरी औ ग्रीवा मोड़ी,
नयनों में भर गये, पपनियों तक भर आये
राशि-राशि लोचन जल ढाले!

५१

पुरस्तन्व्या गोत्रस्खलनचकितोऽहं नतमुखः
      प्रवृत्तो वैलक्ष्यात् किमपि लिखितुं दैवहतकः।
स्फुटो रेखान्यासः कथमपि स तादृक् परिणतो
      गता येन व्यक्तिं पुनरवयवैः सैव तरुणी॥

तन्वी के सम्मुख ही मुझसे—
नामग्रहण में स्खलन हो गया—
अन्य प्रिया का नाम ले लिया,
घबराया अभाग का मारा आनतमुख मैं—
लज्जा से कुछ योंही लिखने लगा कि—
वह भी रेखा-अंकन, परिणत हो कर—
कुछ ऐसा ही व्यक्त हो चला,
जिससे फिर भी वही उजागर हुई मृदुल अंगों में तरुणी।

५२

ततश्चाभिज्ञाय स्फुरदरुणगण्डस्थलरुचा
मनस्विन्या रूढप्रणयसहसोद्गद्गदगिरा।
अहो चित्रं चित्रं स्फुटमिति निगद्याश्रुकलुषं
रुषा ब्रह्मास्त्रं मे शिरसि निहितो वामचरण:॥
(युगलकम्)

और उसे पहचान मानिनी के कपोल भी—
अरुण हो उठे, फड़क उठे थे,
'कैसा वह परिपक्व प्रणय था,
किन्तु वही अब'—
यही सोच मानिनी हँसी, फिर रोती बोली—
'ओ ज़ाहिर है चित्र चित्र ही—'
अश्रुकलुष हो वाम चरण रख दिया रोष से—
मेरे शिर पर—
ब्रह्म-अस्त्र, अन्तिम उपाय जो!

५३

कठिनहृदये मुञ्च भ्रान्ति व्यलीककथाश्रितां
 पिशुनवचनैर्दुःखं नेतुं न युक्तमिमं जनम्।
किमिदमथवा सत्यं मुग्धे! त्वयाद्य विनिश्चतं
 यदभिरुचितं तन्मे कृत्वा प्रिये! सुखमास्यताम्॥

ओ कठिने! तू छोड़ भ्रान्ति को—
जो झूठी अपराध-कहानी पर आश्रित है,
पिशुनों की बातों से मत दो कष्ट विचारे इस प्राणी को
या कह दो ओ भोली! सचमुच—
क्या यह निश्चय आज तुम्हारा?
अरे प्रिये! कर रुचे मुझे जो—
तुम सुख पाओ।

५४

रात्रौ वारिभरालसाम्बुदरवोद्विग्नेन जाताश्रुणा
पान्थेनात्मवियोगदुःखपिशुनं गीतं तथोत्कण्ठया।
आस्तां जीवितहारिणः प्रवसनालापासस्य सङ्कीर्तनं
मानस्यापि जलाञ्जलिः सरभसं लोकेन दत्तो यथा॥

वारिभार से अलसाये वारिद का गर्जन सुना रात्रि में,
आकुल अश्रुभरे राही ने—
उत्कण्ठा से ऐसे गाया अपनी विरहव्यथा को स्वर दे,
छोड़ो-छोड़ो नाम न लेना इस जीवनघाती प्रवास का,
कि लोगों ने सवेग दे डाली—
मान-कोप को भी तिलांजलि।

५५

स्वं दृष्ट्वा करजक्षतं मधुमदक्षीबा विचार्येष्यया
गच्छन्ती क्व नु गच्छसीति विधृता बाला पटान्ते मया।
प्रत्यावृत्तमुखी सवाष्पनयना मा मुञ्च मुञ्चेति सा
कोपप्रस्फुरिताधरा यदवदत्तत्केन विस्मार्यते॥

मदिरा के मद में मतवाली—
(मेरे उर पर—)
अपने नख से किये क्षतों को देख—
चल पड़ी बिना विचारे; ईर्ष्या में भर,
'अरे कहाँ तुम चलीं'—कि मैंने भी सुन्दरि का आँचल पकड़ा,
आनन फेरा, नयनों में आँसू भर लायी,
'मुझको छोड़ो, छोड़ो मुझको—'
कोप-फड़कते अधरों से वह जो कुछ बोली,
भला कौन जो भूल सकेगा!

५६

चपलहृदये! किं स्वातन्त्र्यात्तथा गृहमागत—
श्चरणपतितः प्रेमार्द्रार्द्रः प्रियः समुपेक्षितः।
तदिदमधुना यावज्जीवं निरस्तसुखोदया
रुदितशरणा दुर्जातानां सहस्व रुषां फलम्॥

मनमानी कर,
ऐसे घर आये चरणों पर विनत प्रेमरस भीगे-भीगे—
प्रियतम का अवमान किया है—
ओ चंचलमन वाली बाले!
सुख का उदय निरस्त हुआ है, अब तो सह तू—
इस दुर्जात रोष के फल को यावज्जीवन,
ले रोदन की शरण—अरे बस रो तू केवल!

५७

बाले! नाथ! विमुञ्च मानिनि! रुषं रोषान्मया किं कृतं
खेदोऽस्मासु न मेऽपराध्यति भवान् सर्वेऽपराधा मयि।
तत्किं रोदिषि गद्गदेन वचसा कस्याग्रतो रुद्यते
नन्वेतन्मम का तवास्मि दयिता नास्मीत्यतो रुद्यते॥

'बाले!'
'नाथ!'
'रोष तुम छोड़ो मानिनि!'
'रोष से क्या कर पायी?'
'मुझमें खेद!'
'आप न मेरे प्रति अपराधी, सब अपराध हमारे ही हैं!'
'तब क्यों रोती गद्गद स्वर में!'
'किसके आगे रोना?'
'यही हमारे!'
'भला तुम्हारी कौन?'
'प्रिया हो!'
'यही नहीं हूँ और इसी से तो रोती हूँ!'

५८

शिलष्ट:कण्ठे किमिति न मया मूढ़या प्राणनाथ—
श्चुम्बत्यस्मिन्वदनविनति: किं कृता किं न दृष्ट:।
नोक्त: कस्मादिति नववधूचेष्टितं चिन्तयन्ती
पश्चात्तापं वहति तरुणी प्रेम्णि जाते रसज्ञा॥

मुझ मूढ़ा ने प्राणेश्वर को—
क्यों न कण्ठ से लिपटाया था!
उनके चुम्बन कर लेने पर—
क्यों मुख को नत-विनत किया था!
देखा क्यों न!
कहा न क्यों कुछ!
प्रेम उपजने पर अब तो पछताती है रसजानी तरुणी—
सोच-सोचकर नयी-नवेलीपन की उन बीती बातों को।

५९

श्रुत्वा नामापि यस्य स्फुटघनपुलकं जायतेऽङ्गं समन्ताद्
दृष्ट्वा यस्याननेन्दु भवति वपुरिदं चन्द्रकान्तानुकारि।
तस्मिन्नागत्य कण्ठग्रहनिकटपदस्थायिनि प्राणनाथे
भग्ना मानस्य चिन्ता भवति मयि पुनर्वज्रमय्यां कदाचित्॥

जिनका नाम सुना भी केवल—
हो जाता है व्यक्त सघन रोमांच अंग में सभी ओर से,
जिनका वदन-इन्दु देखा औ' यह शरीर भी—
चन्द्रकान्त मणि बन जाता है,
(साध्वसजनित स्वेद सारे अंगों से आलि! बहा आता है)
प्राणदयित वे जब भी पास हुआ करते हैं
कि डालें मेरी बाँह गले में—
भग्न मान की चिन्ता होती,
फिर भी कभी पनप आती मुझ वज्रमयी में।

६०

लाक्षालक्ष्म ललाटपट्टमभितः केयूरमुद्रा गले
वक्त्रे कज्जलकालिमा नयनयोस्ताम्बूलरागोऽपरः।
दृष्ट्वा कोपविधायिमण्डनमिदं प्रातश्चिरं प्रेयसो
लीलातामरसोदरे मृगदृशः श्वासाः समाप्तिं गताः॥

लगा महावर चिह्न ललाट फलक पर चारों ओर—
(कथा कहता है चरणों पर गिरने की)
ग्रीवा पर अंकित केयूर चिह्न—(आलिंगन को बतलाता)
मुख पर काजल की कजराई—
(लोचन के चुम्बन को कहती)
नयनों पर अरुणाई पान रचे ओठों की—
(अन्य अंगना से विलास का सूचक सब कुछ)
देख देर तक प्रातः प्रिय के कोपविधायी इस मण्डन को
मृगनयनी की साँस समायीं लीलाहेतु लिये सरसिज में
(जिससे उसने आनन ढाँका)।

६१

लोलैर्लोचनवारिभिः सशपथैः पादप्रणामैः प्रियै—
रन्यास्ता विनिवारयन्ति कृपणाः प्राणेश्वरं प्रस्थितम्।
पुण्याहं व्रज मङ्गलं सुदिवसः प्रातः प्रयातस्य ते
यत्स्नेहोचितमीहितं प्रिय! मया तन्निर्गतः श्रोष्यसि॥

वे कोई हैं और नारियाँ, जो प्रवास पर—
उन्मुख प्रिय को छल-छल आते लोचन जल से,
शपथों से, प्रिय चरणविनति से—
प्राण-त्याग में कृपण-डरी रोका करती हैं,
मैंने सुकृत किया है—जाओ!
मंगलमय हो दिवस तुम्हारा जो तुम प्रातः चले यहाँ से,
स्नेहोचित मेरा जो इच्छित, उसे सुनोगे प्रिय—
तुम थोड़ा आगे जाकर।

६२

लग्ना नांशुकपल्लवे भुजलता न द्वारदेशेऽर्पिता
नो वा पादयुगे स्वयं निपतितं तिष्ठेति नोक्तं वचः।
काले केवलमम्बुदालिमिलने गन्तुं प्रवृत्तः शठ—
स्तन्व्याः वाष्पजलौघकल्पितनदीपूरेण रुद्धः प्रियः॥

किसलय जैसे अंशुक से वह लगी नहीं, औ'—
नहीं बाहु दरवाजे पर दीं—राहें रोकीं,
और नहीं चरणों पर स्वयं गिरी—
या 'रुको' कहा ही,
घनमाला से मलिन काल में जाने को
उन्मुख शठ प्रिय को तन्वी ने रोका केवल उस
लोचनजल के बाढ़रूप सरिता प्रवाह से।

६३

आस्तां विश्वसनं सखीषु विदिताभिप्रायसारे जने,
तत्राप्यर्पयितुं दृशं सुरचितां शक्नोमि न व्रीडया।
लोकोप्येष परोपहासचतुरः सूक्ष्मेङ्गितज्ञोऽप्यलं,
मातः कं शरणं व्रजामि हृदये जीर्णोऽनुरागानलः॥

सखियों पर विश्वास करूँ क्या!
(यदि खुद जाऊँ—)
अभिप्राय से परिचित प्रिय पर—
ठीक तरह से दृष्टि डालना भी पहाड़ है, लज्जा के वश,
(छिप-छिप देखूँ—)
और किसी की हँसी उड़ाने में दुनिया भी बड़ी चतुर है—
सूक्ष्मभाव भी पढ़ लेती है,
ओ माँ! किसकी शरण चलूँ मैं,
उर में रागानिल भी जीर्ण हो रहा।

६४

न जाने सम्मुखायाते प्रियाणि वदति प्रिये।
सर्वाण्यङ्गानि किं यान्ति नेत्रतां किमु कर्णताम् ॥

नहीं जानती,
प्रिय जब सम्मुख आ जाता है,
मीठी-मधुर बात करता है—
मेरे सारे अंग नयन ही बन जाते हैं,
या कि कान में परिणत होते!

६५

अनल्पचिन्ताभरमोहनिश्चला
विलोक्यमानैव करोति साध्वसम्।
स्वभावशोभानतिमात्रभूषणा
तनुस्तवेयं बत किं नु सुन्दरि!॥

थोड़े ही गहनों से सज्जित—
पर निसर्गरमणीय सुन्दरी! यह तेरा तन!
आह तुम्हारा ही है!
अतिचिन्ता के असह भार से
उन्मन निश्चल!
बड़े ध्यान से अवलोकन पर ही—
घबराहट पैदा करता।

६६

इति प्रिये पृच्छति मानविह्वला
कथञ्चिदन्तर्धृतवाष्पगद्गदम्
न किञ्चिदित्येव जगाद यद्वधूः
कियन्न तेनेव तयास्य वर्णितम् ॥
(युग्मम्)

प्रिय ने यह पूछा औ'—
किसी तरह रोके आँसू से रुद्ध कण्ठ से—
नयी नवेली ने जो इतना ही कहा 'कुछ नहीं'
बस उसने ही इसका कितना—कुछ न कह दिया!

६७

विरहविषमः कामो वामस्तनूकुरुते तनुं
दिवसगणनादक्षश्चायं व्यपेतघृणो यमः।
त्वमपि वशगो मानव्याधेर्विचिन्तय नाथ! हे
किसलयमृदुलर्जीवेदेवं कथं प्रमदाजनः ?

विरह विषम यह वाम काम—
तन को दुर्बल करता जाता है,
और निठुर यह यम भी,
दिन गिनने में बड़ा चतुर है,
(आज पता यह चला—)
आप भी मान-रोग से ही पीड़ित हैं,
सोचो स्वामी!
ऐसे कैसे जिये नये किसलय सी—
सुकुमारी बेचारी प्रमदा।

६८

पदासक्ते सुचिरमिह ते वामता कैव मुग्धे
　　मन्दारम्भे प्रणयिनि जने कोऽपराधोपरोधः।
इत्थं तस्याः परिजनकथाकोमले कोपवेगे
　　वाष्पोद्भेदस्तदनु सहसा न स्थितं न प्रवृत्तम्॥

बड़ी देर से चरण लगे प्रियतम पर—
ओ भोली! यह कैसी है वामता तुम्हारी?
(ग़लत किया पर—) स्तब्ध हो रहा प्रणयी, फिर भी—
अपराधों पर आग्रह कैसा?
इस प्रकार उसकी सखियों की बातों से—
कोमल पड़ने पर कोप वेग के—
उसके बाद अचानक आँसू की बरसात—
नहीं ही रुकी नहीं ही बह भी पायी।

६९

तथाभूदस्माकं प्रथममविभक्ता तनुरियं
ततो न त्वं प्रेयानहमपि हताशा प्रियतमा।
इदानीं नाथस्त्वं वयमपि कलत्रं किमपरं
मयाप्तं प्राणानां कुलिशकठिनानां फलमिदम्॥

पहले हमलोगों का तन यह—
ऐसा एक हुआ था,
फिर न रहे तुम प्रियतम,
और न हत आशाओं वाली मैं ही रही प्रियतमा,
अब तो तुम स्वामी हो—
(जैसे गायों का मालिक हो)
मैं भी पत्नी (धर्म से ब्याही जो हूँ),
और कहूँ क्या?
भर पाया है कुलिश कठिन जीवन का यह फल!

७०

मुग्धे! मुग्धतयैव नेतुमखिलः कालः किमारभ्यते
        मानं धत्स्व धृतिं बधान ऋजुतां दूरे कुरु प्रेयसि।
सख्यैवं प्रतिबोधिता प्रतिवचस्तामाह भीतानना
        नीचैः शंस हृदि स्थितो हि ननु मे प्राणेश्वरः श्रोष्यति॥

ओ भोली यह शुरू किया है क्या—
सारा जीवन यों ही जाने देने को—
बस भोलेपन में।
मान धरो! कुछ धीरज बाँधो!
दूर करो सीधापन प्यारी!
—ऐसे आली ने समझाया,
भीत-भीत आनन से उसने उसको उत्तर दिया—
'अरे सखि धीरे बोलो—मेरे मन में बैठा प्राणेश्वर अवश्य ही—
यह सुन लेगा!'

७१

क्व प्रस्थितासि करभोरु! घने निशीथे?
प्राणाधिको वसति यत्र जनः प्रियो मे।
एकाकिनी बत कथं न विभेषि बाले!
नन्वस्ति पुङ्खितशरो मदनः सहायः॥

'कहाँ चली इस अर्द्धरात्रि में ओ करभोरु!'
बसता जहाँ प्राण से भी अधिक पियारा प्रियतम मेरा!'
'अरे अकेली तुम कैसे
भयभीत नहीं होती हो बाले!'
'है सहाय ही बाण चढ़ाये कामदेव जो!'

७२

लीलातामरसोऽन्यवनितानिःशङ्कदष्टाधर
कश्चित्केसरदूषितेक्षण इव व्यामील्य नेत्रे स्थितः।
मुग्धा कुड्मलिताननेन्दु ददती वायुं स्थिता तत्र सा
भ्रान्त्या धूर्ततयाथवा नतिमृते तेनानिशं चुम्बिता॥

अन्य नायिका ने निःशंक
अधर जो काटा (इसको देख, प्रिया के द्वारा—)
लीला सरसिज से ताड़ित तब प्रियतम कोई
आँखें मूँद रहा यों बैठा
मानो नयन दुखे हों सरसिज के केसर-पराग से,
वह भोली भी मुकुलित मुख से
फूँक मारती बैठी रही वहाँ पर
भ्रमवश या कि धूर्त्तावश ही,
उस प्रियतम ने उसे निरन्तर चूमा फिर तो
बिना चरण पर गिरे (प्रसादन के उपाय के)।

७३

स्फुटतु हृदयं कामः कामं करोतु तनुं तनुं
न सखि! चपलप्रेम्णा कार्यं पुनर्दयितेन मे।
इति सरभसं मानावेशादुदीर्य वचस्तया
रमणपदवी सारङ्गाक्ष्या निरन्तरमीक्षिता॥

हृदय फटे या काम भले ही मनमानी से
तन दुर्बल ही करता जाय,
ओ सखि! मुझको ग़र्ज नहीं है उससे—
जिसका प्रेम चपल इतना है
—यों सहसा कह बातें मानवेग में मृगनयनी वह—
सतत देखती रही चरण के चिह्न रमण के—
(लौट गया जो)।

७४

गाढाश्लेषविशीर्णचन्दनरजःपुञ्जप्रकर्षादियं
शय्या सम्प्रति कोमलाङ्गि! पुरुषेत्यारोप्य मां वक्षसि।
गाढौष्ठग्रहपूर्वमाकुलतया पादाग्रसंदशके—
नाकृष्याम्बरमात्मनो यदुचितं धूर्तेन तत्प्रस्तुतम्॥

'गाढ़ालिंगन से विशीर्ण—
चन्दनरज के अतिशय ढेरों से—
सेज कठोर हुई है अब यह—
ओ मृदु अंगों वाली बाले!'
—और वक्ष पर मुझे लिटाया,
आकुलता से गाढ अधर पीड़न कर शठ वह—
पादांगुलियों की चुटकी से खींच वस्त्र को—
करने लगा विधानक वह जो—
है अनुरूप चतुर प्रियतम के।

७५

कथमपि कृतप्रत्याख्याने प्रिये स्खलितोत्तरे
विरहकृशया कृत्वा व्याजं प्रकल्पितमश्रुतम्।
असहनसखीश्रोत्रप्राप्तिप्रमादससंभ्रमं
विगलितदृशा शून्ये ग्रेहे समुच्छ्वसितं पुनः॥

(प्रणति और शपथों के द्वारा अपराधी—)
प्रियतम ने जैसे-तैसे निराकरण कर—
(उसे रिझाया)
उत्तर में फिर स्खलन किया जब—
(अन्य नाम ले लिया भूल से—)
विरह पीड़िता ने उसको अनसुना कर दिया
बहाना कोई कर के,
किन्तु कहीं यह किसी
असहना आली के कानों में आया—
इस प्रमाद से आकुल हो आँखें भर आयीं,
पर घर तो सूना था—(सखियाँ वहाँ नहीं थीं)
फिर उसने गहरी उसाँस लीं—चैनभरी जो।

७६

आदृष्टिप्रसरात् प्रियस्य पदवीमुद्वीक्ष्य निर्विण्णया
विच्छिन्नेषु पथिष्वहः परिणतौ ध्वान्ते समुत्सर्पति।
दत्त्वैकं सशुचा गृहं प्रति पदं पान्थस्त्रियास्मिन् क्षणे
मा भूदागत इत्यमन्दवलितग्रीवं पुनर्वीक्षितम्॥

दृष्टि जहाँ तक जा सकती थी, उस दूरी तक—
उद्ग्रीवा हो रही देखती—
प्रिय के पगचिह्नों को तकती बाट जोहती,
दिन ढलने पर सूनी राहें हुईं,
अँधेरे के भी खूब फैल जाने पर—
पथिकवधू ने घर की ओर एक पग देकर—
और इसी क्षण झट से ग्रीवा मोड़ी,
फिर से देखा—
अरे कहीं वह आ न गया हो!

७७

आयाते दयिते मनोरथशतैर्नीत्वा कथंचिद्दिनं
वैदग्ध्यापगमाज्जडे परिजने दीर्घां कथां कुर्वति।
दष्टास्मीत्यभिधाय सत्वरपदं व्याधूय चीनांशुकं
तन्वङ्ग्या रतिकातरेण मनसा नीतः प्रदीपः शमम्॥

प्रिय घर आया,
सौ–सौ सपनों से तन्वंगी का दिन बीता जैसे–तैसे,
पर वैदग्ध्यहीन सखि–परिजन बातें लम्बी करता जाता,
रतिकातर मन तन्वंगी ने—
'—मुझे डस लिया' कह कर तब तो—
द्रुत पद चल कर चीनांशुक को झाड़—
दीप को शान्त कर दिया।
(इसी बहाने छुट्टी पायी!)

७८

आलम्ब्याङ्गणवाटिकापरिसरे चूतद्रुमे मञ्जरीं
सर्पत्सान्द्रपरागलम्पटरटद्भृङ्गनाशोभिनीम्।
मन्ये स्वां तनुमुत्तरीयशकलेनाच्छाद्य बाला स्फुर–
त्कण्ठध्वाननिरोधकम्पितकुचश्वासोद्गमा रोदिति॥

मुझको लगता,
आँगन की बगिया के तट पर—
आम्रवृक्ष पर—
उड़ते घन परिमल के लोलुप—
गुँजन करते मधुकर-मधुपवधू से शोभित—
आम बौर का आलम्बन कर—
अपने तन को उत्तरीय के एक अंश से—
आच्छादित कर बाला रोती—
स्फुरित कण्ठध्वनि के निरोध से—
उद्गत उच्छ्वासों से वक्ष कँपाती।

७९

यास्यामीति समुद्यतस्य गतिदं विस्त्रब्धमाकर्णितं
गच्छन्दूरमुपेक्षितो मुहुरसौ व्यावृत्य तिष्ठन्नपि।
तच्छून्ये पुनरास्थितास्मि भवने प्राणास्त एते दृढ़ाः
सख्यस्तिष्ठत जीवितव्यसनिनी दम्भादहं रोदिमि॥

जाने को उद्यत प्रियतम का—
'जाऊँगा'—यह कहना मैंने—
सुना शान्त-विस्त्रब्ध भाव से,
दूर गये फिर बार-बार लौटे, रुकते भी—
उसकी (हाय!) उपेक्षा कर दी,
फिर उससे ही सूने घर में बैठी हूँ,
वे ये प्राण बहुत ही दृढ़ हैं,
सखियों! बैठो (चिन्ता छोड़ो),
मैं जीवन का व्यसन पालने वाली रोती—
रोती क्या बस छद्म दिखाती।

८०

८०

अनालोच्य प्रेम्णः परिणतिमनादृत्य सुहृद—
स्त्वयाकाण्डे मानः किमिति सरले! संप्रति कृतः।
समाकृष्टा ह्येते प्रलयदहनोद्भासुरशिखाः
स्वहस्तेनाङ्गारास्तदलमधुनारण्यरुदितैः॥

बिना बिचारे परिणति को भी स्नेहराग की—
सखियों का भी तिरस्कार कर—
ओ सरले! क्यों मान लिया है सम्प्रति—
जब कि नहीं अवसर था,
प्रलयवह्नि जैसी उद्दीप्त लपट वाले इन—
अंगारों को अपने हाँथों ही भड़काया!
तो अब बन्द करो रोदन अरण्य में!

८१

कपोले पत्राली करतलनिरोधेन मृदिता
निपीतो निःश्वासैरयममृतहृद्योऽधररसः।
मुहुः कण्ठे लग्नस्तरलयति वाष्पःस्तनतटं
प्रियो मन्युर्जातस्तव निरनुरोधे! न तु वयम्॥

वदन टिकाया करतल पर जो—
उसने पोंछा पत्रांकन कपोल का,
निःश्वासों ने पिया अधरस सुधास्वादु यह,
कण्ठ लगा आँसू कम्पित करता है फिर-फिर तट उरोज का,
ओ स्वीकार न करनेवाली अनुरोधों को!
हम तो नहीं,
कोप ही तेरा दयित हुआ।

८२

शून्यं वासगृहं विलोक्य शयनादुत्थाय किञ्चिच्छनै—
निद्राव्याजमुपागतस्य सुचिरं निर्वर्ण्य पत्युर्मुखम्।
विस्रब्धं परिचुम्ब्य जातपुलकामालोक्य गण्डस्थलीं
लज्जानम्रमुखी प्रियेण हसता बाला चिरं चुम्बिता॥

धीरे से शय्या से पहले किंचित् उठ कर
सूना देख वासमन्दिर को,
निद्रा-छल से आँखें मूँदे प्रिय के
मुख को खूब निहारा बड़ी देर तक,
हो आश्वस्त किया परिचुम्बन,
किन्तु कपोल देख रोमांचित
लज्जा से नतमुखी सुन्दरी
चुम्बित होती रही देर तक
हँसते प्राणदयित के द्वारा।

८३

लोलद्भ्रूलतया विपक्षदिगुपन्यासेऽवधूतं शिर—
स्तद्वृत्तान्तनिरीक्षणे कृतनमस्कारो विलक्षः स्थितः।
कोपात्ताम्रकपोलभित्तिनि मुखे दृष्ट्या गतः पादयो—
रुत्सृष्टो गुरुसन्निधावपि विधिर्द्वाभ्यां न कालोचितः॥

चंचल भौहों से इंगित कर
उसी दिशा में जिधर विपक्ष-नायिका रहती
सुन्दरि ने शिर किया विकम्पित,
(छिपे व्यंग्य से,)
इसे देख कर उसने जोड़े हाथ (अरे यह क्या करती हो),
आकुल हो कर खड़ा रहा वह
और कपोलभित्ति दयिता की लाल हो उठी—
—रक्त जब हुआ वदन रोष से—
प्रिय ने डाली दृष्टि चरण पर;
अपनी चरण प्रणति सूचित की,
गुरु सन्निधि में भी दोनों ने
समुचित विधि को नहीं तजा था।

८४

जाता नोत्कलिका स्तनौ न लुलितौ गात्रं न रोमाञ्चितं
वक्त्रं स्वेदकणान्वितं न सहसा यावच्छठेनामुना।
दृष्टेनैव मनोहृतं धृतिमुषा प्राणेश्वरेणाद्य मे
तत्केनाद्य निरुप्याणनिपुणो मानः समाधीयताम्॥

नहीं जगी उत्कण्ठा,
स्तन भी रहे अकम्पित,
अंग न रोमांचित हो पाये,—
और उभरे आनन पर ही बिन्दु स्वेद के—
तब तक सहसा—
धीरज के तस्कर, प्राणों के ईश्वर—
इसी धूर्त ने—
अवलोकन से ही आज हर लिया मेरा चेतस्।
किस उपाय से निपुण निरीक्षित मान धरूँ मैं?

८५

८५

दृष्टः कातरनेत्रया चिरतरं बद्धाञ्जलिं याचितः
पश्चादंशुकपल्लवेन विधृता निर्व्याजमालिङ्गितः।
इत्याक्षिप्य सदा समस्तमघृणा गन्तुं प्रवृत्तः शठः
पूर्वं प्राणपरिग्रहो दयितया मुक्तस्ततो वल्लभः॥

कातरनयनी रही निरखती बड़ी देर तक,
अंजलि बाँध याचना भी की,
और बाद में अंशुकान्त को पकड़ा, रोका,
गाढालिङ्गन किया बनाये बिना बहाने,
यह सब एक न मान चला जब—
शठ वह निर्दय—
दयिता ने पहले तो त्यागी जीवन आशा—
दयित बाद में।

८६

तप्ते महाविरहवह्निशिखावलीभि—
        रापाण्डुरस्तनतटे हृदये प्रियायाः
मन्मार्गवीक्षणनिवेशितदीनदृष्टे—
        र्नूनं छमच्छमिति वाष्पकणाः पतन्ति ॥

मेरे पथ पर सतत बिछाये दीन विलोचन
दयिता का उर तप उठता जब
महाविरह की वह्निशिखावलियों से, तब तो
निश्चय ही गिरती होंगी आँसू की बूँदें
छन-छन करतीं
आपाण्डुर-उरोज-प्रान्तों पर।

८७

चिन्तामोहविनिश्चलेन मनसा मौनेन पादानतः
प्रत्याख्यानपराङ्मुखः प्रियतमो गन्तुं प्रवृत्तोऽधुना।
सव्रीडैरलसैर्निरन्तरलुठद्बाष्पाकुलैरीक्षणैः
श्वासोत्कम्पिकुचं निरीक्ष्य सुचिरं जीवाशया वारितः॥

चिन्ता से विमूढ़ जड़ मन से, चुप हो
चरण विनत प्रियतम जब
निराकरण से (भग्न हृदय) हो लौट पड़ा
चलने को तत्पर,
जीवन की इच्छुक दयिता ने रोक लिया ही
उच्छ्वासों से कुच कम्पित कर औ'
निहार कर बड़ी देर तक,
लाज भरे सालस नयनों से
जो कि समाकुल थे आँसू से अविरल बहते।

८८

म्लानं पाण्डु कृशं वियोगविधुरं लम्बालकं सालसं
भूयस्तत्क्षणजातकान्ति रभसप्राप्ते मयि प्रोषिते।
साटोपं रतिकेलिकालसरसं रम्यं किमप्यादरा—
द्यत्पीतं सुतनोर्मया वदनकं वक्तुं न तत्पार्यते॥

म्लान पाण्डु कृश विरहविधुर
लम्बी अलकोंवाला औ' सालस,
मुझ प्रोषित के तभी अचानक,
बड़े वेग से आ जाने पर
फिर से कान्तिभरा–आशान्वित,
रति वेला में सरस अलौकिक रम्य,
मान से भरा सुतनु का वह मुखड़ा जो,
मैंने पिया बड़े आग्रह से
उसका वर्णन अरे असंभव।

८९

८९

सैवाहं प्रमदा नृणामधिगतावैतौ च तौ नूपुरा—
वेषास्माकमवृत्तिरेव सहजव्रीडानधनःस्त्रीजनः।
इत्थं लज्जितया स्मृतेरुपगमे मत्वा तनुं संभ्रमा—
त्पुम्भावः प्रथमं रतिव्यतिकरे मुक्तस्ततो वल्लभः॥

वही लजीली नार, हो गयी हूँ मतवाली,
वे ही नूपुर लोगों के कानों में पड़ते,
यह तो नहीं वृत्ति है मेरी,
सहज लाज सब कुछ नारी—
—ऐसे याद लौट आने पर लाजभरी ने—
संभ्रम से तन को तब जाना,
पहले पुरुषभाव को छोड़ा
पुरुषायित में, पीछे वल्लभ!

९०

करकिसलयं धूत्वा विमार्गति वाससी
क्षिपति सुमनोमालाशेषं प्रदीपशिखां प्रति।
स्थगयति मुहुः पत्युर्नेत्रे विहस्य समाकुला
सुरतविरता रम्भा तन्वी मुहुर्मुहुरीक्षते॥

करकिसलय को
इधर डाल कर–उधर डाल कर वस्त्र ढूँढ़ती,
(केशपाश से गिरा—) कुसुममाला का टुकड़ा
फेंक रही है दीपशिखा पर,
हँसती आकुल मूँद रही है
पति के लोचन बार–बार वह,
सुरतविरति में रम्या तन्वी
बार–बार प्रियतम निहारती।

९१

सन्त्येवात्र गृहे-गृहे युवतयस्ताः पृच्छ गत्वाधुना
प्रेयांसः प्रणमन्ति किं तव पुनर्दासो यथा वर्तते।
आत्मद्रोहिणि! दुर्जनैः प्रलपितं कर्णेऽनिशं मा कृथा—
श्छिन्नस्नेहरसा भवन्ति पुरुषा दुःखानुवर्त्या पुनः॥

घर-घर में हैं यहाँ युवतियाँ—
जाकर उनसे सम्प्रति पूछो।
क्या प्रणाम करते प्रिय ऐसे—
जैसा वह है दास तुम्हारा!
अपनी द्रोही! दुष्टों की बातों पर—
मत दो कान निरन्तर!
जिनका कभी स्नेहरस टूटा,
पुरुष बड़ी मुश्किल से फिर वे वश आते हैं।

१२

नि:श्वासा:वदनं दहन्ति हृदयं निर्मूलमुन्मथ्यते
निद्रा नैति न दृश्यते प्रियमुखं नक्तंदिवं रुद्यते।
अंङ्ग शोषमुपैति पादपतित: प्रेयांस्तदोपेक्षित:
सख्य: ! किं गुणमाकलय्य दयिते मानं वयं कारिता: ॥

ये नि:श्वास वदन दहते हैं,
उर समूल उखड़ा आता है,
निद्रा आती नहीं न प्रियमुख का अवलोकन,
निस-दिन नयन बरसते रहते, अंग सूखता,
चरणों पर गिर पड़ा दयित तब हुआ उपेक्षित,
बोलो सखियों!
भला कौन गुन सोच दयित से मान कराया!

९३

अद्यारभ्य यदि प्रिये पुनरहं मानस्य वान्यस्य वा
गृह्णीयां शठदुर्नयेन मनसा नामापि संक्षेपतः।
तत्तेनैव विना शशाङ्कधवलाःस्पष्टाट्टाहासा निशा
एको वा दिवसः पयोदमलिनो यायान्मम प्रावृषि॥

अरे लाज से
शठ अविनीत चित्त से ले जो
पुनः नाम भी मानकोप या और किसी का
प्रियतम के प्रति,
(कहूँ अधिक क्या—) थोड़े में कहती हूँ,
तो उनके वियोग में बीतें—
मेरी कई निशाएँ शशि से धवला धवलहास सी,
या पावस में जलधर से
अँधियारा पूरा एक दिवस ही।

९४

इदं कृष्णं कृष्णं प्रियतम! तनु श्वेतमथ किं
गमिष्यामो यामो भवतु गमनेनाथ भवतु।
पुरा येनैवं मे चिरमनुसृता चित्तपदवी
स एवान्यो जातः सखि! परिचिताः कस्य पुरुषाः॥

'अरे स्याह यह!'
'हाँ काला तो।'
'न प्रियतम! यह तो सफ़ेद है!'
'और नहीं क्या!'
'चले चलेंगे!'
'यह चलता हूँ'
'रहने दो, अब नहीं चलेंगे!'
'हाँ जाने दो!'
पहले जिसने ऐसे ही अनुगमन किया था
मेरे मन का सुचिरकाल तक—
वही दूसरा बन बैठा है!
मर्द मीत किसके होते सखि!

९५

चरणपतनं सख्यालापा मनोहरचाटक
कृशतनोर्गाढाश्लेषो हठात्परिचुम्बनम्।
इति हि चपलो मानारम्भस्तथापि हि नोत्सहे
हृदयदयितः कान्तः कामं किमत्र करोम्यहम्॥

प्रियतम का चरणों पर गिरना!
सखियों की वे मनहर बातें!
कृशतर तन का गाढ़ालिंगन!
हठ से चुम्बन!
इन बातों से चपल हो उठा मानवबन्ध है,
फिर भी छोड़ नहीं पाती हूँ—
और कान्त भी अतिशय प्रिय है—
प्राणदयित है!
ऐसे में मैं अरे करूँ क्या!

९६

तन्वङ्ग्या गुरुसन्निधौ नयनयोर्यद्वारि संस्तम्भितं
तेनान्तर्गलितेन मन्मथशिखी सिक्तो वियोगोद्भवः।
मन्ये तस्य निरस्यमानकिरणस्यैषा मुखेनोद्गता
श्वासायाससमाकुलालिसरणिव्याजेन धूमावली॥

तन्वंगी ने गुरुसन्निधि में
रोक लिया जो लोचन का जल,
उसने तो भीतर ही ढल कर
विरहज कामवह्नि को सींचा,
उसी दबाई लपटों वाली कामवह्नि की
निश्चय ही यह धूमावलि है मुख से उठती
उष्ण श्वास से आकुल हो कर
उड़ती भ्रमर पंक्ति के छल से।

९७

भ्रूभेदो गुणितश्चिरं नयनयोरभ्यस्तमामीलनं
रोद्धुं शिक्षितमादरेण हसितं मौनेऽभियोगः कृतः।
धैर्यं कर्तुमपि स्थिरीकृतमिदं चेतः कथंचिन्मया
बद्धो मानपरिग्रहे परिकरः सिद्धिस्तु दैवे स्थिता॥

प्रगुण किया है भौंह तानना—
चिरवेला तक,
लोचन के संकोचन का अभ्यास किया है,
और यत्न से हँसी रोकना भी सीखा है,
चुप रहने से लगन लगायी,
किसी तरह से मैंने चित भी थिर कर डाला—
कि धीरज बाँध सकूँ मैं जो,
कमर कस चुकी मान ग्रहण के लिए—
सिद्धि तो टिकी दैव पर!

९८

अहं तेनाहूता किमपि कथयामीति विजने
समीपे चासीना सरसहृदयत्वादवहिता।
ततः कर्णोपान्ते किमपि वदताघ्राय वदनं
गृहीतां धम्मिल्ले सखि! स च मया गाढमधरे॥

कुछ कहना है—(इसी बहाने—) मुझे बुलाया,
उत्कण्ठा से भरे हृदय से सावधान हो
मैं भी बैठी निर्जन में समीप में जा कर,
तब तो ओ सखि!
उसने क्या कुछ कहा कान में,
वदन सुरभि पाकर पकड़ा फिर केशजाल को,
तब उसका भी अधर
पी लिया मैंने ओ सखि! गाढ–गाढतर।

९९

देशैरन्तरिता शतैश्च सरितामुर्वीभृतां काननै—
यर्त्रेनापि न याति लोचनपथं कान्तेति जानन्नपि।
उद्ग्रीवश्चरणार्द्धरुद्धवसुधः प्रोन्मृज्य सास्त्रे दृशौ
तामाशां पथिकस्तथापि किमपि ध्यानन्पुनर्वीक्षते॥

आती नहीं नयन के पथ पर यत्नों से भी
(अनगिन) देशों, सौ–सौ सरिताओं, भूधरों, वनों के
पार पड़ी प्राणों की प्यारी
—इसे जान कर भी परदेसिया
उद्ग्रीवा कर पंजों से धरती पर टिक कर
उसी दिशा में फिर–फिर तकता
भरे नयन पोंछता, सोचता जाने क्या कुछ!

१००

चक्षुःप्रीतिप्रसक्ते मनसि परिचये चिन्त्यमानाभ्युपाये
राग यातेऽतिभूमिं विकसति सुतरां गोचरे दूतिकायाः ।
आस्तां दूरेण तावत् सरभसदयितालिङ्गनानन्दलाभ—
स्तद्गेहोपान्तरथ्याभ्रमणमपि परां निर्वृतिं सन्तनोति॥

(प्रथम-प्रथम अवलोकन में ही)
नयन प्रीति के हो जाने पर
संगम के उपायचिन्तन से मन में परिचय होता जाता
स्नेह चरमसीमा पर जाता
दूतीं के दिख जाने से ही और प्रणय जब विकसित होता
दूर रहें तब
दयिता के सरभस आलिंगन से आनन्दलाभ की बातें
उसके घर के पास वीथियों में भ्रमना भी
देता है अपार आह्लादन।

१०१

कान्ते तल्पमुपागते विगलिता नीवी स्वयं बन्धना—
द्वासो विश्लथमेखलागुणधृतं किञ्चिन्नितम्बे स्थितम्।
एतावत्सखि। वेद्मि साम्प्रतमहं तस्याङ्गसङ्गे पुनः
कोऽयं कास्मि रतं नु वा कथमिति स्वल्पापि मे न स्मृतिः॥

कान्त सेज पर आया,
स्वयं ही ग्रन्थि खुल गयी, बन्धन छोड़े;
शिथिल मेखला की लड़ियों में फँसा वस्त्र भी
कुछ-कुछ ही नितम्ब अवलम्बित,
उसके अंग छुए फिर तो वह कौन? कौन मैं?
कैसे सुरत हुआ? इसकी स्मृति—
मुझे तनिक भी नहीं रही है।

१०२

प्रासादे सा दिशि-दिशि च सा पृष्ठतः सा पुरः सा
पर्यङ्के सा पथि-पथि च सा तद्वियोगातुरस्य।
हंहो चेतः प्रकृतिरपरा नास्ति मे कापि सा सा
सा सा सा सा जगति सकले कोऽयमद्वैतवादः॥

वही भवन में,
दिशा-दिशा में वही,
सामने वही, पीठ के पीछे भी वह,
वही सेज पर, राह-राह में वही-वही है।
उससे बिछुड़ा आतुर हूँ मैं,
और नहीं है प्रकृति दूसरी कोई मेरी,
सारे जग में वही-वही
बस वही-वही ओ!
यह कैसा अद्वैतवाद है?

१०३

नभसि जलदलक्ष्मीं सास्रया वीक्ष्य दृष्ट्या
प्रबससि यद्रि कान्तेत्प्रर्धमुक्त्वा कथञ्चित्।
मम पटमवलम्ब्य प्रोषिखन्ती धरित्रीं
यदनु कृतावती सा तत्र वाचो निवृत्ताः॥

भरे नयन से देख मेघ शोभा अम्बर में,
अगर विदेश चले प्रियतम तो...,
किसी तरह से इतना ही कह आधे में रुक
उसने वस्त्र पकड़ कर मेरा
(चरण नखों से) भूमि कुरेदी,
फिर उसने जो किया वहाँ, तो वाणी की गति नहीं रही है,
(केवल मन ही वह अकुलाहट, वह चिन्ता
निःश्वास जान सकने में सक्षम!)

१०४

स्मररसनदीपूरेणोढाः पुनर्गुरुसेतुभि—
यर्दपि विधृतास्तिष्ठन्त्यारादपूर्णमनोरथाः।
तदपि लिखितप्रख्यैरङ्गैः परस्परमुन्मुखाः
नयननलिनीनालानीतं पिबदन्ति रसं प्रियाः॥

प्रणयराग की उच्छल सरिता के प्रवाह में
बहे किन्तु फिर थमें बाँध से, गुरुजन थे जो!
यद्यपि हैं समीप में फिर भी विफल मनोरथ ही बैठे हैं,
चित्रलिखित से अवयव निश्चल
किन्तु परस्पर अभिमुख हो कर
लोचन रूपी कमलनाल से
दयिता प्रियतम रस का पान किया करते हैं।

१०५

निःशेषच्युतचन्दनं स्तनतटं निर्मृष्टरागोऽधरो
नेत्रे दूरमनंजने पुलकिता तन्वी तवेयं तनुः।
मिथ्यावादिनि! दूति! बान्धवजनस्याज्ञातपीडागमे!
वापीं स्नातुमितो गतासि न पुनस्तस्याधमस्यान्तिकम्॥

बिलकुल छूट गया है चन्दन वक्षप्रान्त से,
पूरी तरह मिटी है लाली अधररंजिका
नयनों में काजल भी बिलकुल नहीं रहा है,
तेरा यह कृश तन रोमांचित,
ओ अपनों की पीड़ा से अनजानी!
मिथ्यावादिनी दूती!
गयी यहाँ से तू वापी अवगाहन करने,
(हाँ, हाँ, बिलकुल सच तू कहती!)
उसके पास गयी थोड़ी ही
उस निकृष्ट के।

१०६

आयस्ता कलहं पुरेव कुरुते न स्रंसने वाससो
भुग्नभ्रूरतिखण्ड्यमानमधरं धत्ते न केशग्रहे।
अङ्गान्यर्पयति स्वयं भवति नो वामा हठालिङ्गने
तन्व्या शिक्षित एष संप्रति पुनः कोपप्रकारोऽपरः॥

(ईर्ष्या, मान, कलह, कोपन से—)
परिश्रान्त वह
पहले जैसा कलह-विवाद नहीं करती वस्त्रविमोचन की वेला में,
यदि मैं कुन्तल ग्रहण करूँ भी; नहीं काटती अक्षर (कोप से),
भौंहें वक्र नहीं करती है,
खुद ही अंग समर्पित करती,
नहीं वाम भी होती जब मैं हठपूर्वक आलिंगन करता,
तन्वी ने यह नयी-नयी विधि अब सीखी है
अपना कोप प्रकट करने की!

१०७

क्वचित्ताम्बूलाक्तः क्वदगुरुपङ्काङ्कमलिनः
क्वचिच्चूर्णोद्गारी क्वचिदपि च सालक्तकपदः।
वलीभङ्गाभोगेरलकपतितैः शीर्णकुसुमैः
स्त्रियो नानावस्थ प्रथयति रतं प्रच्छदपटः॥

वहाँ पान से रँगी, वहाँ पर,
अगरलेप से अंकित श्यामल,
भरी कहीं पर गन्धचूर्ण से
और कहीं पर आलक्तकरंजित पद अंकित,
सिलवट की विस्तृत लहरों से और
कुसुम से; जो अलकों से गिर कर बिखरे,
भरी हुई वह चादर, कहती मधुर कहानी
दयिता के बहुभाँति सुरत की।

१०८

पुष्पोद्भेदमवाप्य केलिशयनाद्दूरस्थया चुम्बने
कान्तेन स्फुरिताधरेण निभ्रतं भ्रूसंज्ञया याचिते।
आच्छाद्य स्मितपूर्णगण्डफलकं चेलाञ्चलेनाननं
मन्दान्दोलितकुण्डलस्तबकया तन्व्यावधूतं शिरः ॥

केलिशयन से दूर हुई वह;
उसने जब रज दर्शन जाना,
किन्तु कान्त के अधर फड़कते,
उसने माँगा मौन-मौन ही—
भ्रू इंगित से चुम्बन, तब तो—
तन्वी के कपोल पर स्मिति थी—
कुँडल-गुच्छक मंय विकम्पित,
अचंलतट से ढाँक वदन को—
उसने अपना शीश हिलाया।

१०९

शठान्यस्याः काञ्चीमणिरणितमाकर्ण्य सहसा
यदाश्लिष्यन्नेव प्रशिथिलभुजग्रन्थिरभवः।
तदेत्क्वाचक्षे घृतमधुमयत्वद्बहुवचो
विषेणाघूर्णन्ती किमपि नं सखी मे गणयति॥

किसी और की रशनामणि की रुन-झुन सुन कर
आलिंगन करते ही सहसा जो तुमने बाँहे ढीली कीं
बोलो शठ! यह कहाँ कहूँ मैं?
समघृतमधु के विष सी तेरी लम्बी बातें—
उससे ही भ्रमती मेरी सखि कुछ विश्वास नहीं करती है।

११०

अच्छिन्नं नयनाम्बु बन्धुषु कृतं चिन्ता गुरुष्वर्पिता
दत्तं दैन्यमशेषत: परिजने ताप: सखीष्वाहित: ।
अद्य श्व: परनिर्वृतिं भजति साश्वासै: परं खिद्यते
बिस्त्रब्धो भव विप्रयोगजनितं दु:खं विभक्तं तया ॥

बन्धुजनों की अश्रुधार अविरल कर दी है,
चिन्ता अर्पित वृद्ध जनों को,
सेवक जन को अखिल हीनता दे डाली है,
सखियों पर सन्ताप रख दिया,
यों ही उसने विप्रयोग जनित दुख विभक्त किया है,
साँस ग्रहण करने में बहुत विकल होती है,
अब तो उसे आज या कल तक परमानन्द मिलेगा निश्चय,
तुम बिलकुल निश्चिन्त रहो जी !

१११

रोहन्तौ प्रथमं ममोरसि तव प्राप्तौ विवृद्धिं स्तनौ
सँल्लापास्तव वाक्यभङ्गिमिलनान्मौग्ध्यं परं त्याजिताः।
धात्रीकण्ठमपास्य बाहुलतिके कण्ठे तवासञ्जिते
निर्दाक्षिण्य! करोमि किंनु विशिखाप्येषा न पन्थास्तव॥

उगती मेरी स्तनकलिकाएँ विकसित हुईं तुम्हारे उर पर,
मेरी बातों का भोलापन बहुत गया है
साथ तुम्हारे बतियाने से
चतुर क्योभंगी से मिल कर,
छोड़ धाय का कण्ठ तुम्हारी ही ग्रीवा में
डाली अपनी बाहुलताएँ,
ओ नि:शील करूँ क्या जो तुम
इस वीथी से भी कतराओ।

११२

पराची कोपेन स्फुटकपटनिद्रामुकुलिता
प्रविश्याङ्गेनाङ्गं प्रणयिनि परीरम्भचतुरे।
शनैर्नीवीबन्धं स्पृशति सभयव्याकुलकरं
विधत्ते सङ्कोचग्लपितमवलग्नं वरतमुः॥

प्रणय कोप से आनन फेरें,
साफ-साफ निद्रा के छल से आँखें मूँदे
सुन्दरतन वाली विलासिनी
कटि को क्षीण और भी करती संकोचन से
जब आलिंगन में पटु प्रियतम
धीरे से भयव्याकुल कर से
नीवी छूता अंग-अंग से एक हुआ वह।

११३

स्विन्नं केन मुखं दिवाकरकरैस्ते रागिणी लोचने
रोषात्तद्वचनोदिताद्विलुलिता नीलालका वायुना।
भ्रष्टं कुङ्कुममुत्तरीयकषणात्क्लान्तासि गत्यागतै—
रुक्तं तत्सकलं किमत्र वद हे दूति! क्षतस्याधरे॥

'मुख क्यों सूखा?'
'रवि किरणों से!'
'नयन लाल क्यों?'
'अरे क्रोध से, उसकी बातें ही ऐसी थीं?'
'श्याम अलक क्यों बिखरी है ये?'
'अरे पवन से!'
'केसर लेप भला क्यों छुटा?'
'उत्तरीय के संघर्षण से!'
'थकी हुई क्यों?'
'आना-जाना बहुत पड़ा है!'
यह सब तुमने कहा, दूतिके! यह तो बोलो—
'अधर प्रणित क्यों?'

११४

नान्तः प्रवेशमरुणद्विमुखी न चासी—
दाचष्ट रोषपरुषाणि न चाक्षराणि।
सा केवलं सरलपक्ष्मभिरक्षिपातैः
कान्तं विलोकितवती जननिर्विशेषम्॥

नहीं निषिद्ध किया घर आना,
और न तो आनन ही मोड़ा,
और न बोली रोषपरुष ही,
उसने केवल ऋजु निमेष से—
प्रिय को देखा
जैसे वह देखती किसी साधारण जन को!
(चित से दे उतार प्रियतम को उसने मार बड़ी गहरी दी।)

११५

प्रियकृतपटस्तेयक्रीडाविलम्बनविह्वलां
किमपि करुणालापां तन्वीमुदीक्ष्य ससम्भ्रमम्।
अपि विगलिते स्कन्धावारे गते सुरताहवे
त्रिभुवनमहाधन्वी स्थाने न्यवर्तत मन्मथः॥

प्रिय की वस्त्र-चौर्य की क्रीड़ा
में विलम्ब से विह्वल तन्वी
दैन्य भरे कुछ वचन बोलती
इसे देख कर
यद्यपि रतिसङ्गर समाप्त था
और शिविर भी उजड़ चुका था,
किन्तु ठीक ही सत्वर लौटा—
त्रिभुवन महा धनुर्धर मन्मथ।

११६

सालक्तेन नवकोपल्लवकोमलेन
पादेन नूपुरवता मदनालसेन।
यस्ताड्यते दयितया प्रणयापराधा—
त्सोऽङ्गीकृतो भगवता मकरध्वजेन॥

सालक्तक नवकिसलय कोमल—
मदनालस उस नूपुर वाले—
प्रियाचरण से जो भी भाग्यवान ताड़ित है—
उसे मीनकेतन प्रभु निश्चय चिह्नित करते—
स्वजन समझ कर।

११७

प्रयच्छाहारं मे यदि तव रहोवृत्तमखिलं
मया वाच्य वोच्चैरिति गृहशुके जल्पति शनैः।
वधूर्वक्त्रं व्रीडाभरनमितमन्तर्विहसितं
हरत्यधीन्मालन्नलिनमनिलावर्जितमिव॥

''मेरा भोजन मुझको दे दो या कि
तुम्हारी वह सारी रहस्य की बातें
कहूँ जोर से—''
पोषित शुक ने धीरे से यह कहा और तब
लाजभार से झुकी वधू ने भीतर-भीतर हँसते-हँसते
अपना आनन फेरा ऐसे
जैसे आधा खिला नलिन पीछे फिर आये
पवन झकोरे से झकझोरा।

११८

किञ्चिन्मुद्रितपांसवः शिखिगणैरुत्पक्षमालोकिता
जीर्णावासरुदद्दरिद्रगृहिणीश्वासानिलैर्जर्जराः।
एते ते निपतन्ति नूतनघनात्प्रावृड्भरानन्दिनो
विच्छायीकृतविप्रयुक्तवनितावक्त्रेन्दवो बिन्दवः॥

ये आयी वर्षा की बूँदें,
उड़ते धूल बवंडर कुछ-कुछ शान्त कर रहीं,
इन्हें देखते मोर पंख ऊपर को ताने,
(किन्तु) हुई हैं जर्जर (शायद)—
जीर्ण पुराने घर में रोती निर्धन घरनी की साँसों से,
विरह पीड़िता सुकुमारी के इन्दुवदन को मलिन कर रही
ये गिरती वर्षा की बूँदें।

११९

नीत्वोच्चैर्विक्षिपन्तः कृततुहितकणासारसङ्गान्परागा—
नामोदानन्दितालीनतितरसुरभीन्भूरिशो दिङ्मुखेषु।
एते ते कुङ्कुमाङ्कस्तनकलशभरास्फालनादुच्छलन्तः
पीत्वा सीत्कारिवक्त्रं हरिणशिशुदृशां हैमना वान्ति वाताः ॥

मधुप वृन्द को परिमल से आनन्दित करते
तुहिन कणों की वृष्टिधार का भ्रम उपजाते
अतिसुरभित पराग को लेकर ऊपर ऊँचे
दूर दिगन्तों में बिखराते
ये हेमन्त पवन बहते हैं—
जो उच्छल हैं केसर लेपित कुम्भ पयोधर के ताडन से
और पी रहे मृगशावक से लोचनवाली ललनाओं के
'सी-सी' करते सुन्दर आनन।

१२०

पीतस्तुषारकिरणो मधुनैव सार्ध—
मन्तः प्रविश्य चषकप्रतिबिम्बवर्ती।
मानाकरं मनसि मानवतीजनस्य
नूनं बिभेद यदसौ प्रससाद सद्यः।

चषकों में प्रतिबिम्बित होती शशि की छाया
मानिनियों ने पी मदिरा के साथ-साथ ही,
निश्चय ही तब
हो प्रविष्ट अन्तर में शशि ने
चूर-चूर कर दिया मान के आकर को ही,
इसी लिये तो सारी मानभरी ललनाएँ
सद्यः मान छोड़ ही बैठीं।

१२१

ललनालोलधमिल्लमल्लिकामोदवासिताः ।
वान्ति रात्रौ रतक्लान्तकामिनीसुहृदोऽनिलाः ॥

कामिनियों के चंचल कुन्तल में वनमोगरा
महमह महके।
उस वनमोगरा के परिमल से
सुरभित पवन निशा में बहता
सुरत खिन्न रमणी मनचाहा।
(यह ग्रीष्म की रात रंगीली।)

१२२

वान्ति कह्लारसुभगाः सप्तच्छदसुगन्धयः।
वाता नवरतिम्लानवधूसंगममन्थराः॥

श्वेत कमल के वन लहराते सुभग पवन ये
बहते सप्तपर्ण से वासित।
नवसंगम से शिथिल वधू से मिल कर जो
मन्थर हो उठते।
(आयी ये शारद विभावरी!)

१२३

रामाणां रमणीयवक्त्रशशिनः स्वेदोदविन्दुप्लुतो
व्यालोलामलकावलीं प्रचलयश्चुम्बन्नितम्बांशुकम्।
प्रातर्वाति मधौ विकृष्टविकसद्राजीवराजीरजो
जालामोदमनोहरो रतिरसग्लानिं हरन्मारुतः॥

रामाओं के रम्य चन्द्र जैसे आनन के
स्वेद बिन्दु के जल में भीगा
चंचल अलक उड़ाता, छूता
कटि-अंशुक को,
खिलते राजीवों की पाँतों के पराग-परिमल से वासीत
मन हरता, हरता आलस को
संगमरस से जो उपजी है
वासन्ती मारुत बहता है—भोर-भोर में।

१२४

अङ्गं चन्दनपाण्डु पल्लवमृदुस्ताम्बूलताम्रोऽधरो
धारायन्त्रजलाभिषेककलुषे धौताञ्जने लोचने।
अन्तः पुष्पसुगन्धिराजिकबरी सर्वाङ्गलग्नाम्बरं
कान्तानां कमनीयतां विदधते ग्रीष्मेऽपराह्णगमे॥

चन्दन पाण्डुर अंग, पान से अरुण अधर
किसलय से कोमल,
फौव्वारों की जलधारा में हुए स्नान से अरुण हो उठे
काजल धुले नयन और कुन्तल
भीतर गुँथे कुसुम से सुरभित,
सारे अंगों से चिपके अम्बर (महीन औ' उजले-उजले)
ये सब कुछ कमनीय बनाते कामिनियों को
गरमी की रंगीन शाम में।

१२५

वरमसौ दिवसो न पुनर्निशा
ननु निशैव वरं न पुनर्द्रिनम।
उभयमेतदपि व्रजतु क्षयं
प्रियतमेन न यत्र समागमः॥

'दिवस भला है इस रजनी से'
'भली रात ही, नहीं दिवस तो,
'अरे सखि!
इन दोनों ही का विनाश हो
यदि इनमें प्रियतम न मिले तो।

१२६

मन्दं मुद्रितपांसवः परिपतज्झातान्धकारा मरु—
द्वेगध्वस्तकुटीरकाग्रनिपतच्छिद्रेषु लब्धान्तराः।
कर्मव्यग्रकुटुम्बिनीकुचभरस्वेदच्छिदः प्रावृषः
प्रारम्भे मदयन्ति कन्दलदलोल्लासाः पयोबिन्दवः॥

घर के काम-काज में आकुल गृहिणी के कुचयुग से
ढलते स्वेदबिन्दु अब दूर हो चले,
धीरे-धीरे शान्त कर रहीं धूलि वेग को,
घिरते अन्धकार से परिचित
वायुवेग से उकस गये छावन में होकर
गिरतीं कुटिया में छिद्रों से,
अंकुरदल उपजाती जल की बूंदें मत्त बना जाती हैं
जब पावस वेला पधारती!

१२७

इयमसौ तरलायतलोचना
गुरुसमुन्नतपीनपयोधरा।
पृथुनितम्बभरालसगामिनी
प्रियतमा मम जीवितहारिणी॥

इसके तरल दीर्घ लोचन हैं
पृथुल समुन्नत पीन पयोधर,
पृथु नितम्बभर-मन्थर-गमना
अरे! प्रिया यह जीवन हरती।

१२८

सालक्तकं शतदलाधिककान्तिरम्यं
रात्रौ स्वधामनिकरारुणनुपुराङ्कम्।
क्षिप्तं भृशं कुपितया तरलायताक्ष्या
सौभाग्यचिह्नमिव मूर्ध्नि पदं विरेजे॥

बहुत कुपित चंचल आयत-नयना बाला ने
किया निशा में पदाघात, जो
आलक्तक से रँगा, कमल से अधिक कान्ति कमनीय,
अपने धारण-धाम अरुण करते रुन-झुन नूपुर से अंकित
वह तो प्रियतम के मस्तक पर शोभित हुआ सुहाग चिह्न सा!

१२९

श्रुत्वाकस्मान्निशीथे नवघनरसितं विश्लथाङ्गं पतन्त्या
शय्याया भूमिपृष्ठे करतलधृतया दु:खितालीजनेन।
सोत्कण्ठं मुक्तकण्ठं कठिनकुचतटोपान्तदीर्णाश्रुविन्दु
स्मृत्वा स्मृत्वा प्रियस्य स्खलितमृदुवचो रुद्यते पान्थवध्वा॥

अर्धरात्रि में अकस्मात् ही
नवघन की गम्भीर गरज सुन
श्लथ शरीर हो शय्या से वह गिरी भूमि पर,
आकुल सखियों ने हाँथों पर उसे सँभाला,
प्रियतम को तब याद-याद कर अस्फुट मधुर वचन कुछ कहती
विरहोत्कण्ठित पथिक वधू ऐसा रोती है मुक्त कण्ठ से
कि कठिन पयोधर-तट पर गिरतीं
जातीं बिखर अश्रु की बूँदें।

१३०

पीतो यतः प्रभृति कामपिपासितेन
      तस्या मयाधररसः प्रचुरः प्रियायाः।
तृष्णा ततः प्रभृति मे द्विगुणत्वमेति
      लावण्यमस्ति बहु तत्र किमत्र चित्रम्॥

कामपिपासित मैंने जब से
प्रचुर अधर रस पिया प्रिया का,
तब से मेरी प्यास बढ़ गयी दूनी होकर,
जब कि बहुत कमनीय अधर हैं,
फिर इसमें क्या अचरज होना!

१३१

ग्रामेऽस्मिन् पथिकाय पान्थ! वसतिर्नैवाधुना दीयते
रात्रावत्र विवाहमण्डपतले पान्थः प्रसुप्तो युवा।
तेनोत्थाय खलेन गर्जति घने स्मृत्वा प्रियां तत्कृतं
येनाद्यापि करङ्कदण्डपतनाशङ्की जनस्तिष्ठति॥

ओ राही! अब नहीं ठहरने देते पथिकों को,
इस पुर में,
यहाँ रात्रि में युवा पथिक सोया
विवाहमण्डप के नीचे,
मेघों का गर्जन रव सुन कर
उस याद कान्ता की आयी,
उस खल ने वह किया कि अब भी
आशंकित हैं लोग यहाँ पर
वध के दण्डपतन के भय से!

१३२

कान्ते कत्यपि वासराणि गमय त्वं मीलयित्वा दृशौ
स्वस्ति स्वस्ति निमीलयामि नयने यावन्न शून्या दिशः।
आयाता वयमागमिष्यसि सुहृद्वर्गस्य भाग्योदयैः
संदेशो वद कस्तवाभिलषितस्तीर्थेषु तोयाञ्जलिः॥

प्रिये! काट दो कुछ दिन यों ही
लोचन मींचे,
'मार्ग तुम्हारा मंगलमय हो, मैं आँखें मूँदें लेती हूँ
इससे पहले जब कि दिशाएँ सूनी हों ये!'
'बस हम आये ही जाते हैं!'
'हाँ आओगे सुहृदजनों के भाग्य-पुण्य से!'
'मुझे सन्देस बताओ, क्या अभिलषित तुम्हारा?'
'तीर्थों में जल-अंजलि देना!'

१३३

कोपस्त्वया हृदि कृतो यदि पङ्कजाक्षि
    सोऽस्तु प्रियस्तव किमत्र विधेयमन्यत्।
आश्लेषमर्पय मदर्पितपूर्वमुच्चै—
    र्मह्य समर्पय मदर्पितचुम्बनं च॥

ओ कमलों से लोचन वाली!
कोप किया यदि हिय में तुमने,
वही तुम्हारा कान्त बन रहे
और किया ही जा सकता क्या?
मेरा पहले का अर्पित जो गाढालिंगन
और समर्पित चुम्बन मेरा,
केवल उसे मुझे लौटा दो!

१३४

हारो जलार्द्रवसनं नलिनीदलानि
प्रालेयशीकरमुचस्तुहिनाशुभासः।
यस्येन्धनानि सरसानि च चन्दनानि
निर्वाणमेष्यति कंथ स मनोभवाग्निः॥

जल से भीगा वसन,
हार औ' नलिनी के दल,
ओस बिन्दु बरसातीं किरणें शिशिरकिरण की
और सरस चन्दन इन्धन जिसके हैं,
वह मनजन्मा मदन–अग्नि कैसे बुझ सकती?

१३५

तन्वी शरत्त्रिपथगापुलिने कपोले
लोले दृशौ रुचिरचञ्चलखञ्जरीटौ।
तद्बन्धनाय सुचिरार्पितसुभ्रुचाप—
चाण्डालपाशयुगलाविव शून्यकर्णौ॥

तन्वी शरत् काल की गंगा
और कपोल पुलिनयुग जैसे,
उन पर चंचल नयन
रुचिर चंचल खंजन हैं,
सूने कान व्याध के पाश युगल से
भौंह चाप पर चढ़े फाँसने को खंजन को!

१३६

पादाङ्गुष्ठेन भूमिं किसलयरुचिना सापदेशं लिखन्ती
भूयो भूयः क्षिपन्ती मयि शितशबले लोचने लोलतारे।
वक्त्रं हीनम्रमीषत्स्फुरदधरपुटं वाक्यगर्भं दधाना
यन्मां नोवाच किञ्चित्स्थितमपि हृदये मानसं तद्दुनोति॥

किसलय-कान्ति पैर के अँगूठे से
भूमि खुरचती किसी बहाने,
श्वेत-शबल चलतारक लोचन
बारंबार डालती मुझ पर,
लाजझुका आनन था कुछ-कुछ अधर विकम्पित,
मुख में थी कुछ बात
कि उसने मुझसे
हिय की भी जो बात नहीं कुछ कही,
वही अब चित्त दुखाती।

१३७

ऊरुद्वयं मृगदृशः कदलस्य काण्डौ
मध्यं च वेदिरतुलं स्तनयुग्ममस्याः ।
लावण्यवारिपरिपूरितशातकुम्भ—
कुम्भौ मनोजनृपतेरभिषेचनाय ॥

मृगनयनी की जाँघें
कदलीस्तंभ सदृश हैं,
कटि अनुपम है,
उसके स्तनयुग-सोने के घट
परिपूरित लावण्यनीर से
अभिषेचन के लिये मनोभव महाराज के।

१३८

हारोऽयं हरिणाक्षीणां लुठति स्तनमण्डले।
मुक्तानामप्यवस्थेयं के वयं समरकिङ्कराः॥

अरे! हार यह लुण्ठित होता
मृगनयनी–उरोजमंडल पर,
मुक्तावलि की यह हालत है
(मुक्ताओं की, मुक्तों की भी)
फिर हम कौन काम के किंकर?

१३९

अन्योन्यग्रथितारुणाङ्गुलिनमत्पाणिद्वयस्योपरि
न्यस्योच्छ्‌वासविकम्पिताधरदलं निर्वेदशून्यं मुखम्।
आमीलन्नयनान्तवान्तसलिलं श्लाघ्यस्य निन्द्यास्य वा
कस्येदं दृढसौहृदं प्रतिदिनं दीनं त्वया स्मर्यते॥

अरुण अँगुलियाँ फँसी परस्पर,
नमित करों पर
रख कर आनन सूना-सूना उदासीन जो,
जिसके अधर विकम्पित होते उच्छ्‌वासों से,
मुँदते जाते नयनकोर से अश्रु गिरातीं
दीन-दीन सी किसका यह दृढ़ प्रेम याद तुम
प्रतिदिन करतीं!
भला कौन वह श्लाघनीय
या कहूँ कि निन्दित!

१४०

असद्वृत्तो नायं न च खलु गुणैरेष रहितः
प्रियो मुक्ताहारस्तव चरणमूले निपतितः।
गृहाणेमं मुग्धे! व्रजतु निजकण्ठप्रणयिता—
मुपायो नास्त्यन्यस्तव हृदयसन्तापशमने॥

असद्वृत्त यह नहीं,
नहीं ही हीन गुणों से,
प्रिय यह मुक्ताहार तुम्हारे चरण गिरा है!
ग्रहण करो इसको भोली तुम!
इसे गले का हार बनाओ!
हृदय ताप हरने का अब तो
और उपाय नहीं बाक़ी है।

१४१

आलोकयति पयोधरमुपमन्दिरनवाम्बुभरनीलम्।
दयितारचितचितानलधूमोद्गमशङ्कया पथिकः॥

ऊँचे केलि भवन पर ठहरा
जल से भरा श्याम नव नीरद
पथिक देखता आशंका से
दयिता द्वारा रचित चिता में
लगे अनल से उठे धूम की!

१४२

आश्लिष्टा रभसाद्विलीयत इवाक्रान्ताप्यनङ्गेन या
यस्याः कृत्रिमचण्डवस्तुकरणाकूतेषु खिन्नं मनः।
कोऽयं काहमिति प्रवृत्तसुरता जानाति या नान्तरं
रन्तुः सा रमणी स एव रमणः शेषौ तु जायापती॥

मन्मथ से आक्रान्त हुई जो
आलिंगन सवेग करते ही
अंगों में विलीन सी होती,
झूठी चण्ड-कोप-लीला में
जिसका मन उन्मन हो जाता,
सुरतकेलि-तत्पर होते ही
'यह है कौन?' 'कौन मैं हूँ'—यह
अन्तर नहीं जानती प्रिय से—
वह रमणी है, वही रमण है,
और बचे तो, श्रीपतिदेव-श्रीमती पत्नी!

१४३

किं बाले मुग्धतेयं प्रकृतिरियमथो रौद्रता किं नु कोपः
किंवा चापल्यमुच्चैर्व्रतमुत किमु ते यौवनारम्भदर्पः।
यत्केशालापवक्त्रस्मितललितकुचभ्रूविलासावलग्नैः
स्वस्थो लोकस्त्वदीयैर्मनसि विनिहितैर्दह्यतेऽमीभिरार्यः॥

ओ बाले! क्या यह भोलापन है
या कि प्रकृति है,
या कि रौद्रता अथवा कोपन,
या चंचलता अथवा कोई ऊँचा सा व्रत,
या कि दर्प है इस तरुणाई के प्रभात का?
जो कि हृदय में चुभते जाते
तेरे केश, मधुर बातें, आनन, मुसकान,
ललित कुच-मंडल, भ्रूविलास-सब,
अच्छे-भले आर्य-ऊँचे जन भी संतप्त हो रहे इनसे।

१४४

गच्छेत्युन्नतया भ्रुवैव गदितं मन्दं वलन्त्या तया
तेनाप्यञ्चितलोचनद्वयपुटेनाज्ञा गृहीता शनैः।
संकेताय वलद्दृशा पिशुनिता ज्ञाता च दिक् प्रेयसा
गूढः सङ्गमनिश्चयो गुरुपुरोऽप्येवं युवभ्यां कृतः॥

धीरे से आवलित और उन्नत भौं से ही
उसने कहा, 'चलो अब',
उसने भी आकुंचित नयनपुटों से
मौन समाज्ञा ले ली,
इंगित के ही लिये फिरे लोचन से समझी
संकेतित दिक् भी प्रियतम ने
—इसी तरह, गुरुजन थे तब भी, तरुणि-तरुण ने
चुपके-चुपके मिलने का निश्चय कर डाला।

१४५

चटुलनयने शून्या दृष्टि: कृता खलु केन ते
क इह सुकृती द्रष्टव्यानामुवाह धुरं पराम्।
यमभिलिखितप्रख्यैर्न मुञ्चसि चेतसा
वदनकमलं पाणौ कृत्वा निमीलितलोचना॥

चंचलनयनी! किसने की है नजर तुम्हारी सूनी-सूनी,
अरे! कौन बड़भागी है वह
''अवसि देखिये देखन जोगू'',
चित्रलिखित से अंगों वाली, लोचन मूँदे
बदन कमल को कर पर रक्खे
जिसे नहीं तुम तजो चित्त से
(—एक निमिष भी!)

१४६

चलतु तरला धृष्टा दृष्टिः खला सखि! मेखला
स्खलतु कुचयोरुत्कम्पान्मे विशीर्यंतु कञ्चुकम्।
तदपि न मया संभाव्योऽसौ पुनर्दयितः शठः
स्फुटति हृदयं मानेनान्तर्न मे यदि तत्क्षणम्॥

तरल और ये ढीठ नयन चंचल हो जायें,
अरे! भले ही गिर जाये यह दुष्ट मेखला,
पीन उरोजों के कम्पन से भले मसक जाये यह चोली,
फिर भी इस शठ प्रिय का स्वागत नहीं करूँगी,
हाँ, यदि मेरा हृदय न फट जाय तरुण ही मान-कोप से!

१४७

तैस्तैश्चाटुभिराज्ञया किल तया वृत्ते रतिव्यत्यये
लज्जामन्थरया तथा निवसिते भ्रान्त्या मदीयांशुके।
तत्पट्टांशुकमुद्वहन्नहमपि स्थित्वा, यदुक्तोऽधुना
वेषो युज्यत एष एव हि तवेत्येतन्न विस्मर्य्यते॥

उन उन मनुहारों से (और अन्ततः दृढ़—) आज्ञा से
उसने की विपरीत केलि जब,
लज्जा से अलसायी उसने
मेरे अंशुक पहने भ्रमवश,
मैं भी ओढ़े रहा उसी का पट्टांशुक, तब
उसने जो यह कहा कि तुमको वेष यही अब शोभित होता—
इसे आज भी भूल न पाऊँ।

१४८

पत्रं न श्रवणेऽस्ति वाष्पगुरुणोर्नो नेत्रयोः कज्जलं
राग: पूर्व इवाधरे चरणयोस्तन्व्या न चालक्तकः।
वार्तोच्छित्तिषु निष्ठुरेति भवता मिथ्यैव संभाव्यते
सा लेखं लिखतु च्युततोपकरणा न्यायेन केनाधुना॥

नहीं श्रवण पर अर्पित किसलय
और न आँसू भरे नयन में काजल ही है,
नहीं अधर पर पहले जैसा चरण राग है,
और न तन्वी के चरणों में आलक्तक ही,
ओ निष्ठुर! अब बोलचाल जब भंग हो गयी
तुम मिथ्या ही सम्भावन करते हो ऐसा,
कैसे पत्र लिखे सम्प्रति वह साधन हीना?

१४९

यदि विनिहिता शून्या दृष्टिः किमु स्थिरकौतुका
यदि विरचितो मौने यत्नः किमु स्फुरितोऽधरः।
यदि नियमितं ध्याने चेतः कथं पुलकोद्गमः
कृतमभिनयैर्दृष्टो मानः प्रसीद विमुच्यताम्॥

यदि सूने ही नयन टिके हैं; कौतुक कैसे?
चुप रहने की कोशिश ही यदि,
भला अधर क्यों स्फुरित हो रहा?
अगर ध्यान में डूबा मानस,
रोम पुलक क्यों?
बहुत हो चुका अभिनय,
देखा मान, मान जाओ!
अब छोड़ो!

१५०

१५०

यद्रात्रौ रहसि व्यपेतविनयं वृत्तं रसात्कामिनो—
रन्योन्यं शयनीयमीहितरसावाप्तिप्रवृत्तस्पृहम्।
तत्सानन्दमिलद्दृशोः कथमपि स्मृत्वा गुरुणां पुरो
हासोद्भेदनिरोधमन्थरमिलत्तारं कथञ्चित्स्थितम्॥

इच्छित रस पाने को तत्पर
सस्पृह कामियुगल सोये थे
मिले परस्पर गतरजनी में डूब प्रणय में,
सूने में सब बन्ध विनय के भी तज डाले,
गुरुजन के सम्मुख ही
किसी तरह आनन्दित नयन मिले जब
उसे याद कर—
फूट पड़ती हँसी रोकने से मन्थर-अलसाये तारक
मिला परस्पर जैसे-तैसे चुप रह पाये।

१५१

याते गोत्रविपर्यये: श्रुतिपथं शय्यागतायाश्चिरं
निध्यतिं परिवर्तन हृदि पुनः प्रारब्धमङ्गीकृतम्।
भूयस्तत्प्रकृतं कृतं च वलितक्षिप्तैकदोर्लेखया
मानिन्या न तु पारितः स्तनभरः नेतुं प्रियस्योरसः॥

शय्या पर सो रही कामिनी,
प्रिय के मुख से नामस्खलन–वश
सुना नाम जब अन्य प्रिया का
यह परिवर्तन रही सोचती बड़ी देर तक
और किया स्वीकार चित्त में दैव–दोष को,
चन्द्रकला सी वलित बाहु को झिटक
मानिनी ने वह किया कि जो समयोचित,
पर उरोजभर टिका दयित के वक्षःस्थल पर
न थी हटा सकने में सक्षम।

१५२

सा यौवनमदोन्मत्ता वयमस्वस्थचेतसः।
तस्या लावण्यमङ्गेषु दाहोऽस्मासु विजृम्भते॥

वह तरुणाई–मद–मदमाती,
किन्तु चित्त अवस्थ हमारा!
उसके अंगों बसी लुनाई,
हममें दाह उफनता जाता!

१५३

सति प्रदीपे सत्यग्नौ सत्सु तारामणीन्दुषु।
विरामे मृगशावाक्ष्यास्तमोभूतमिदं जगत्॥

रहे भले ही दीप,
भले ही रहे अग्नि भी,
रहें भले ही तारे मणियाँ और चन्द्रमा,
किन्तु नहीं यदि मृगछौने से नयनों वाली
यह संसार अँधेरा ही है।

१५४

सुरतविरतौ ब्रीडावेशश्रमश्लथहस्तया
रहसि गलितं तन्व्या प्राप्तुं न पारितमंशुकम्।
रतिरसजडैरङ्गैरङ्गं पिधातुमशक्तया
प्रियतमतनौ सर्वाङ्गीणं प्रविष्टमधृष्टया॥

लाज-थकन-आवेश-शिथिल-कर
तन्वी पा न सकी अंशुक को रतिपरिणति में
जो सूने में वहीं गिरा था,
रति-रस-जड़ अपने अंगों से अंग छिपा सकने में अक्षम
अप्रगल्भ वह,
प्रियतम के तन में ही अपने
सारे अंग छिपाती जाती।

१५५

सख्यस्तानि वचांसि यानि बहुशोऽधीतानि युष्मन्मुखा—
द्वक्ष्येऽहं बहुशिक्षिता क्षणमिति ध्यात्वापि मौनं श्रिता।
धूर्तेनैत्य च मण्डलीकृतकुचं, गाढं परिष्वज्य मां
पीतान्येव सहाधरेण हसता वक्त्रस्थितान्येव मे॥

ओ सखियों! मैंने जो सीखीं बातें तुमसे
बहुशिक्षित मैं उसे कहूँ—यह पल भर सोचा;
किन्तु रही ही मौन,
वह शठ आया,
उसने किया गाढ-आलिंगन,
उसके उर से सटे वक्ष मंडलित हो उठे,
हँसते प्रिय ने साथ अधर के
मुख की वे बातें भी पी लीं।

१५६

उत्कम्पो हृदये स्खलन्ति वचनान्यावेगलोलं मनो
गात्रं सीदति चक्षुरश्रुकलुषं चिन्ता मुखं शुष्यति।
यस्यैषा सखि! पूर्वरङ्गरचना मानः स मुक्तो मया
वन्ध्यास्ता अपि योषितः क्षितितले यासामयं सम्मतः॥

हृदय धड़कता, वचन रुक रहे,
मन आवेग-वेग से चंचल,
तन से बहता स्वेद,
नयन भी अश्रुकलुष है,
चिन्ता है, मुख सूखा जाता
—ओ सखि! यह रचना है जिसके पूर्व-रंग की
छोड़ दिया उस मान-कोप को,
और वन्ध्य भी वे कामिनियाँ धरती तल की
जिनका यह अभिमत है (अब भी!)

१५७

मानव्याधिनिपीडिताहमधुना शक्नोमि तस्यान्तिकं
 नो गन्तुं न सखीजनोऽस्ति चतुरो यो मां बलान्नेष्यति।
मानी सोऽपि जनो न लाघवभयादभ्येति मातः स्वयं
 कालो याति चलं च जीवितमिति क्षुण्णं मनश्चिन्तया॥

मन-व्याधि से पीड़ित सम्प्रति
उसके पास नहीं जा सकती,
और न तो हैं चतुरसखीजन
जो ले जायेंगी बलपूर्वक,
वह मानी भी हेठी से डर
नहीं स्वयं ही पास आ रहा,
ओ माँ! समय बीतता जाये,
चल जीवन भी
इस चिन्ता से चूर हो रहा है मन मेरा।

१५८

कान्ते कथञ्चिद्गदितप्रयाणे
क्षणं विनम्रा विरहार्दिताङ्गी।
ततस्तमालोक्य कदाऽऽगतोऽसी—
त्यालिङ्ग्य मुग्धा मुदमाससाद॥

प्रिय ने कहा 'चलूँगा'—तब तो
विरह व्यथित अंगों वाली वह
झुकी एक पल जैसे-तैसे,
फिर तो उसको देख
'अरे तुम कब आये जी!'
—कह भोली ने आलिंगन कर हर्ष पा लिया।

१५९

यद्गम्यं गुरुगौरवस्य सुहृदो यस्मिँल्लभन्तेऽन्तरं
यद्दाक्षिण्यवशाद्भयाच्च सहते मन्दोपचारानपि।
यल्लज्जा निरुणद्धि यत्र शपथैरुत्पाद्यते प्रत्ययः
तत्किं प्रेम स उच्यते परिचयस्तत्रापि मानेन किम्॥

गुरुजन के गौरव का जो अनुगम्य,
मित्र जिसमें अन्तर पा जाया करते,
जो सहता है भयवश और शील के कारण
मन्द-हीन उपचारों को भी,
जिसे लाज अवरुद्ध करे, औ'
शपथों से विश्वास जहाँ पर पैदा करते,
क्या है वह अनुराग?
उसे तो परिचय कहते!
भला वहाँ भी मान-कोप क्या?

१६०

दृष्टे लोचनवन्मनाङ्मुकुलितं पार्श्वस्थिते वक्त्रव—
न्यग्भूतं बहिरासितं पुलकवत्स्पर्शं समातन्वति।
नीवीबन्धवदागतं शिथिलतां सम्भाषमाणे क्षणा—
न्मानेनापसृतं ह्रियेव सुदृशः पादस्पृशि प्रेयसि॥

अवलोकन करने पर प्रिय के
मुकुलित हुआ कि जैसे लोचन,
आनन की ही भाँति फिरा जब
खड़ा हो गया दयित पार्श्व में,
स्पर्श किया तो हुआ बहिर्मुख
रोमपुलक के सदृश, एक पल
प्रिय ने बातें कीं तो (तत्क्षण) शिथिल पड़ गया
जैसे बन्धन बधीं गाँठ का,
मान दूर हो गया सुनयनी का
लज्जा की भाँति दयित ने
जब चरणों का स्पर्श कर लिया।

१६१

ललितमुरसा तरन्ती
        तरलतरङ्गौघचालितनितम्बा।
विपरीतरतासक्तेव
        दृश्यते सरसि सा सख्या॥

तैर रही वह ललित-रम्यतर
उर के बल हो,
तरल-तरंग-बाढ़ से उसके
(गुरु—) नितम्ब कम्पित हो उठते,
उसे देखती सखी सरोवर में, मानो वह
हो विपरीत सुरत में रत ही।

१६२

कान्तामुखं सुरतकेलिविमर्दखेद
संजातघर्मकणविच्छुरितं रतान्ते।
आपाण्डुरं विलसदर्धनिमीलिताक्षं
संस्मृत्य हे हृदय! किं शतधा न यासि॥

रति परिणति में—
रति-क्रीड़ा-विमर्द के श्रम से
उभरे स्वेद-बिन्दु से संकुल,
आपाण्डुर, अधमुँदे नयन से शोभित कान्तावदन
याद कर
ओ मन! क्यों न हो रहा शतधा!

१६३

गन्तव्यं यदि नाम निश्चितमहो गन्तासि केऽयं त्वरा
द्वित्राण्येव पदानि तिष्ठतु भवान्पश्यामि यावन्मुखम्।
संसारे घटिकाप्रणालविगलद्वारा समे जीविते
को जानाति पुनस्त्वया सह मम स्याद्वा न वा सङ्गमः॥

अरे! अगर निश्चित है जाना
जाओगे ही,
यह क्या जल्दी!
आप खड़े हो जायें दो ही तीन क़दम पर,
जब तक मैं आनन निहार लूँ,
इस दुनिया में
जलघटिका की नलिका से
बहते पानी सा (चंचल) जीवन,
फिर से साथ तुम्हारे मेरा मिलन हो—न हो; कौन जानता?

अमरुककवित्वडमरुकनादेन विह्नुनितान सञ्चरति।
श्रृङ्गारभणितिरन्या धन्यानां श्रवणयुगलेषु॥

—अर्जुनवर्मदेवः

अमरुक के कवित्व-डमरू के
डमन्नाद से हुई तिरोहित
और दूसरी रतिरसभीनी उक्ति
नहीं गुंजित होती है श्रवणयुगल में
धन्यजनों के!

टिप्पणी

टिप्पणी

इस टिप्पणी में पहले पाठान्तरों का उल्लेख किया गया है। हमने प्राथमिकता अर्जुनवर्मदेव के पाठ को दी है, अतः पहले १०२ श्लोकों में जहाँ भी वेम, रवि तथा रुद्रम के पाठों में अन्तर है, उन्हें उद्धृत किया गया है। पाठान्तर में वेम का पाठ प्रथम, तदनन्तर रवि और उसके पश्चात् रुद्रम के पाठों के अन्तर दिये गये हैं। केवल वेम, केवल रुद्रम और केवल रवि के द्वारा गृहीत श्लोकों में पाठान्तरों का प्रश्न ही नहीं उठता। केवल सुभाषित संग्रहों आदि में उद्धृत श्लोकों के पाठ में यदि अन्यत्र उद्धृत स्थलों से कोई अन्तर है, तो उसे हमने उद्धृत नहीं किया है, क्योंकि पाठज्ञान की दृष्टि से यह बात विशेष महत्त्व की नहीं है।

(क), (ख), (ग) और (घ) श्लोक के प्रथम, द्वितीय, तृतीय तथा चतुर्थ चरण के संकेत हैं।

पाठान्तर के बाद उन स्थलों का संकेत है, जहाँ-जहाँ अन्यत्र ये श्लोक आये हैं। साथ ही उन-उन स्थलों पर यदि इनका कर्तृत्व निर्दिष्ट है, तो कोष्ठकों में उद्धृत कर दिया गया है। यदि ये 'किसी के' कह कर अथवा नामोल्लेख के बिना ही उद्धृत हैं तो उसकी भी सूचना दे दी गयी है। उस दशा में ही पाठान्तर और उद्धरणस्थल का उल्लेख नहीं किया गया है, जबकि उस विशेष श्लोक में पाठान्तर हैं ही नहीं या उसका अन्यत्र उद्धरण नहीं हुआ है।

अन्त में श्लोकों के मार्मिक स्थलों पर टिप्पणी, नायक-नायिका भेद, रस, अलंकार, छन्द आदि का उल्लेख है।

१

(क) वेम ...कटकामुख...।

(ख) वेम मृडान्याः।

सदुक्ति—२५.३. (अमरोः)। सुभाषितरत्न—१०० (अचलसिंहस्य)।

आरम्भ में कवि काव्य की निर्विघ्न समाप्ति के लिए इष्टदेवता का स्मरण कर आशीर्वाद देता है। 'अम्बिका का कटाक्ष तुम्हारी रक्षा करे।' कटाक्ष की परिभाषा उद्धृत करते हुए अर्जुनवर्मदेव कहते हैं—

"यद्गतागतिविश्रान्तिवैचित्र्येण विवर्तनम्।
तारकायाः कलाभिज्ञास्तं कटाक्षं प्रचक्षते॥"

अर्थात् गति, आगति और विश्रान्ति के वैचित्र्य के साथ पुतली के संचालन को कलाविद् कटाक्ष कहते हैं। सित, असित, सितासित—ये तीन प्रकार के कटाक्ष होते हैं। यहाँ भ्रमर से साम्य बताने से प्रतीत होता है कि कवि को असित कटाक्ष का वर्णन अभिप्रेत है। खटकामुख मुद्रा की परिभाषा अर्जुनवर्मदेव उद्धृत करते हैं—

"अस्या एव यदा मुष्टेरूर्ध्वोऽङ्गुष्ठः प्रयुज्यते।
हस्तकः शिखरो नाम तदा ज्ञेयः प्रयोक्तृभिः॥
शिखरस्यैव हस्तस्य यदाङ्गुष्ठनिपीडिता।
प्रदेशिनी भवेद्वक्रा कपित्थो जायते तदा॥
उत्क्षिप्ता च यदा वक्रानामिका सकनीयसी।
एतस्यैव कपित्थस्य तदा स्यात् खटकामुखः॥"

इसी मुष्टि पर जब अंगुष्ठ का ऊपर की ओर प्रयोग किया जाता है, तो प्रयोक्ताओं को इसे 'शिखर' नामक हस्तक जानना चाहिए। 'शिखर' मुद्रा में अंगुष्ठ को पकड़ती प्रदेशिनी वक्र हो जाय तो 'कपित्थ' मुद्रा हो जाती है। कनीयसी अंगुली के साथ-साथ जब अनामिका वक्र करके ऊपर कर दी जाय, तो इसी 'कपित्थ' से 'खटकामुख' मुद्रा हो जाती है। इसका और स्पष्ट स्वरूप 'शृंगारदीपिका' में दिया गया है—

"उक्तं च—
तर्जनीमध्यमामध्ये पुङ्खोऽङ्गुष्ठेन पीड्यते।
यस्मिन्ननामिकायोगः स हस्तः कटकामुखः॥"

तर्जनी और मध्यमा के बीच में तीर का पिछला भाग (पुंख) लेकर जब अँगूठे से दबाया जाता है, साथ में अनामिका भी लगायी जाती है, तो वह 'कटकामुख' हस्तमुद्रा कही जाती है। इस हस्ताभिनय का उपयोग शरसंधान प्रदर्शित करने में भरत ने किया है (९-५५)। धनुर्वेद में भी इस मुद्रा का वर्णन है। किन्तु यहाँ नृत्य प्रसंग में प्रयुक्त हस्ताभिनय से ही तात्पर्य है। अर्जुन कहते हैं—

> "यद्यपि धनुर्वेदे खटकामुखः प्रणीतोऽस्ति, तथाप्यत्र नृत्यसंस्कार एवायं हस्तको देव्याः। एवं च महान् विशेषः। लास्यलीलयैवं दुरतिक्रमदैत्यकुलक्षयः कृतः इति प्रभावातिशयप्रतीतेः।'यतो हस्तस्ततो दृष्टिर्यतो दृष्टिस्ततो मनः' इत्युक्तत्वात्खटकामुखे कटाक्षनिवेशनं युक्तम्।"

चंचल कटाक्ष को पल्लव कर्णपूर पर मँडराते भौंरे के सदृश बताया गया है। 'प्रेङ्खन्नखांशुचयसंवलितपाणिपृष्ठ' और कटाक्ष का 'मञ्जरितपल्लवकर्णपूर' तथा 'भ्रमर' के साथ उपमानोपमेय भाव है।

यहाँ वीररस के सूचक धनुष के खींचने का वर्णन शृंगाररस के अनुकूल कैसे होगा? इस आशंका का उत्तर देते हुए वेमभूपाल कहते हैं—

> "यतः शृंगाररसात्मिकाया एव वश्यमुखीसंज्ञाया देव्या ध्यानं विवक्षितवान्। उक्तं च त्रिपुरसारसिन्धौ—
>
> "संधाय सुमनोबाणं कर्षन्तीमैक्षवं धनुः।
> जगज्जैत्रीं जपारक्तां देवीं वश्यमुखीं भजेत्॥ इति"

'ज्याकृष्टिबद्ध' इत्यादि समस्त पद में गौडी रीति है। अर्थालंकार उपमा है। 'लोभभ्रमद्भ्रमरविभ्रमभृत्' में अनुप्रास है। गौडीरीति से ओजोगुण व्यंजित है। अतः यद्यपि उपमा युद्धवीररसपरक है, तथापि तैंतीस कोटि देवताओं से भी अशक्य कार्य को सम्पन्न करती देवी का प्रभावातिशयरूप वाक्यार्थ प्रधान मान कर और रस को उसका अंग मान कर अर्जुन ने 'रसवदलंकार' माना है। देवधर महोदय ने देव-विषयिणी रति मुख्य मान कर यहाँ 'भाव' स्वीकार किया है।

छन्द 'वसन्ततिलका' है।

२

सदुक्ति—१६.१ (अमरोः)। ध्वन्या—२-५ (नामरहित)। दशरू—४-२८ (अमरुशतके)। वक्रोक्तिजी—पृ. ३७, ११८ (पादांश), पृ. १६३ (पूर्ण) (नामरहित)। व्यक्तिवि—पृ. ३४ (नामरहित)। सरस्वतीक—१-१४६ (१८८), ५-१७५ (४९८) (नामरहित)। काव्यप्र—७, पृ. ४५७ (नामरहित)। काव्यानु—पृ. ११५ (नामरहित)। साहित्यद—७-३१ (नाम.) सुभाषितरत्न—४९ (बाणस्य)।

कवि शृंगाररसात्मक काव्य में नायिकाप्राधान्य-द्योतित करने के लिए 'अम्बिका' का स्मरण करने के बाद शम्भु का स्मरण करता है। यहाँ त्रिपुर दहन की वेला में भगवान् शंकर के द्वारा छोड़े गये बाण के अनल की तुलना प्रणय के अपराधी कामी से की गयी है। दूसरी स्त्री से मिलने के रहस्य का भेदन हो जाने पर अपनी पत्नी को मनाते अपराधी कामी का सारा आचरण त्रिपुर-युवतियों का स्पर्श करता बाणानल करता है।

यहाँ पर उद्भट दानव को भस्म करनेवाले बाणानल का वर्णन प्रभावातिशय का द्योतन कर वीर रस को अंगी के रूप में व्यंजित करता है। 'क्षिप्तो हस्तावलग्नः' इत्यादि से विप्रलम्भ शृंगार और 'साश्रुनेत्रोत्पलाभिः' पद से पति के मरण के कारण शोकात्मा करुण रस अंग रूप में व्यक्त होता है। अर्जुनवर्मदेव इस बात को स्पष्ट कर देते हैं कि इन रसों का परस्पर कोई विरोध नहीं है क्योंकि ये परस्पर अन्यपरक हैं। महर्षियों के आश्रम में साथ ही बसते सर्प और नेवले की भाँति ये रस यहाँ एकत्र हैं। विशेषतः प्रस्तुत का परिपोष ही करते हैं। ईर्ष्यारूप विप्रलम्भ करुण को पुष्ट करता है।

अर्थश्लेष से प्रत्येक वाक्य से कामिवृत्तान्त और शराग्नि वृत्तान्त प्रतिपादित होता है। फलतः अर्थश्लेषानुग्राह्य उपमा है। अत्यन्त रौद्र शराग्नि की अत्यन्त सुकुमार कामी से तुलना की गयी है। वेमभूपाल कहते हैं कि बात विषम प्रसंगों में भी कवि का उक्तिकौशल और रसनिर्वाहकता की शक्ति प्रकट करती है। अर्जुनवर्मदेव ने इस ओर संकेत किया है कि इस कवि का कोई अन्य प्रबन्ध नहीं मिलता। आगे सर्वत्र शृंगाररस का ही वर्णन है। अतः कवि प्रथम और द्वितीय श्लोकों में रसों का संकीर्ण (मिश्रित) उपनिबन्धन प्रदर्शित करता है। रसों का संकीर्ण उपनिबन्धन ही कवियों की कसौटी है। यहाँ आवेग नामक संचारीभाव व्यंजित होता है। वेम उद्धृत करते हैं—

"उत्पातवातवर्षाग्निवाजिमत्तमतङ्गजैः।
प्रियाप्रियश्रुतिभ्यां च स्यादावेगोऽतिसंभ्रमः॥"

यहाँ अग्नि के कारण आवेग है। प्रदीपकार ने इसे करुण और शृंगार रसों का अविरोधात्मक अंगांगिभाव माना है। अभिनवगुप्त ने इसी श्लोक पर कहा—

"अमरुककवेरेकः श्लोकः प्रबन्धशतायते।"

छन्द स्रग्धरा है।

३

(ख) वेम स्वेदाम्भसां जालकैः।

(घ) वेम हरिहरब्रह्मादिभिर्दैवतैः।

सदुक्ति—२. १३४.१ (अमरोः)। शार्ङ्ग—३७०२ (अमरुकस्य)। सुभा—१३०४ (कस्यापि)। औचित्य—३९, पृ. १५९ (अमरुकस्य)। काव्यानु—पृ. ३१५ (नामरहित)।

शृंगाररस प्रधान रचना में सर्वप्रथम नायिका तदन्तनन्तर विप्रलम्भ शृंगार, अन्त में संभोग शृंगार के वर्णन के साथ मंगलाचरण पर कवि ने अपनी रचना के सारसर्वस्व की ओर संकेत कर दिया। विपरीत रति में शोभित तन्वी का आनन रक्षा करे। विष्णु, शिव, कार्तिकेय आदि देवताओं की भला क्या आवश्यकता रागविह्वला तरुणी अभिलाष पूर्ण करे—यह कवि का आशीर्वाद है।

पुरुषायित रति का वर्णन है। वात्स्यायन कहते हैं :

"नायकस्य सन्तताभ्यासात् परिश्रममुपलभ्य रागस्य चानुपशममनुमत्ता च तेन तमवपात्य पुरुषायितेन साहायकं दद्यात्।"

परित्यक्तक्रीड़ा प्रगल्भा नायिका है।

"यौवनान्धा स्मरोन्मत्ता प्रगल्भा दयिताङ्कके।
विलीयमानेवानन्दाद्रतारम्भेऽप्यचेतना॥"

संभोग शृंगार रस है। कंप और स्वेद सात्विक भाव से पोषित श्रम संचारी-भाव रसोद्दीपन करता है। श्रम का लक्षण 'शृंगारदीपिका' में उद्धृत है—

"श्रमः खेदोऽध्वमृगयायुद्धवाहाधिरोहणैः।
संभोगनृत्यशास्त्रास्त्रव्यायामाद्यैः प्रजायते॥
निःश्वासस्वेदसीत्काराः सङ्कोचो मुखनेत्रयोः।
शीतवातोदकच्छायापेक्षा संवाहनानि च।
अङ्गमोटकमित्याद्यैरनुभावैः स लक्ष्यते॥"

विपरीतरति सक्त नायिका के आनन का यथावत् वर्णन है, अतः स्वभावोक्ति अलंकार है। हरिहरस्कन्दादि देवताओं के निषेध से आक्षेप अलंकार है।

शार्दूलविक्रीडित छन्द है।

४

सदुक्ति—२. ३७.३ (अमरोः)। सूक्ति—पृ. १३८ (अमरुकस्य)। शार्ङ्ग—३४१६ (अमरुकस्य)। सुभा—१०९८। सुभाषितरत्न—५०८ (श्री हर्षस्य)।

प्रथम अनुराग का वर्णन है। मंगलाचरण के अनन्तर क्रम के अनुसार उचित ही है। अयोगविप्रलंभ श्रृंगार में चक्षुःप्रीति का वर्णन है। नायिका मुग्धा है—'मुग्धा नववयःकामा रतौ वामा मृदुः क्रुधि।' आचार्य भरत ने नाट्यशास्त्र में मदिरा, जिह्मा, मुकुला, ललिता, विभ्रान्ता, व्याकोशा आदि दृष्टियों का उल्लेख किया है, जो भीति, अभिलाष, औत्सुक्य, हर्ष, धृति, जड़ता आदि भावों को व्यक्त करती है। यहाँ स्निग्धा दृष्टि है। लक्षण है—

"व्याकोशा स्नेहमधुरा स्मितपूर्वाभिभाषिणी।
अपाङ्गभ्रूकृता दृष्टिः स्निग्धेयं रतिभावजा॥"

आलस्य आदि भाव लेश से स्वल्प श्रृंगार के सूचित होने से कैशिकी वृत्ति का अंग 'नर्मस्फोट' यहाँ पर अनुसंधेय है—"नर्मस्फोटस्तु भावानां सूचितोल्परसो लवैः।" (दशरू २.५१)। हाव नामक नाट्यालंकार है। यह नायिका किसी 'सुकृती' के प्रति प्रथम दृष्टि में अनुरक्त हो गयी है। यह श्लोक निसृष्टार्था दूती की उक्ति है। निसृष्टार्था, परिमितार्था, पत्रहारिणी, स्वयंदूती, भार्यादूती, मूकदूती, बालदूती—ये दूतियों के प्रकार हैं। निसृष्टार्धा दूती वह है जो नायक और नायिका के अभिलक्षित को जान कर अपनी बुद्धि से कार्य सम्पन्न करती है। 'त्वया विलोक्यते'—तुम देख रही हो! जो तुम "जगदेकस्पृहणीय सुन्दरी हो, अनेक उपायों से भी जिसका चित्त आकृष्ट नहीं किया जा सका था—वह 'तुम' देख रही हो। 'तुम' पद की यह अर्थान्तरसंक्रमितवाच्य ध्वनि है।

इसीलिए तो वह 'सुकृति' है। 'मुग्ध' पद का अभिप्राय है कि तुम भोली हो, ऐसे देखती हो, लोग जान जायेंगे। ठहरो, मैं ही जा कर सब ठीक किये देती हूँ। यह कवि-निषद्ध वक्तृप्रौढोक्तिनिष्पन्न अर्थशक्तिव्यंग्य ध्वनि है।''

हरिणी छन्द है।

५

(क) रवि निक्षिप्य निक्षिप्य।

सुभा—११७७ ('कस्यापि')। रसार्णव—२, पृ. १८१ (नामरहित)।

स्वीया, मध्या, कलहान्तरिता नायिका है। नायक शठ है। ईर्ष्यामानात्मक विप्रलम्भ शृंगार रस है। कुपित नायिका को प्रसन्न करने के लिए छह उपाय बताये गये हैं—साम, दान, भेद, प्रणति, उपेक्षा और रसान्तर। यहाँ पर भेद का आश्रय लिया गया है। नायक के द्वारा प्रेषित शिक्षित सखी मान त्याग के लिए नायिका के सम्मुख विभीषिका रख रही है। 'किं' शब्द यहाँ पर 'अल्पार्थ' में है, 'हेतुप्रेरणार्थ' में नहीं। 'विक्षिप्य विक्षिप्य' इस वीप्सा (दो बार कथन) से अश्रु की सततता की ओर संकेत है। इस श्लोक में 'प्रियतम है, और वह निर्विण्ण है'—इस बात से भय का सविशेष उत्पादक कारण कहा गया है, निर्वेद व्यभिचारी भाव नहीं है। निर्वेद शृंगाररस में निषिद्ध है। 'निर्विण्ण' शब्द से निर्वेद व्यक्त होने की आशंका नहीं की जा सकती, क्योंकि रसादि प्रतीति में 'स्वशब्दनिवेदितत्त्व' नहीं होता। आचार्य आनन्दवर्धन ने कहा है—

> ''स्वशब्देनं सा केवलमनूद्यते। न तु तत्कृतेव सा। विषयान्तरे तस्याः अदर्शनात्। न हि केवलं शृङ्गारादिशब्दमात्रभाजि विभावादि-प्रतिपादनरहिते काव्ये मनागपि रसवत्त्वप्रतीतः। केवलं स्वाभिधान-मात्रादप्रतीतिः तस्मादन्व-यव्यतिरेकाभ्यामधियेसामर्थ्याक्षिप्तत्वमेव रसादीनाम्। न त्वभिधेयत्वं कथञ्चिदिति। एवंविधस्य रसध्यवने-रुपनिबन्धक्षमा अमरुकप्राया एव महाकवयः।''

'पिशुनों के उपदेश से तुम्हारे अत्यधिक मान करने पर नायक निर्विण्ण ही हो जायेगा। तू निश्चिन्त है।' इस प्रकार विप्रलंभकृत उपालंभ वचन रूप नर्म है। गुण प्रसाद है। अतएव यमक आदि का प्रयोग नहीं है। वेमभूपाल के अनुसार आक्षेप अलंकार है। प्रतिषेधोक्ति आक्षेप है। अर्जुन के अनुसार

अनुमान अलंकार है। लक्षण है—

> ''यत्र बलीयः कारणमालोक्याभूतमेव भूतमिति।
> भावीति वा तथान्यत्कथ्येत तदन्यदनुमानम्॥''

शार्दूलविक्रीडित छन्द है।

६

(क) वेम भवता सेयं।

(ग) वेम दु:सह एष।

(क) रवि, रुद्रम · भवता चेयम्।

काव्य संग्रह—५. १९२।

यहाँ नायक से मानिनी नायिका की सखी कह रही है। 'किल' शब्द के प्रयोग का स्वारस्य अर्जुन के शब्दों में—

> ''किल यःखलु यस्याः स्वयं प्रणयं ददाति, स्वयं च प्रमातिरेकेण लालयति, न तस्याः प्रतिकूलं बुद्धिपूर्वकमारभते। तत्रापि किलशब्दप्रयोगः।''

'विमुक्तकण्ठकरुणं' का अर्थ इस भाँति किया जा सकता है—''तस्मात् हे निस्त्रिंश! निरनुक्रोश! विमुक्त उच्चैः शब्दत्वात् कण्ठो यस्मिन्नसौ विमुक्तकण्ठः स चासौ करुणो यथा भवत्येवं तावत्सखी रोदितु। विमुक्तकण्ठविषये करुणा यत्रेति वा समासः।''

इस प्रकार रोने देने का अभिप्राय प्रकाशित करते हुए अर्जुन बताते हैं कि यदि यों रोने न पायेगी तो शोक से उसका हृदय 'परिपाकोच्छ्वसित-बीजविदीर्णदाडिमफल' की भाँति विदीर्ण हो जायेगा। इसलिए फूट-फूट कर रोने दो। बाद में जैसे समझना प्रसन्न करना। फिर यदि रोकर भी जीवित रहे, बोले, तो प्रसादन भी हो सकता है। यह असूया है।

नायक शठ है। कलहान्तरिता धीराधीरा मध्या के ईर्ष्यामानात्मकविप्रलंभ का वर्णन है। नायिका की सखी अत्यन्त मार्मिक, मधुर किन्तु कर्कश शब्दों में भेद का प्रयोग कर रही है। विप्रलंभकृत उपालंभ वचन रूप नर्म कैशिकी वृत्ति का अंग है। वेम आक्षेप अलंकार मानते हैं। अर्जुन की दृष्टि

में विषमालंकार है।

शार्दूलविक्रीडित छन्द है।

७

सदुक्ति—२. ४८.३ (अमरोः)। सूक्तिमु—पृ. १९६ (नामरहित)। शार्ङ्ग—३५५१ (अमरुकस्य)। काव्यप्र—४. पृ. १७३ (नामरहित) काव्यानु—पृ. ५४ (नामरहित)। रसार्णव—२, पृ. १८६ (नामरहित)।

बार-बार अनुनय करने पर भी मानत्याग न करनेवाली मानिनी के प्रति प्रधान सखी की यह उक्ति है। रविचन्द्र कहते हैं—

> सखीं वर्णयन्नाह लिखन्नित्यादि। मानिनी 'सखी' प्रसादयति।
> तदुक्तम्—
> ''विनोदो मण्डनं शिक्षोपालम्भोऽथ प्रसादनम्।
> संगमो विरहाश्वासः सखीकर्म्मेति यद्यथा॥''

ईर्ष्यामानात्मक विप्रलंभ का वर्णन है। कलहान्तरिता स्वीया, मध्या नायिका है। शठ नायक है। विप्रलंभकृत उपालंभ वचन रूप नर्म है। आक्षेप अलंकार है।

शिखरिणी छन्द है।

८

(ख) वेम रोदिषि पुनः।

(ग) वेम तादृक् प्रियः।

(क) रवि नार्यस्तन्वि हठात्।

(घ) रवि वर्क्करकर्क्कैः

काव्यसं—७. १९२।

अनेक नायिकाओं में रमने वाले नायक के व्यलीक से विलीयमान विलास वाली नायिका के प्रति विदग्ध सखी की उक्ति है। नायिका स्वीया, मध्या, अधीरा है। साथ ही कलहान्तरिता भी। नायक शठ है। किन्तु दक्षिण है (दक्षिणोऽस्यां सहृदयः)। ईर्ष्यामानात्मक विप्रलंभ शृंगार है। वह विषाद,

दैन्य आदि संचारी से पुष्ट हो रहा है। अश्रु सात्त्विक भाव है। मान-भंग के लिए भेद उपाय का प्रयोग है। रविचन्द्र ने 'नार्यस्तन्वि' पाठ माना है, किन्तु एक सखी के मुख से दूसरी सखी के लिए 'तन्वि', सम्बोधन उपयुक्त नहीं लगता। यह तो प्रेमी के मुख में ही शोभा देता है। सबसे बड़ी बात यह है कि 'मुग्धशठाः' पाठ नारियों की बड़ी विशेषता की ओर इंगित कर रहा है। वेम का पाठ 'रोदिषि पुनः' सुन्दर है। किन्तु 'मुधा' में भी उतना ही बल है। रोदन की व्यर्थता वश में करने के लिए प्रयत्न की आवश्यकता पर बल देती है। 'तादृक् प्रियः' पाठ भी अच्छा है। 'वर्करकर्करैः' पाठ स्वीकार कर उसका अर्थ रवि करते हैं—

> ''वर्क्करकर्क्करेति लोकोक्तार्थानुकरणम्। किंभूतैः प्रियशतैः प्रियानाम-भिलपितानां शतं यत्र, वर्कस्तरुणः पशुस्तदर्थ कर्करश्चर्मरज्जुः प्रियशतैरिति रूपकं वा।''

वेमभूपाल 'किंनो बर्बरकर्कशैः' पाठ स्वीकार कर अर्थ इस प्रकार करते हैं—

> ''नः बर्बरकर्कशैः परुषकठिनैर्वचनैरितिशेषः किं प्रयोजनम्। प्रियशतैराक्रभ्य विक्रीयते स्वाधीनः क्रियते।''

अर्जुन की दृष्टि पृथक् है—

> बर्बरकर्कशैः सोल्लुण्ठनर्मनिरनुक्रोशैः। यदुक्तं गोवर्धनाचार्येण—
> ''अन्यमुखे दुर्वायो प्रियवदने स एव परिहासः।
> इतरेन्धनजन्मा यो धूमः सोऽगुरुसमुद्भवो धूपः॥''

'विक्रीयते' पद पर अर्जुन कहते हैं—

> ''कातरे! किं न विक्रीयते। लक्षणया अनन्याधीनः किं न क्रियते अनन्याधीनं हिं वस्तु विक्रेतुं याति।''

वेम यहाँ प्रतिषेधोक्ति आक्षेप मानते हैं। अर्जुन के अनुसार परिवृत्ति अलंकार है—

> ''यः कान्तः इत्यादि गुणस्पृहणीयो वारिताभिरप्यङ्गनाभिरपह्रियते स त्वयापराधोचितनिग्रहस्थानीयेन बर्बरकार्कश्येन विक्रेयकोटिमानीयते। तस्माद्युवतिष धन्या त्वमिति प्रतीयमानत्वात् परिवृत्तिरलङ्कार।''

शार्दूलविक्रीडित छन्द है।

९

(क) वेम मोहनमन्दिरम्।

(ख) रवि केलिनिकेतनम्।

(ग) वेम स्वैरै सखीनां पुरः।

सदुक्ति—२. ८२.२ (अमरोः)। सूक्तिमु—पृ. २९५ (अमरुकस्य)। सुभा—१३५१ ('कस्यापि')। ध्वन्या—२-२३, पृ. ९३ (नामरहित)। दशरू—२-१९ (अमरुशतके)। श्रृंगार—१-३५। काव्यानु—पृ. २१ (नामरहित)।

वक्ता कवि है। नायिका अधीरा प्रगल्भा है। नायक धृष्ट है। ईर्ष्या मानात्मक विप्रलंभ संभोगश्रृंगार में परिणत है। चंचलबाहुलता के कंप तथा 'स्खलद्वचन' से स्वरभंग सात्त्विक भाव सूचित होता है। दशरूपकार ने इस श्लोक पर टिप्पणी की है 'अधीरप्रगल्भा कुपिता सती संतर्ज्य ताडयति' (दशरू २.१९)। रुद्रट रचित 'श्रृंगार तिलक' में यह श्लोक इस प्रकार है—

> ''कोपात् किञ्चिदुपानतोऽपि रभसादाकृष्य केशेष्वलं
> नीत्वा मोहनमन्दिरं दयितया हारेण बद्ध्वा दृढम्।
> भूयो यास्यसि तद् गृहानिति मुहुः कर्णाद्धिरुद्धाक्षरं
> जल्पन्त्या श्रवणोत्पलेन सुकृती कश्चिद्रहस्ताड्यते॥''

अर्जुन टिप्पणी करते हैं—

> ''अत्रालंकारो रसनिर्वाहणैकतानहृदयेन कविनात्यन्तं निर्वाहं न नीतम। यदाहध्वनिकारः अत्र बाहुलतापाशेनेति रूपकमाक्षिप्तनिर्व्यूढं च परं रसपुष्टये।''

शार्दूलविक्रीडित छन्द है।

१०

(ग) रवि निपतद्धाराश्रुणा।

सूक्तिमु—पृ. १९१ (अमरुकस्य)। शार्ङ्ग—३४६५ (अमरुकस्य)।

सुभा—१३४२ (अमरुकस्य)। काव्यप्र-१०, श्लो. ४३९।

स्वीया प्रगल्भा प्रवत्स्यत्पतिका नायिका है। नायक अनुकूल है। भविष्यत्प्र-

वासात्मक शृंगाररस की प्रीति होती है। 'चक्षुषा' में एक वचन का स्वारस्य अर्जुन के शब्दों में—

> ''एषनिर्दयहृदयो मामेवंविधां विहाय जिगमिषतीत्यसूया-जन्यावधीरणव्यञ्जकमेकवचनमिति वचनध्वनिः।''

'पुतलियाँ लज्जा से मन्थर हैं।' मुझे यहाँ छोड़ कर देशान्तर यह प्रिय जा रहा है, तो मैं अनुपादेय ही रही—इस आत्मलघुत्व की संभावना से लज्जा है। 'निपतत्पीताश्रुणा'—''निपतत् सत् पीतमपह्नतमश्रु येने'' त्यर्जुनः। प्रिय के 'सवाष्प' रहने पर भी स्वयं 'आँसू पीकर' बोलने का कारण है कि प्राण-निरपेक्षता—''त्यक्तश्चात्मा का च लोकानुवृत्तिः'' अथवा प्रिय के प्रस्थान की वेला में अमंगल सूचक अश्रु गिराना नहीं चाहती। बिल्हण की चौरपञ्चाशिका का यह श्लोक इस प्रसंग में अवलोकनीय है—

> ''अद्यापि तन्मनसि संप्रति वर्तते मे
> रात्रौ मयि क्षुतवति क्षितिपालपुत्र्या।
> जीवेति मङ्गलवचः परिहृत्य कोपात्
> कर्णे कृतं कनकपत्रमनालपन्त्या॥''

कुपिता प्रिया चाहे बोले न, किन्तु छींक आ जाने पर 'जीव—शतं जीव' मंगलवचन तो कहती ही है। 'याताः किं न' इत्यादि श्लोक को काव्य प्रकाशकार ने अप्रस्तुत प्रशंसा का उदाहरण माना है। मम्मट कहते हैं—

> ''अत्र प्रस्थानात् किमिति निवृत्तोऽसीति कार्ये पृष्टे कारणमभिहितम्।''

अर्जुन ने उपायाक्षेप के साथ उत्तरालंकार का उदाहरण माना है। दोनों का लक्षण उद्धृत किया है—

> ''दुष्करं जीवितोपायमुपन्यस्योपरुध्यते।
> पत्युः प्रस्थानमित्याहुरुपायाक्षेपमीदृशम्॥ (दण्डी)
> उत्तरवचनश्रुवणादुन्नयनं यत्र पूर्ववचनानाम्।
> क्रियते तदुत्तरं स्यत्प्रश्नादप्युत्तरं यत्र।''

शार्दूलविक्रीडित छन्द है।

११

(ख) वेम तत्सँल्लाप.।

(घ) वेम मत्कञ्चुलीसन्धयः।

कवीन्द्र—३५३ (अज्ञात)। सदुक्ति—४६-४ (अमरोः)। सूक्तिमु—पृ. १९४ (अमरुकस्य)। शार्ङ्ग—३५३५ (अमरुकस्य)। सुभा—१५८१ (नामरहित)। काव्यानु—टीका, पृ. १०१ (नामरहित)। सुभाषितरत्न—६४० (नामरहित)।

सखियों से मानग्रहण के लिये शिक्षा ली, किन्तु प्रिय के सामने सारी शिक्षा भूल जाती है। मुग्धा नायिका अपनी सखियों से अपने मान की व्यर्थता बता रही है। प्रिय-दर्शन के लिए उत्सुक दृष्टि, दयित की वाणी सुनने के लिए अधीर कानों के निरोध से हर्ष और औत्सुक्य के गोपन का प्रयत्न है। अवहित्था व्यभिचारी भाव है—"लज्जाद्यैर्विक्रिया-गुप्तावहित्थाङ्गविक्रिया" (दशरू ४.२९), जो कैशिकी का अंग है। आत्मोपक्षेपरूप श्रृंगारी नर्म है। नायक शठ है। अर्जुन के अनुसार उत्तरालंकार है। वेम 'सूक्ष्म' अलंकार प्रतीयमान मानते हैं।

शार्दूलविक्रीडित छन्द है।

१२

(क) वेम परेऽथवा।

(घ) वेम वाक्यैः सबाष्पझलज्झलैः।

(ख) रवि सकले जाते वाह्नि प्रिय त्वमिहैष्यसि।

कवीन्द्रव—२६८ (झलज्झलस्य)। सदुक्ति—२-९०.१ (अमरोः)। सूक्तिमु—पृ. १३० (झलज्झलवासुदेवस्य)। शार्ङ्ग—३३९९ (गलज्जलवा-सुदेवस्य)। सुभा—१०४८ (झलज्झालिकावासुदेवस्य)। दशरू—४.६५ (अमरुशतके)। सुभाषितरत्न—५३२ (झलज्झलस्य)।

यह श्लोक गच्छत्प्रवास विप्रलंभ का उदाहरण है। इसी सन्दर्भ में इसे दशरूपककार ने उद्धृत भी किया है। नायक अनुकूल तथा नायिका मुग्धा है। कैशिकी के अंग हैं। आत्मोपक्षेप तथा संभोगनर्म के द्वारा विरह की असह्यता व्यक्त हो रही है। अश्रु सात्विक भाव है। तथा दैन्य संचारीभाव

व्यक्त हो रहा है। 'परेण' में 'विवक्षातः कारकाणि भवन्ति' नियम से तृतीया है। जैसे 'समेन धावति', 'विषमेण धावन्ति' आदि प्रयोगों में होती है। अभिप्राय है कि मध्याह्न के बाद तो बाहर रहना कठिन हो जाता है, तो क्या तब भी बाहर ही रहोगे? श्लोक में सप्तम्यन्त पदों के बीच में 'परेण' यह तृतीयान्त पद के सन्निवेश से क्रम-भंग नहीं होता। प्रत्युत यह गुण ही है। अर्जुनवर्मदेव के उपाध्याय की उक्ति है—

> "पदविह्वलता क्वापि स्पृहणीया भवति रसकवीन्द्राणाम्।
> घनजघनस्तनमण्डलभारालसकामिनीनां च॥"

घनजघन और स्तन मंडल के भार से अलस कामिनी के पग की लड़खड़ाहट और रस कवियों का क्वचित् पदस्खलन भी रमणीय होता है।

हरिणी छन्द है।

१३

(ग) रुद्रम　　विमुक्तकण्ठकरुणं रात्रौ।

(घ) रवि　　ग्रामीणैर्व्रजतो जनस्य।

सदुक्ति.—२. ८५.५ (अमरोः)

प्रवासविप्रलंभ का वर्णन है। स्मृति संचारीभाव तथा अश्रु सात्विक भाव है। मेघ गर्जन से उद्दीपित शोकावेग तीव्र हो रहा है। भयनर्म कैशिकी वृत्ति का अंग है। वारिवर्षक नहीं, 'वारिधर' शब्द का प्रयोग गंभीर गर्जन के लिए साभिप्राय है।

शार्दूलविक्रीडित छन्द है।

१४

(ख) वेम　　प्रतिवचनमप्यालपसि च।

(ग) वेम　　न दृष्टेः शैथिल्यं भजत इति।

(घ) वेम　　निगूढान्तःकोपे।

(ख) रवि　　प्रतिवचनमुच्चैः प्रणमितम्।

(घ) रवि निगूढान्तःकोपात्।

(ख) रुद्रम प्रतिवचनमम्लानविनतिः।

(ख) द्रम मिलन इव।

'विधि' शब्द का प्रयोग अभिप्राय-गर्भित है। आचार्य, ऋत्विज्, विवाह्य वर, राजा, प्रिय तथा स्नातक आदि के आने पर अभ्युत्थान की विधि का विधान है। यहाँ कुपित दयिता प्रणयोचित समुत्सुक स्वागत नहीं करती, अपितु शिष्टाचार निभाकर कोप प्रकट कर रही है। कोप प्रकाशन से 'अविहत्थ' संचारीभाव अभिव्यक्त हो रहा है। ईर्ष्यामानात्मक विप्रलंभ है। नायक शठ है। नायिका धीरा प्रगल्भा है।

शिखरिणी छन्द है।

१५

(ख) वेम कठिनहृदयः त्वक्त्वा शय्याम्।

(ग) वेम सरभसध्वस्तप्रेम्णि।

(ग) रवि व्यपतेघृणे जने।

सूक्तिमु—पृ. २९३ (अमरुकस्य)। शार्ङ्ग—३५४६ (अमरुकस्य)। सुभा—११४३ (नामरहित)।

कठिन हृदय निर्दय नायक शय्या छोड़ कर चला गया—या तो वह गँवार हो या अनासक्त शठ। शृंगार का नायक गँवार हो नहीं सकता। अन्यासक्त शठ नायक भी चाहे कैसा भी अपराधी हो, कुपित प्रिया को प्रसन्न अवश्य करता है। अतः अर्जुनवर्मदेव की यह मनोरम व्याख्या है कि क्रीड़ाकोप से अपमानित नायक दीवाल की ओट से ही छिप कर प्रणयसर्वस्व अभिमान वाक्यों को सुन कर कानों को सार्थक कर रहा है। अतः नायक दक्षिण है। प्रणयमानात्मक विप्रलंभ शृंगार है। कलहान्तरिता नायिका है। औत्सुक्य संचारीभाव है। आत्मोपक्षेप तथा संभोगेच्छा रूप नर्म कैशिकी के अंग हैं।

हरिणी वृत्त है।

१६

(ख) वेम तस्यातिमात्रं वधूः।

(ग) वेम चञ्च्वाः पुरो।

(घ) वेम व्रीडार्ता विदधाति।

(ख) रवि तस्योपहारं वधूः।

(ग) रवि कर्णालंकृतिपद्मरागशकलम्।

(ख) रुद्रम तस्यैव तारं वधूः।

(ग) रुद्रम चञ्चोः पुटे।

कवीन्द्र—३३४ (नामरहित)। सदुक्ति—२. २४१.५ (अमरोः)। शार्ङ्ग—३७४३ (नामरहित)। सुभा—२२१४ (नामरहित)। सुभाषितरत्न—६२१ (नामरहित)। कुवलयानन्द—कारिका—१५६ (नामरहित)।

व्रीडा संचारीभाव से पोषित संभोग शृंगार व्यक्त हो रहा है। शुक पद्मराग मणि को दाडिमबीज समझ लेता है, अतः भ्रान्तिमान् अलंकार है। कुवलयानन्दकार अप्पयदीक्षित ने इसे युक्ति अलंकार का उदाहरण माना है। लक्षण है—''युक्तिः परातिसन्धानं क्रियया मर्मगुप्तये।'' नायिका स्वीया प्रगल्भा है। नायक अनुकूल है। कवि वक्ता है। 'दम्पत्योर्निशि जल्पतोः' के पढ़ते ही भवभूति के इस श्लोक की याद आ जाती है—

> ''किमपि किमपि मन्दं मन्दमासत्तियोगा—
> दविरलितकपोलं जल्पतोरःक्रमेण।
> अशिथिलपरिम्भव्यापृतैकैकदोःष्णो—
> रविदितगतयामा रात्रिरेव व्यरंसीत्॥''

शार्दूलविक्रीडित छन्द है।

१७

(ग) वेम ...व्यतिकरासक्ताङ्ग।

(घ) वेम मम तैलपङ्कमलिनैः।

(ख) रवि किं लब्धं चटुल त्वयेह नयता।

नायिका धीरा, प्रगल्भा, खंडिता है। नायक धृष्ट है। मानकृत शृंगारी नर्म है। वैमनस्यकृत ईर्ष्याविप्रलंभ शृंगार है। 'मलतैलपंकशशबल वेणी' से यह ध्वनित होता है कि नायिका ऋतु स्नाता है। इस अवसर पर अन्य अंगना का सम्पर्क सम्भावित है। अतएव नायिका कुपित है। आलिंगन के बावजूद भी यहाँ स्पर्शनात्मक संभोग शृंगार नहीं है, क्योंकि परम्पर अनुकूलता का अभाव है। परांमुख होने पर भी स्पर्श तो हो ही रही है। इसीलिये नायिका उपालंभ दे रही है।

शार्दूलविक्रीडित छन्द है।

१८

(क) वेम एकत्रासनसङ्गतिः।

(ख) वेम ताम्बूलानयनच्छलेन।

(ग) रवि आलापोऽपि न विश्रुतः।

(ग) रुद्रम आलापोऽपि न विस्मृतः।

कवीन्द्र—३५२ (श्रीहर्षस्य)। सदुक्ति—२. ४४.२ (अमरोः)। सूक्तिमु—पृ. १९४ (अमरुकस्य अथवा पुलिन्दस्य) शार्ङ्ग—३५३४ (नामरहित)। सुभा—१५८३ (पुलिनस्य)। दशरू—२.१९ (अमरुशतके)। सरस्वतीक—५.१७१ (४३७) (नाम रहित)। काव्यानु—पृ. ३०४ (नामरहित)। रसार्णव—२, पृ. १२५ (नामरहित)। साहित्यद—३.६३ (नामरहित)। सुभाषितरत्न—६३९ (श्रीहर्षस्य)।

नायिका स्वीया, धीरा, प्रगल्भा है। प्रिय अनुकूल है। इन व्यापारों से मानिनी प्रिया अपना कोप क्रियान्वित करती है। 'अवहित्था' संचारीभाव ईर्ष्यामानात्मक विप्रलंभ का पोषक है। सावहित्थादरा, प्रगल्भा, धीरा के उदाहरण के रूप में दशरूपककार ने इसे उद्धृत किया है।

छन्द शार्दूलविक्रीडित है।

१९

(क) रुद्रम वेम दुष्टवैकासनसङ्गते।

(ख) रवि, वेम नयने पिधाय।

(ग) वेम तिर्यग्वक्रितकन्धरः।

(घ) वेम सपुलकप्रेमोल्लन्मानसाम्।

(ग) रवि ईषद्वक्रिमकन्धरः।

(ग) रुद्रम सपुलकम्।

सदुक्ति—२. ८२.१ (अमरोः)। शार्ङ्ग—३५७५ (अमरुकस्य)। सुभा—२०६९ (अमरुकस्य)। काव्यालंसू—३.२.४ (नामोल्लेखरहित)। दशरू—२ २० ५२ (अमरुशतके)। काव्यप्र—पृ. ४७ (नामरहित)। सरस्वतीक—१.७९ (९९) (नामरहित)। काव्यानु—पृ. ७० (नामरहित)। रसार्णव—१. पृ. २७ (नामरहित)।

इस श्लोक में ज्येष्ठा और कनिष्ठा नायिका के प्रति प्रणय में तारतम्य द्योतित होता है। प्रेमोल्लसित मन से रोमांचित नायक का कनिष्ठा को चुम्बन दान उसके प्रति विशिष्ट प्रीति प्रकट करता है। किंच ज्येष्ठा के प्रति भी दाक्षिण्य का परित्याग नहीं करता। रोमाञ्च सात्त्विक भाव तथा हर्ष, आवेग आदि संचारीभाव हैं। नायिकाविषयिणी रति की संभोग-शृंगार में परिणति होती है। वामन ने तथा भोज ने इसे अर्थश्लेष का उदाहरण माना है।

छन्द शार्दूलविक्रीडित है।

२०

(क) रवि, वेम पतनप्रत्याख्यानात्।

(ख) रवि, वेम कितवाचारेत्युक्त्वा।

(ग) वेम स्तनाहितस्तया।

(घ) वेम सलिलक्लिन्ना।

(ग) रवि स्तनस्थितहस्तया।

(घ) रवि सलिलव्याजा।

(घ) रवि सखीषु निवेशिता।

सदुक्ति—२. ८५.२ (अमरोः)। सुभा—१०४७ (अमरुकस्य)। साहित्यद—७. २२७ (नामरहित)।

कलहान्तरिता मुग्धा नायिका की उक्ति है। 'अपमानितश्च नार्या विरज्यते यः सः उत्कृष्टः' उक्ति के अनुसार विरक्त दक्षिण नायक है। विषाद संचारीभाव का उदय होता है। प्रणयमानात्मक विप्रलंभ शृंगार रस है। 'स्तनार्पितहस्तया' पद से हृदयसंतापसूचक चेष्टा का वर्णन है। 'नयनसलिलच्छन्ना दृष्टिः' नाट्य-शास्त्र में वर्णित दीन दृष्टि है—

> ''अर्धस्रस्तोत्तरपुटा छन्नतारा जलाविला।
> मन्दसञ्चारिणी दृष्टिर्दीनेति परिकीर्त्यते।''

छन्द हरिणी है।

२१

(क) वेम गाढतरावबद्ध।

(ग) वेम मातः सुप्तिमपीह लुम्पति ममेत्यारोपित...।

(क) रवि गाढतरावरुद्ध...।

(ग) रवि मातः सुप्तमपीह।

(घ) रवि स्वपितिच्छलेन।

सदुक्ति—२. १२४. ४ (अमरोः)। सूक्तिमु—पृ. २७५ (अमरुकस्य)। सुभा—२०८१ (नामरहित)।

प्रणयमानिनी, प्रगल्भा, मदनोत्कण्ठिता नायिका का वर्णन है। अपना औत्सुक्य छिपाने के लिये और दयित का भाव जानने के लिये नायिका कृत्रिम निद्रा का सहारा लेती है;—'सापि भावजिज्ञासार्थिनी नायकस्यागमनकाले मृषा सुप्ता स्यात्।' औत्सुक्य गोपन में 'अवहित्था' संचारीभाव है। 'काञ्च्या गाढतरावनद्ध...' में संभोगनर्म है। जैसे—

> ''सालोए व्विअ सूरे घरिणी घरसामिअस्स धेत्तूण।
> णैच्छन्तस्स वि पाए घुवइ हसन्ती हसन्तस्स।''
> (सालोक एव सूर्ये गृहिणी गृहस्वामिनो गृहीत्वा।
> अनिच्छतोऽपि पादौ धावति हसन्ती हसतः॥)।

प्रणयमान से आरम्भ होकर संभोगश्रृंगार में पर्यवसान होता है। प्रथम दो पंक्तियों से संभोगनर्म तथा तृतीय पंक्ति से आत्मोपक्षेपरूप नर्म व्यक्त हो रहा है। आत्मोपक्षेप का एक सुन्दर उदाहरण है—

"मध्याह्नं गमय त्यज श्रम जलं स्थित्वा पयः पीयतां,
मा शन्येति विमुञ्च पान्थ! विवशः शीतः प्रपामण्डपः।
तामेव स्मर घस्मरस्मरशरत्रस्तां निजप्रेयसीं,
त्वच्चित्तं तु न रञ्जयन्ति पथिक! प्रायः प्रपापालिकाः॥"

दुपहरी काट दो। पसीना मत बहाओ। ठहरो! जल पी लो पथिक! सुना है—इसलिये छोड़ न दो विवश और शीतल है यह प्याऊ का मण्डप। याद करो कामशरपीड़िता अपनी प्रेयसी को ही, पथिक! प्याऊ चलानेवाली स्त्रियाँ प्रायः तुम्हारी चित्त नहीं रमातीं।

शार्दूलविक्रीडित छन्द है।

२२

(ख) वेम कोपपराङ्मुखग्लपितया।

(ग) वेम तत्क्षणम्।

(घ) द्रम, वेम मा भूत्सुप्त इव।

(ख) रवि पराङ्मुखं शयितया।

(घ) रवि मा भूत्सुप्त इवैषमन्द...।

(ख) रुद्रम पराङ्मुखं शठतया।

सूक्तिमु—पृ. २८५ (अमरुकस्य)। लोचन-ध्वन्यालोक—१.४, पृ. २४ (नामरहित)। काव्यप्र—४, पृ. १२५ (नामरहित)। अलङ्कारस—पृ. १९१ (नामरहित)।

नायिका मृदुकोपा मुग्धा है। श्रृंगारदीपिका में इसे मध्या कहा गया है। औत्सुक्यभाव के उदय का वर्णन है। नायक ने साम नायक उपाय का अवलम्बन किया है। उसके निष्फल होने पर उपेक्षा का अवलम्बन करता है। ईर्ष्यामानात्मक विप्रलंभ की परिणति दर्शनात्मक संभोग श्रृंगार में होती है। दयिता के लिए प्रियतम का चाटुकार बनना स्वाभाविक ही है। कालिदास

का तो पवन भी ऐसा ही चाटुकार है—'शिप्रावातः प्रियतम इव प्रार्थना चाटुकारः।' नायक दक्षिण है। दृष्टि नाट्यशास्त्र में वर्णित शंकिता है। संभोगनर्म कैशिकीवृत्ति का अंग है।

वृत्त शार्दूलविक्रीडित है।

२३

(ख) वेम	अन्योन्यस्य हृदि स्थिते।
(घ) वेम	सहासरभसव्यावृत्तकण्ठग्रहम्।
(घ) रवि	सहासरभसं व्यासक्तकण्ठग्रहम्।
(घ) रुद्रम	सहासरभसं कण्ठग्रहोऽनुष्ठितः।

काव्यप्र—३८० (नामरहित)। सदुक्ति—२. ५०.३ (अमरोः)। सूक्तिमु—पृ. २८५ (अमरुकस्य)। शार्ङ्ग—३७१५ (अमरुकस्य)। सुभा—२११२ (कस्यापि)। काव्यप्र—पृ. ७० (नामरहित) साहित्यद—३. १९९ (नामरहित)। सुभाषितरत्न—६६७ (नामरहित)।

कोपप्रशमन का वर्णन है, अतः भाव-शान्ति का उत्कृष्ट उदाहरण है। संभोगेच्छारूप शृंगारी नर्म कैशिकी का अंग है। प्रणयमानात्मक विप्रलंभ का स्पर्शनात्मक संभोग शृंगार में पर्यवसान होता है। हर्ष तथा औत्सुक्य संचारीभाव रस को पोषण करते हैं। नायिका मध्या किंवा प्रगल्भा है। नायक अनुकूल है।

शार्दूलविक्रीडित छन्द है।

२४

(घ) वेम	वाष्पश्च मुक्तस्तया।
(घ) रुद्रम, रवि	किं मामालपती...
(क) रुद्रम	स्थैर्यं समालम्बितम्।

सदुक्ति—२. १७९. १ (अमरोः)। सुभा—१३७५ (नामरहित)। कुवलयानन्द—कारिका—१०४ (नामरहित)।

नायिका मुग्धा तथा नायक अनुकूल है। नायिका का अश्रुपात मान की समाप्ति व्यक्त करता है। प्रणयमानात्मक विप्रलंभ का पर्यवसान माननिवृत्ति में होता है। चेष्टाकृत संभोगनर्म कैशिकी का अंग है। भावशान्ति का उत्तम उदाहरण है। कोपशान्ति श्रृंगार का अंग है, अतः समाहित अलंकार है।

शार्दूलविक्रीडित वृत्त है।

२५

(ग) रवि, वेम तदा पक्ष्मप्रान्तव्रजपुट...।

(ग) रुद्रम तया पक्ष्मप्रान्ते धृतपुटनिरुद्धेन महता।

सदुक्ति—२. १७९.२. (अमरोः)। सूक्तिमु—पृ. २०४ (अमरुकस्य)। सुभा—१६०८ (कस्यापि।)

'साम, भेद, दान, प्रणति, उपेक्षा और रसान्तर' (दशरू ४. ६१) से मानिनी नायिका को वश में करना चाहिए। यहाँ नायक ने सारे उपाय कर लिये हैं, केवल चरणों पर गिरना शेष है। प्रिय इस उपाय के भी विफल हो जाने की आशंका कर रहा था। तभी बलात् अश्रु ढल गये। स्तनाग्र पर गिर कर बिखर गये। 'तट' शब्द स्तन के विस्तार और 'विशीर्ण' शब्द काठिन्य को व्यक्त करता है। विप्रियजन्य ईर्ष्यामानात्मक विप्रलंभ की परिणति माननिवृत्ति में होती है। चिन्ता संचारीभाव तथा अश्रु सात्त्विकभाव है। नायिका मध्या, धीरा है तथा नायक शठ है। कोप भाव की शान्ति रस का अंग है।

शिखरिणी छन्द है।

२६

(क) रवि, वेम ...स्तनतट...।

(ख) वेम गोपायते।

(घ) वेम तन्व्या च तद्विस्मृतम्।

(घ) रवि तन्व्यापि तद्विस्मृतम्।

सुभा—२१०९ (कस्यापि)। काव्यप्र—२, पृ. १२५ (नामरहित)।

धृष्ट नायक तथा धीराधीरा, मध्या, खंडिता नायिका है। ईर्ष्यामानात्मक विप्रलंभ की परिणति संभोग शृंगार में होती है। प्रणति आदि उपायों के निष्फल होने पर नायक बलात् आलिंगन करता है। इसे प्रशमित कोप भावशान्ति का सुन्दर वर्णन प्रस्तुत करता है। प्रथम अर्धांश में माननर्म तथा उत्तरार्धांश में नर्मगर्भ कैशिकी का अंग है।

शार्दूलविक्रीडित छन्द है।

२७

(ख) वेम तद्वेणिकासंस्पृशि।

(ग) वेम सस्मितवधू...।

(ख) रवि तद्वीटिकां संस्पृशि।

(ग) रवि ...सस्मितमुखी...।

काव्यप्र—४, पृ. १०१ (नामरहित)।

मदनालसलोचना प्रिया को देख कर नायक भावतरल हो उठता है। ग्राम्येतर-भणिति के क्रम में वह उसे 'मुग्धाक्षि' सम्बोधित करता है। उसे आलिंगन की वेला में कञ्चुलिका का व्यवधान भी सह्य नहीं है। अर्जुन कञ्चुलिका को 'दाक्षिणत्यचोलिकारूपा' बताते हैं। वीटिका से अभिप्राय 'गाँठ' से है।

शार्दूलविक्रीडित छन्द है।

२८

(ख) रवि कार्कश्यं गमिते...।

(ग) रवि रुद्धायामपि वाचि...।

सदुक्ति—२. ४६.२ (अमरोः)। सूक्तिमु—पृ. १९५ (भदन्तारोग्यस्य)। शार्ङ्ग—३५४० (भदन्तवर्मणः)। सुभा—१५८० (भदन्तारोग्यस्य)। साहित्यद—३. १९९ (नामरहित)। सुभाषितरत्न—६९५ (नामरहित)।

नायिका स्वीया मुग्धा है। नायक शठ है। स्वानुराग प्रकाशन रूप आत्मोपक्षेप शृंगारी नर्म है। उत्कण्ठिता नायिका मान करने में अपनी असमर्थता प्रकट कर रही है। प्रिय को देखते ही प्रीति का प्रकर्ष मान की सारी सीमाएँ तोड़

देता है। उत्सुकता और हर्ष संचारीभाव संभोग शृंगार की परिपुष्टि करते हैं।

शार्दूलविक्रीडित छन्द है।

२९

(क) वेम प्राणेशप्रणयापराधसमये।

(घ) रवि, वेम ...लोलालकैः।

सुभा—१५८६ (लीलाचन्द्रस्य)। काव्यमी—पृ. ४७ (नामरहित)। काव्यप्र—४, पृ. १०४ (नामरहित)। साहित्यद—३. ५८ (नामरहित)।

नायिका स्वीया, मुग्धा तथा खंडिता है। नायक शठ है। पति के अन्य नायिका से समागम के प्रथम अपराध पर उसका अन्तःकरण विक्षुब्ध हो उठता है। किन्तु वह व्यंग्य वक्रोक्तियाँ नहीं सीख पायी है। केवल अश्रु ढुलक पड़ते हैं। दैन्य संचारीभाव है। मानकृत चेष्टारूप नर्म कैशिकी वृत्ति का अंग है। अर्जुनवर्मदेव 'सा पत्युः प्रथमापराधसमये' के स्थान पर कान्तस्य प्रथमेऽपराध समये' पाठ अधिक उपयुक्त मानते हैं।

शार्दूलविक्रीडित छन्द है।

३०

(क) रवि भव्यालापैरलं खलु गम्यताम्।

(ग) रवि तथाभूतं प्रेम।

(क) रुद्रम व्यर्थायासैः।

(घ) रुद्रम प्रकृतिकृपणे।

कवीन्द्र—३७० (धर्मकीर्तेः)। सदुक्ति—२. ४७. ३ (अमरोः)। सूक्तिमु—पृ. १९९ (धर्मकीर्तेः)। सुभा—१६१७ (भदन्तधर्मकीर्तेः)। पद्यावली—२२३ (अमरोः)। जयरथ—पृ. ५ (नामरहित)। रसार्णव—२, पृ. १८७ (नामरहित)। सुभाषितरत्न—६५७ (धर्मकीर्तेः)।

अन्यानुरक्त शठ नायक है। नायिका स्वीया धीरा प्रगल्भा एवं खंडिता है। नायक का 'आलाप' कृत्रिम दाक्षिण्यप्रदर्शन है। फलतः 'वैसा' प्रकृष्ट प्रेम स्खलित हो जाय, तब तो जीवन का अर्थ ही क्या? फिर जब वह स्वभावतः

चंचल हो। प्रकर्ष प्राप्त स्नेह के विपर्यास में यही स्थिति होती है। जैसे 'रत्नावली' में—

"समारूढा प्रीतिः प्रणयबहुमानादनुदिनं,
व्यलीकं वीक्ष्येदं कृतमकृतपूर्वं खलु मया।
प्रिया मुञ्चत्यद्य स्फुटमसहना जीवितमहो,
प्रकृष्टस्य प्रेम्णः स्खलितमविषह्यं हि भवति॥"

इस श्लोक में 'प्रकृतितरले' पद से संसार की अनित्यता प्रतिपादित होती है। शृंगार के उपनिबन्धन में वैराग्य का निबन्धन दोष माना जाता है। यहाँ शृंगार में प्रतिकूल शान्त का अनित्यता प्रकाशन रूप विभाव है। उससे प्रकाशित निर्वेद व्यभिचारी है।

अर्जुनवर्मदेव तार्किकों, वैयाकरणों और वैदिकों पर कटाक्ष करते हुए एक पाठान्तर की भी सम्मति देते हैं, जिससे पूर्वोक्त दोष निवृत्त हो सके—

यद्यपि शुद्धतार्किकाणां जाति घोटक (?) वैयाकरणानामै-कान्तिकच्छान्दसानां च दन्तकलहो न निवर्तिष्यते, यद्यपि च करणीय (?) सहृदयाः प्रस्रवणनिरोधबाधिता इव नासासङ्कोचं करिष्यन्ति तथापि परमार्थ-सहृदयैः कृतयोगक्षेमाः पाठान्तरमभिदध्महे—'अकृतविफले का नः पीडा गते हतजीविते' इति। नायक की अन्यासक्ति और नायिका की प्रीति के अन्तर की प्रतीति हो रही है। फलतः यहाँ 'भाव' अलंकार है। लक्षण है—

"अभिधेयमभिदधानं तदेव तदसदृशसकलदोषगुणम्।
अर्थान्तरभवगमयति वाक्यं तदसौ परो भावः।"

हरिणी छन्द है।

३१

(घ) रुद्रम, वेम	किमधिकत्रासोत्कम्पा।
(ख) रवि	क्वणन्मणिनूपुरौ।
(ग) रवि	प्रियमभिसरसि मुग्धे त्वं समाहतडिण्डिमा।
(घ) रुद्रम	दिशः परिवीक्षसे।

सदुक्ति—२. ६२. ३. (अमरोः)। शार्ंग—३६१३ (अर्गटस्य)—सुभा १९४७

(अर्गटस्य)। दशरू—२. २७ (अमरुशतके)। सुभाषितरत्न—८३५ (देवगुप्तस्य)।

मुग्धा अभिसारिका नायिका है। वेम कहते हैं—

> "हित्वा लज्जां समाकृष्टा मदेन मदनेन च।
> याभिसारयते कान्तं सा भवेदभिसारिका॥
> सारयत इत्यत्र स्वार्थे ण्यन्तः।
> संलीना स्वेषु गात्रेषु त्रस्ता दिक्प्रोषिताननना।
> अवगुण्ठन-संवीताभिगच्छेत् कुलजाङ्गना॥"

अर्थात् मदवश या मदनवश लज्जा को छोड़ कर जो कान्त से अभिसार करती है, वह अभिसारिका कहलाती है। अपने ही अंगों में छिपती, डरी, दिशाएँ देखती (चारों ओर प्रिय को ढूँढ़ती) और घूँघट डाले हुए कुलांगना को अभिसरण करना चाहिए। वेम के मत से यह नायिका स्वीया है, परकीया नहीं। पहले 'वासक-सज्जिका' हो—बन-सँवर कर—पति की राह देखती रही, उसके न आने पर स्वतः ही चल पड़ी। किन्तु अर्जुन इसे संभवतः परकीया ही मानते हैं। उनका कथन है—

> अभिसारिकाश्च प्रदोषेषु विवाहादिप्रकरणेषु मध्याह्नशून्येषु मार्गेषु वसन्तोत्सवे उद्यानयात्रासु विदूरेषु चैवंविधेष्वन्येष्वपि संविधानकेषु कामुक-मभिसरन्ति। यदुक्तम्—'अटव्यामन्धकारे वा शून्येवापि सुरालये। उद्याने वा सरित्कुञ्जे प्रदेशे गर्हितेऽथवा॥ परदारेषु संकेतः कर्त्तव्यो रतिसिद्धये। दूतीवक्त्रेण निश्चित्य स्वयं तत्र पुरा व्रजेत्। ततः प्राप्तां प्रियां शीघ्रं सेवेत रतिकोविदः। प्रेषयेदन्यमार्गेण स्वयमन्येन च व्रजेत्॥ यथा न ज्ञायते कैश्चित् सुनिगूढो विचक्षणः।' अभिसारयन्ति च दूत्यो नायिकामनेककौतुकवासनाभिः। यदुक्त-मीश्वरकामिते—'प्रागेव स्वमवनस्थां ब्रूयादमुष्यां क्रीडायां तव राजभवनस्थानानि रामणीयकानि दर्शयिष्यामि। काले च योजयेत्। बहिः प्रवालकुट्टिमं ते दर्शयिष्यामि। मणिभूमिकां वृक्षवाटिकां मृद्धीकामण्डपिकां चित्रकर्माणि यन्त्राणि क्रीडामृगान्—इत्यादि'।

नायक दक्षिण है। सहास्य शृंगारी नर्म हैं। अर्जुनवर्मदेव 'भवन नर्म' बताते हैं।

हरिणी छन्द है।

३२

(क) रवि व्राता गताः।

(ख) रुद्रम परिमलरुचो।

कुवलयानन्द—कारिका १५८ (नामरहित)।

यह प्रवासविप्रलंभ का उत्कृष्ट उदाहरण है। वसन्त और ग्रीष्म प्रवासी प्रिय को लौटाने में असमर्थ रहते हैं। विरहदग्ध दयिता मेघ को संबोधित करती है। 'प्रभवति गवां किं नश्छिन्नं स एव धनंजयः' यह आन्ध्र में प्रचलित लोकोक्ति का अनुवाद है। कुवलयानन्दकार अप्पयदीक्षित इसे छेकोक्ति के उदाहरण में प्रस्तुत करते हुए कहते हैं—

> "अत्रधनलिप्सया प्रोषिताङ्गना सखीवचने 'य एव गयां निवर्तने प्रभवति स एव धनंजयः' इत्यान्ध्रजातिप्रसिद्धलोकवादानुकारः। अत्रातिसौन्दर्य-शालिनी-मपहाय धनलिप्सया प्रस्थितो रसानभिज्ञत्वाद्गोप्राय एव। तस्य निवर्तकस्तु धनस्य जेता धनेनाकृष्टस्य तद्विमुखीकरणेन प्रत्याक्षेपकत्वा-दित्यन्तरमपि गर्भीकृतम्।"

पांडव लोग वनवास के बाद विराट् महाराज के यहाँ एक वर्ष का अज्ञातवास कर रहे थे। जब अवधि समाप्ति होने को थी, तभी कौरवों ने विराट् की गायों का हरण किया। विराट् का पुत्र उत्तर गायों को छुड़ाने गया। बृहन्नला के रूप में अर्जुन उसके रथ का संचालन कर रहे थे। वह कौरवों से युद्ध करने में असमर्थ रहा। तब अर्जुन ने कौरवों को पराजित कर गायों को छुड़ा दिया था। इसी कथा का उपयोग इस श्लोक में किया गया है। नायिका स्वीया, प्रगल्भा, प्रोषितभर्तृका है। नायक अनुकूल है।

छन्द हरिणी है।

३३

(ख) वेम गौरवव्यपनयादुत्पादितम्।

(ग) वेम किं मुग्धेन कृतं त्वया मरणभीः।

(ख) रवि मन्दायां मयि गौरवव्यपगमादुत्पादितम्।

(ग) रवि किं मुग्धेन मया कृतं रमणधीर्मुक्ता त्वया।

(घ) रवि दु:स्थं तिष्ठसि।

(क) रुद्रम ...रुपागतोऽसि जनिता चोन्निद्रता।

(ख) रुद्रम मन्दाया मम गौरवं व्यपगतं प्रत्यागतम्।

(घ) रुद्रम दु:खं तिष्ठसि पश्य।

सूक्तिमु—पृ. २०१ (अमरुकस्य)। सुभा—१६२१ (कस्यापि)।

नायक सपत्नी में आसक्त है। रात्रि बिता कर उसके आने पर नायिका उपालंभ दे रही है। इस उपालंभ की ध्वनि इस पंजाबी लोकगीत में सुनायी पड़ती है—"दीवा बले सारी रात, कित्थे गया जाल्माँ।"

यहाँ मन्दा, लाघव, गौरव, पथ्य इत्यादि शब्द दो अर्थ देते हैं। मान विषयक अर्थ ही यहाँ मुख्य है, किन्तु दूसरा रोगविषयक अर्थ भी यहाँ ध्वनित होता है। प्रात: ही आकर आँखों की नींद छीन ली जाती है, क्योंकि प्रियजन प्रात: रोगी के स्वास्थ्य का विशेषाविशेष जानने आते हैं। इस पक्ष में अर्थ होगा—'सबेरे-सबेरे आकर आँखों में नींद दूर कर दी, मुझ मन्दा (रोगिणी) की तबीयत का भारीपन दूर हो गया है, हल्कापन उत्पन्न कर दिया है। ऐसा क्या है, जो तुमने नहीं किया है। मैंने मरने का डर छोड़ दिया है, कष्ट से यहाँ हो, जाओ! जो पथ्य मैं लूँगी, उसे सुनोगे।'

मन्दा शब्द से ध्वनित होने के कारण शब्दशक्तिसमुद्भूतध्वन्यर्थ का उपमानोयमेय भाव हो जाता है। ईर्ष्यामानात्मक विप्रलंभ शृंगार है। विषाद, असूया, निर्वेद आदि संचारीभाव है? नायिका प्रगल्भा, धीराधीरा, खण्डित है। कैशिकी वृत्ति का नर्मगर्भ अंग है।

शार्दूलविक्रीडित छन्द है।

३४

(घ) रुद्रम, रवि दोषैरन्यजनाश्रितै:।

कवीन्द्र—२२९ (धर्मकीर्ते:)। सदुक्ति—२. ८०. २ (अमरो:)। सूक्तिरत्न—पृ. २५८ (अमरुकस्य)। सुभा—१३४६ (नामरहित)। काव्यालंसू—४. ३. १२ (नामरहित)। सरस्वतीक—३. १७. ४३ (नामरहित)। अलङ्कारस—पृ. १३० (नामरहित)। साहित्य—१०. ६९ (नामरहित)। सुभाषितरत्न—४८१ (धर्मकीर्ते:)।

अयोगविप्रलंभ का उदाहरण है। जड़ता, त्रास, विषाद, ग्लानि, विस्मय आदि संचारियों से पोषित विप्रलंभ शृंगार रस है। नायिका मुग्धा बाला है। 'दोष' का यहाँ विपरीत लक्षण से 'गुण' अर्थ है। 'सा' उस बाला की 'अनिवर्चनीयता' ध्वनित करता है। चेष्टा आदि से नायक के प्रति उसका अनुराग तो अनुमेय है, किन्तु प्रच्छन्नचार आदि न जानने के कारण मिल नहीं पाती। स्पष्ट है कि अनुराग उभयनिष्ठ है। अत: यहाँ विप्रलंभ शृंगार रस है। एकनिष्ठ होने का शृंगाराभास होता। असंगति अलंकार का भी यह सुन्दर उदाहरण है।

शार्दूलविक्रीडित छन्द है।

३५

(ख) वेम क्षणमास्यितम्।

(ग) वेम सर्वै: समं प्रस्थितम्।

(घ) वेम किमुत्सृज्यते।

सदुक्ति—२. ५४, १ (नामरहित, किन्तु 'कस्यचित्'—संस्कृत कॉलेज तथा सेरामपुर पाण्डुलिपि में)। सूक्तिमु—पु. १३२ (नामरहित)। शार्ङ्ग—३४२४ (अमरुकस्य)। सुभा—११५१ (नामरहित)। पद्यावली—३१४ (अमरो:)। काव्यप्र—पृ. ४, पृ. १०५ (नामरहित)। साहित्यद—३. २०८ (नामरहित)।

प्रवत्स्यत्पतिका नायिका अपनी दशा का वर्णन कर रही है। प्रिय जाने लगा, तो कंकण, अश्रु, धैर्य, चित्त सभी शरीर छोड़ कर चल पड़े। प्रवास विप्रलंभ के रूप में काव्यप्रकाशकार ने इसे उद्धृत किया है। अश्रुपात सात्त्विकभाव, चिन्ता, दैन्य आदि संचारियों के साहचर्य से प्रकाशित निर्वेद व्यभिचारीभाव विप्रलंभ शृंगार का पोषण करता है। मोर की उक्ति यहाँ तुलनीय है—

> "टूट ही उम्मीद जब सारी गयी, बँध रहे हैं आँसुओं के तार क्यों?"

सहोक्ति अलंकार का उत्कृष्ट उदाहरण है। लक्षण है—

> "भवति यथारूपोऽर्य: कुर्वन्नेवापरं तथारूपम्।
> उक्तिस्तस्य समानां ते न समं या सहोक्ति: सा॥"

नायिका मुग्धा प्रगल्भा है। नायक अनुकूल है। उपालंभ वचन नर्म है।

छन्द शार्दूलविक्रीडित है।

३६

(क) वेम सन्दष्टाधरपल्लवा।

(ग) वेम सपुलकम्।

सदुक्ति—२. १२६. ५ (अमरोः)। सूक्तिमु—पृ. २७७ (अमरुकस्य)। शार्ङ्ग—३६६८ (अमरुकस्य)। सुभा—१३०३ (कस्यापि)।

यहाँ मानिनी चुम्बन रूप बाह्यरत का वर्णन है। हस्तविक्षेप, कोपवचन तथा भ्रूभंग अनुभावों से प्रणयकोप प्रकाशित होता है। स्वरभंग, वाक्स्तंभ आदि सात्त्विक भाव तथा हर्ष संचारीभाव का दर्शन होता है। सीत्कार, नेत्रनिमीलन अनुभावों से प्रतीत होता है कि विप्रलंभ का किंचित प्रकाशन करके संभोग श्रृंगार की शोभावृद्धि की गयी है। यहाँ क्रोध, अश्रु, हर्ष, भीति इत्यादि के संकर से 'किलकिञ्चित' नामक नाट्यालंकार है। 'क्रोध, अश्रु, हर्ष, भीति आदि के संकर को किलकिञ्चित कहते हैं।'' साथ ही 'कुट्टमित' भी है। ''कुट्टमित आनन्ददान्त होता है। केश और अधर के ग्रहण पर कुपित होना चाहिए।''

'शठ' शब्द से शठनायक की विवक्षा नहीं है। 'शठ' शब्द से केवल धूर्तता ध्वनित होती है। सापह्नवातिशयोक्ति से मानिनी के चुम्बन का लोकोत्तरत्व ध्वनित होता है। 'कामसूत्र' में उल्लिखित 'बिन्दुमाला' नामक चुम्बन-प्रकार का वर्णन है। नायक पक्ष में आत्मोपक्षेपनर्म है।

वृत्त शार्दूलविक्रीडित है।

३७

(ख) रुद्रम, वेम तरलया।

(ग) रवि प्रेमावासितया।

सूक्तिमु—पृ. २९९ (अमरुकस्य)।

नायिका मुग्धा है। एकांत स्थल, निशा की वेला, पति की निद्रा रति को उद्दीप्त करती है। संभोग श्रृंगार की उत्कृष्ट परिणति है। औत्सुक्य, व्रीडा आदि संचारियों से श्रृंगार की पुष्टि होती है। नर्मगर्भ कैशिकीवृत्ति का अंग है।

शार्दूलविक्रीडित छन्द है।

३८

(क) वेम विग्रहो यत्र।

(ख) वेम यत्र प्रसादः दृष्टिः 'इति वा पाठः'।

(ख) रवि यत्र दृष्टिः प्रसादः।

(ग) रवि वैषमं पश्य।

कवीन्द्र—३६१ (प्रद्युम्नस्य)। सदुक्ति—२. ४७. ४ (अमरोः) सूक्तिमु—पृ. १९९ (वामनस्य, पृ. २९४ नामरहित)। शार्ङ्ग—३५६२ (वामनस्य)। सुभा—१६३० (नामरहित)। दशरू—२. १९ (अमरुशतके)। सरस्वतीक—५. १३८ (१०) (नामरहित)। सुभाषितरत्न—६४८ (प्रद्युम्नस्य)।

धीराधीरा, प्रगल्भा, खंडिता नायिका है। नायक धृष्ट है। भावशान्ति का उदाहरण है। दशरूपककार ने 'सोत्प्रासवक्रोक्ति' का उदाहरण माना है। ईर्ष्याक्रोधप्राय नर्म है।

वृत्त मन्दाक्रान्ता है।

३९

(ख) रुद्रम, रवि जहिहि कोपम्।

कवीन्द्र—३९१ (नामरहित)। सदुक्ति—२. ५०५ (अमरोः)। सुक्तिमु—१. २०३ (अमरुकस्य)। शार्ङ्ग—३५७७ (नामरहित)। सुभा—१६०० (नामरहित)। साहित्यद—३. २२७ (नामरहित)। सुभाषितरत्न—६७८ (नामरहित)।

मानिनी का वर्णन है। अश्रुत्याग मानत्याग का सूचक है। इससे यह भाव शान्ति का उदाहरण हो सकता है। नायिका मध्या, धीराधीरा है। मानकृत विप्रलंभ शृंगार व्यक्त हो रहा है। नर्मस्फोट कैशिकी का अंग है।

मालिनी वृत्त है।

४०

(क) रवि, वेम कुचप्रोद्भिन्नरोमो...।

(ख) वेम विगलत्काञ्चीप्रदेशाम्बरा।

(घ) रुद्रम, रवि मानसि में लीना।

शार्ङ्ग—३६८३ (अमरुकस्य)। सुभा—२११४ ('कस्यापि')। काव्यप्र—७. पृ. ४२६ (नामरहित)। काव्यानु—पृ. १४० (नामरहित)। अलङ्कारस—५. १८९ (नामरहित)। रसार्णव—२. पृ. १५१ (नामरहित)। साहित्यद—७. ८७ (नामरहित)। वेतालपञ्चविशतिः—सं. उहले, पृ. १० (नामरहित)।

कोई विदग्ध वियोगी कामरसिक सुरतविमृदिता प्रिया की अनिवर्चनीय रम्य दशा का चिन्तन कर रहा है। अनुकूल नायक-नायिका आलंबन हैं। एकांतादि विभाग से उद्दीपित रति—स्तंभ, स्वरभंग, रोमांच, वेपथु तथा प्रलय (लीनता) इत्यादि सात्त्विकभाव तथा औत्सुक्य, हर्ष, मोह, इत्यादि व्यभिचारीभाव से मिल कर संभोग शृंगार में परिणत होती है। नर्मस्फोट कैशिकी वृत्ति का अंग है। नायिका प्रौढ़ा है। इसे अलंकारसर्वस्वकार रुय्यक भाव का उदाहरण बताते हैं। उनके मत में यहाँ प्रेय अलंकार है। यहाँ रतिक्रीड़ा के आरम्भ से लेकर मोह अवस्था तक का वर्णन है। प्रथम तीन चरणों में क्रमशः स्पर्श, रूप, शब्द ग्रहण की उसकी शक्ति का वर्णन है, किन्तु अन्तिम चरण में नायिका के हर्षातिरेक और तल्लीनता का चित्रण है।

वेम नायिका को परकीया कन्या मानते हैं। किन्तु अर्जुन और रविचन्द्र प्रौढा, प्रगल्भा ही मानते हैं।

वृत्त शार्दूलविक्रीडित है।

४१

(ग) वेम अशक्ता चाख्यातुम्।

सदुक्ति—२. ८. २, २. १३१. ३ (अमरोः, द्वितीय उद्धरण में संस्कृत कॉलेज पाण्डुलिपि में नामरहित)। शार्ङ्ग—३६७३ (अमरुकस्य)। सूक्तिमु—पृ. २७५ (अमरुकस्य)। सुभा—२०५६ (अमरुकस्य)। दशरू—४. २४ (अमरुशतके)। रसार्णव—२. पृ. १२३ (नामरहित)।

प्रथम नर्मचेष्टा के समय नववधू की दशा का सुन्दर वर्णन है। उसकी अधोदृष्टि, शरीर संकोच, मौन, व्यथित अन्तःकरण का चित्रण है। व्रीडा संचारीभाव है। उत्तरार्द्ध में 'विहृत' नाट्यालंकार है—

'प्राप्तकालं तू यद् ब्रूयात् व्रीडया विहृतं हि तत्।'

नायिका 'रतौ वामा' मुग्धा है। संभोगेच्छारूप शृंगारी नर्म है।

वृत्त शिखरिणी है।

४२

(ख) वेम	हृदये।
(ग) रुद्रम, वेम	विहितयो:।
(घ) वेम	सम्बन्धे सपदि स्तिमव्यतिकरे।
(क) रुद्रम	नो यातोऽनुनयेन।
(ख) रुद्रम	विमुह्य विषमम्।

नायिका स्वीया, मुग्धा तथा नायक अनुकूल है। ईर्ष्या व्यभिचारीभाव का हास कार्य से शमन वर्णित है, अत: भावशान्ति है। औत्सुक्यातिशय का उदय ध्वनित होता है। मान के अनन्तर संभोगचेष्टाकृत संगमेच्छारूप शृंगारीनर्म है।

शार्दूलविक्रीडित छन्द है।

४३

(क) वेम प्रेमावेशे।

कवीन्द्र—४१० (नामरहित)। सदुक्ति—२. १७९. ३ (अमरो:)। सूक्तिमु—पृ. २९३ (अमरुकस्य)। शार्ङ्ग—३५४५ (अमरुकस्य)। सुभा—११४१ (विज्जकाया:)। रसार्णव-२. पृ. २०४ (नामरहित)। सुभाषितरत्न—६९७ (नामरहित)।

यहाँ ईर्ष्यामानात्मक विप्रलंभ का पोषण विषाद, चिन्ता, स्मृति आदि व्यभिचारी भावों से हो रहा है। नायक शठ है और नायिका अनुरक्त कलहान्तरिता मध्या है। वक्त्री स्वत: मानिनी है।

वृत्त शिखरिणी है।

४४

(क) वेम ...विरहिणोरुत्कण्ठार्त्या...।

(क) रवि ...विरहिणोरुत्कण्ठातिश्लथी...।

सूक्तिमु—पृ. २७९ (अमरुकस्य)। शार्ङ्ग—३६८२ (अमरुकस्य)। सुभा—२०६३ ('कस्यापि')।

यहाँ उत्कण्ठा, हर्ष, औत्सुक्य आदि भावों की शबलता का वर्णन है, इससे संभोगश्रृंगार का उत्तम परिपोष होता है। दीर्घ विरह के बाद मिलन में अधिक हर्ष और उत्कण्ठा होती है। 'बह्वी' का अभिप्राय करते हुए अर्जुन कहते हैं—

> "रतिरपि बह्वी, परं कथा मानेन न भवति। सुरतान्तरालेषु परस्पर-वृत्तान्तोपवर्णनप्रश्नपरम्पराभिर्विभावरी प्रयति। निद्रायाः कथैव नास्तीति तात्पर्यम्।"

यहाँ कैशिकी वृत्ति के संभोगनर्म अंग का उपयोग किया गया है। नायिका स्वीया, मध्या तथा नायक अनुकूल है।

छन्द हरिणी है।

४५

(ग) वेम दत्तम्।

(ग) वेम अर्घ्यम्।

(ग) रवि, द्रम पयोधरयुगेन।

सूक्तिमु—पृ. १९२ (अमरुकस्य)।

नायिका वासकसज्जा है। "प्रिय के आगमन पर जो स्वयं को तथा गृह को अलंकृत करती है—वह वासकसज्जिका होती है।" देशान्तर से प्रिय के घर आने पर नायिका का वर्णन है। औत्सुक्य, स्मित, स्वेद आदि सात्विक तथा संचारीभावों के साहचर्य से संभोगश्रृंगार का पोषण हो रहा है। इसी श्लोक के समान अर्थ का श्लोक 'सरस्वतीकण्ठाभरण' (परिच्छेद-३) में 'समाहित' के उदाहरण रूप में प्रस्तुत है—

> "दृष्टिर्वन्दनमालिका स्तनयुगं लावण्यपूर्णौ घटौ

शुभ्राणां प्रकरं स्मितं सुमनसां वक्त्रप्रभा दर्पणः।
रोमाञ्चोद्गम एव सर्षपकणाः पाणी पुनः पल्लवी,
स्वाङ्गैरेव गृहं प्रियस्य विशतस्तन्व्या कृतं मङ्गलम्॥''

इसी अर्थ की गाथाएँ 'गाहासत्तसई' (२. ४०, ३. ६१) में भी हैं। बिहारी ने इस श्लोक से अनुप्राणित दोहा लिखा है।

'विलास' नामक स्वभावज अलंकार का उदाहरण है। आत्मोपक्षेप नर्म कैशिकी का अंग है। नायिका स्वीया, मध्या तथा नायक अनुकूल है।

छन्द शार्दूलविक्रीडित है।

४६

(क) वेम — यापिते।

(क) रवि — शायिते।

(ग) रवि, वेम — दुष्करमेतदित्यतितरामुक्त्वा सहासं बलादालिङ्ग्य।

(ग) रुद्रम — दुष्करमेतदित्यतितरामुच्छम्य हास्यं बलादालिङ्ग्य।

सूक्तिमु—२९९ (अमरुकस्य)। सुभा—२१४६ (कस्यापि)।

सापराध प्रियतम को दयिता ने अपने पास आने से रोक दिया। किन्तु वह उसकी प्रियसखी का वेष बना कर आ गया। उसे अपनी सखी समझ कर नायिका ने प्रिय के मिलने की अपनी उत्कण्ठा कह दी। तब तो प्रदोषवेला में वह खूब छली गयी। इस वृत्तान्त को नायिका अपनी सखी से बता रही है।

नायिका स्वीया, मध्या, कलहान्तरिता है। नायक शठ है। ईर्ष्यामानात्मक विप्रलंभ की परिणति संभोग शृंगार में होती है। नर्मगर्भ कैशिकीवृत्ति का अंग है। नायक प्रदोष समय का लाभ उठाता है। ''सायं, निशा और अंधकार में स्त्रियाँ मन्दलज्जा, रागवती और सरलता से रतप्रवृत्त होती हैं।''

छन्द शार्दूलविक्रीडित है।

४७

(ग) वेम — प्रतीपवचना सख्या समं भाषते।

(घ) रवि तस्यास्तिष्ठतु।

(ख) रुद्रम द्रुतमावृणोति।

(ग) रुद्रम प्रतीपवचना।

सदुक्ति—२. ४४. ३ (अमरोः)। सूक्तिमु—१९५ (भीमस्य)। शार्ङ्ग—३५३७ (भीमस्य)। सुभा—१५९० (भीमस्य)।

प्रणयमानात्मक विप्रलंभ शृंगार का वर्णन है। नायिका प्रगल्भा, धीरा है। अवहित्थ संचारीभाव रसपोषण करता है। मानकृत चेष्टारूप नर्म है। कोई वियोगी प्रियतमा की स्पृहणीय मनोदशा का चिन्तन कर रहा है। लेश अलंकार है।

छन्द शार्दूलविक्रीडित है।

४८

(क) रवि, वेम सा यावन्ति।

(ख) वेम व्याहृत्य।

(क) रवि शिक्षिता।

(ग) रुद्रम, वेम प्रारब्धा।

(क) रुद्रम अलीकपिशुनैः

सूक्तिमु—पृ. २०५ (भट्टेन्दुराजस्य)। शार्ङ्ग—३५८० (भट्टेन्दुराजस्य) सुभा—२०७० ('कस्यापि')।

ईर्ष्यामानात्मक विप्रलंभ की परिणति संभोग शृंगार में होती है। यहाँ मान कृत्रिम है। नायिका स्वीया, मुग्धा तथा नायक शठ है। भोगेच्छारूप शृंगारी नर्म है। सखियों ने मान की जितनी वचोभंगियाँ सिखाई थीं, उनका उपयोग करने के बाद मुग्धा फिर से मुग्धा ही रह जाती है।

छन्द शार्दूलविक्रीडित है।

४९

(ख) वेम सङ्कुचितभ्रूलतम्।

(ग) वेम वाष्पाम्बुपूर्णेक्षणात्।

(ख) रवि किञ्चिन्नभ्रूलतम्।

(ख) रुद्रम किञ्नाञ्चितभ्रूलतम्।

कवीन्द्र—३५४ (रतिपालस्य)। सदुक्ति—२. ५०. ४ (अमरोः)। सूक्तिमु—पृ. १९४ (नामरहित)। शार्ङ्ग—३५३९ (नामरहित)। काव्यमी—पृ. ४७ (नामरहित)। सरस्वतीक—५. १३८ (१७) (नामरहित)। काव्यप्र—४. पृ. ९७ (नामरहित)। काव्यानु—पु. ६७ (नामरहित)। सुभाषितरत्न—६४१ (रतिपालस्य)।

ईर्ष्यामानविप्रलंभ का उदाहरण है। अमर्ष संचारीभाव है। पर्यवसान मानप्रशमन में होता है। नेत्रों के वर्णन द्वारा उत्पत्ति, स्थिति, वृद्धि और विपरिणाम क्रम से कोप की विभिन्न दशा और परिणति का अद्भुत वर्णन है। सरस्वतीकण्ठाभरण में इसे भावशेष के उदाहरण रूप में प्रस्तुत किया गया है। नायिका स्वीया, मध्या, प्रगल्भा तथा नायक शठ है।

छन्द शार्दूलविक्रीडित है।

५०

(क) रवि, वेम कम्पश्च कस्मादयम्।

(घ) वेम दयितया।

(क) रवि ...तानवं कथमिदम्।

(ग) रवि स्वभावजमिति।

(क) रुद्रम कम्पश्च कस्मादयम्।

(घ) रवि, रुद्रम चलितया।

सुभा—१५८४ ('कस्यापि')।

नायक मध्या, धीराधीरा, विरहोत्कण्ठिता है। विप्रियकृत ईर्ष्यामानात्मक विप्रलंभ का पोषण वैवर्ण्य, अश्रुपात आदि सात्त्विक भाव से तथा निःश्वास अनुभाव से व्यक्त विषाद से होता है। मानकृत वाग्रूप शृंगारी कर्म है। व्याजोक्ति अलंकार है।

छन्द शार्दूलविक्रीडित है।

५१

सदुक्ति—२. ४३. १ (अमरोः)। सूक्तिमु—पृ. १५२ (डिम्भोकस्य)। सुभा—१३२३ ('कस्यापि')। दशरू—४. १७ (अमरुशतके)।

वक्ता प्रिया प्रसादन में असफल नायक है। वह कुपित नायिका को प्रसन्न करना चाहता है, किन्तु नाम लेने में स्खलन हो गया। इस प्रिया के नाम के स्थान पर दूसरी प्रिया का नाम मुँह से निकल गया। लज्जित होकर भूमि पर रेखाएँ खींचने लगा। अनायास उसी दूसरी प्रिया का चित्र बन कर वे रेखाएँ उभरीं। नायक शठ है और नायिका अधीरा, प्रगल्भा है। यह और आगामी श्लोक मिल कर 'युगलक' बनते हैं अर्थात् दोनों श्लोक परस्पर सम्बद्ध हैं।

छन्द शिखरिणी है।

५२

(ख) रुद्रम रूढप्रणयरभसाद्गद्गद्गिरा।

(ग) रुद्रम स्फुटमपि।

(घ) द्रम रुषा प्रत्यासन्ने शिरसि।

सदुक्ति—२. २३. ५ (अमरोः)। सुभा—१३२४ (दुर्वहकस्य)। दशरू—४. १७ (अमरुशतके)।

सपत्नी के चित्र को देखते ही नायिका के कपोल क्रोध से अरुण हो उठे। मनस्विनी का कण्ठ कोप और क्षोभ के हास से रुँध गया। आँखें आँसुओं में डूब गयीं। उसने व्यंग्य से कहा, 'अरे आश्चर्यजनक है चित्र?' यह कह कर क्रोध से नायक के सिर पर ब्रह्मास्त्ररूपी बायाँ पैर रख दिया। इस श्लोक का सम्बन्ध पूर्व श्लोक से है। नायक और नायिका पूर्वोल्लिखित प्रकार के ही हैं। विषम अलंकार है।

छन्द शिखरिणी है।

५३

(क) वेम व्यलीककथाश्रयाम्।

(ग) रवि मुग्धे त्वया विनिश्चितम्।

सूक्तिमु—पृ. २०१ (अमरुकस्य)। सुभा—१६२० (अमरुकस्य)।

कोई नायक नायिका को समासोक्ति से प्रसन्न करना चाहता है। माननिराकरण के लिये नायक ने साम उपाय का आश्रय लिया है। नायिका के मन का अमर्ष, असूया, विषाद तथा दैन्य सूक्ष्मता से व्यक्त होता है। नर्मस्फोट कैशिकी वृत्ति का अंग है। नायक का प्रेमातिशय, वैक्लव्य और उत्कण्ठा ध्वनित होती है। व्यलीक-कृत ईर्ष्यामानात्मक विप्रलंभ का उदाहरण है। नायिका स्वीया, मध्या, खंडिता है तथा नायक शठ है। सोपालंभवचन रूप नर्म है।

वृत्त हरिणी है।

५४

सूक्तिमु—पृ. २२५ (अमरुकस्य)। शार्ङ्ग—३८९१ ('कस्यापि', किन्तु जेड. डी. एम. जी.—२७, १८७३, पृ. ८—अउफ्रेश्त के अनुसार एक पाण्डुलिपि में अमरुकस्य')। सुभा—१७७४ (अर्गटस्य)।

वक्ता कवि है। जलदसमय में विरहोत्कण्ठित पान्थ की व्यथा का सुन्दर चित्रण है। निशा में जलदरव का उद्दीपन असह्य होता है—

> 'मेघालोके भवति सुखिनोऽप्यन्यथावृत्ति चेतः।
> कण्ठाश्लेषप्रणयिनि जने किं पुनर्दूरसंस्थे॥'

मेघ का गंभीर गर्जन सुन कर प्रवासी ने कुछ करुण लहरी छेड़ दी। अर्जुन कहते हैं—

> ''वारिभरालसजलधररसितोद्विग्नेन। अत्र लाभणिकेनालसशब्देन गर्भवेदनाक्रान्तयुवतिस्तनितवद्गर्जितस्य निःसीमगभीरता व्यज्यते। निशीथे हि निवातनिर्भरं वर्षन्तो बलाहकास्तथैव गर्जन्ति भवन्ति च वराकाणां वियोगिनामुद्वेजनाद्दुर्ललिताः॥''

दैन्य संचारीभाव है। प्रोषितभर्तृका नायिका है। प्रवासी नायक है। प्रवासविप्रलम्भ रस है।

छन्द शार्दूलविक्रीडित है।

५५

(ग) रुद्रम, वेम सा मुञ्च मुञ्चेति माम्।

(घ) वेम कोपप्रस्फुरिताधरम्।

(घ) रवि कोपात् प्रस्फुरिताधरा।

(घ) रवि विस्मर्यते।

(क) रुद्रम मधुमदक्षीबाभिचार्य प्रिया।

कोई वियोगी मत्तनायिका के प्रणयमान का स्मरण कर रहा है। स्वत: किया हुआ नखक्षत सपत्नीककृत समझ कर नायिका रुष्ट हो जाती है। जाना चाहती है। नायक उसका वस्त्र पकड़ लेता है। आँखों में आँसू भरकर वह 'छोड़ो', 'छोड़ो' ही कहती है। कोप से उसके अधर काँपने लगते हैं। यहाँ 'बाला' शब्द से वय अभिप्रेत है, अज्ञान नहीं। 'मधुमदक्षीबा' से व्यंजित होता है कि सुरत की परिणति हो चुकी है। नायिका को मदिरा पान कराने और निशा विहार पर अर्जुन उद्धरण देते हैं—

> "सव्येन बाहुना परिरभ्य चषकं गृहीत्वा सान्त्वयन् पाययेत्। भृष्टमांस-मातुलङ्गचुक्राद्युपदंशान्मधुरमिदं मृदु विशदं विशदमिति विदश्य तत्तदुपाहरेत्। हर्म्यतलस्थितायाश्चन्द्रिकासेवनार्थमासनम्। तत्र चानुकूलाभिः कथाभिरनुवर्तेत। अङ्कसंलीनायाश्चन्द्रमसं पश्यन्त्यान-क्षत्रपङ्क्तिव्यक्तीकरणमरुन्धतीध्रुवसप्तर्षिमण्डलदर्शनं च।"

वाणी तथा चेष्टाकृत मान-नर्म कैशिकी वृत्ति का अंग है। नायिका मध्या, अधीरा तथा नायक अनुकूल है।

छन्द शार्दूलविक्रीडित है।

५६

(घ) रवि दुर्जातीनाम्।

सुभा—११७६ (अमरुकस्य)।

कोई सखी मानिनी को सीख दे रही है। नायिका स्वीया, मुग्धा, कलहान्तरिता है। 'रुदितशरणा' से प्रतीत 'विषाद' व्यभिचारी प्रणयमानात्मक विप्रलंभ का पोषण कर रहा है। सोपालंभवचन रूप नर्म कैशिकी का अंग है।

वृत्त हरिणी है।

इसी श्लोक की टीका में अर्जुन टिप्पणी कहते हैं—

''अत्रान्तरे बहवः प्रक्षेपकश्लोकाः सन्ति। तत्र विचारः—यः कश्चित्स्वान्-श्लोकान् रचयित्वा परकाव्ये प्रक्षिपति स तावन्न प्रसिद्धये, स्वनामलेखनाभावात्। तस्मादेवं संभाव्यते-यद्यस्मिन्सार्वपार्षदे काव्ये श्लोका अर्हन्ति तदाहं विशिष्टः कविरिति प्रक्षेपककवेराशयः। तेऽपि सन्तु विसदृशनीरलहरीलेहयस्वराणां (?) गायनानामोडवप्रयोगेनातो-द्यलास्यानुविधानशालिनि रक्तिनिर्भरगीतलास्यमनसां प्रविष्टानामा-तोद्यकाराणां ततसुषिरघनावनद्धात्मनि वादित्रे मन्दमुन्मुद्रितनिनादे नायिकानां नानाविधदृष्टिवृष्टिभिराप्यायितविदग्धचेतसां ललित-हस्तकचारी-चमत्कारेणाञ्चित भ्रमितनमितकुञ्चितस्तिमित-क्षिप्तक्षुभितावयवानां कुचकलशनितम्बडम्बरान्तरतरङ्गितोद्व-लितवलिभागानां क्वचिद्विस्रब्धमिव क्वचित्त्वरितत्वरितमिवि क्वचिद्भीतभीतमिव क्वचित्सुप्तसुप्तमिव क्वचिदुन्नि-द्रितोन्निद्रितमिव सान्द्रमुखरागमनोभवमनोज्ञं नृत्यन्तीनामन्तेऽट्टचेटकास्तथा-निर्वचनीय-चमत्काराणाममरुकश्लोकानां मध्ये छन्दोमात्रमेलनेन हासोत्पादकतया च प्रक्षेपकश्लोकाः। ते यथा—

मन्दं मुद्रितपांसवः परिपतज्झाङ्कारिझज्झामरु—
द्वेगव्यस्तकुटीरकाग्रनिपतच्छिद्रेषु लब्धान्तराः।
कर्मव्यग्रकुटुम्बिनीकुचभरस्वेदच्छिदः प्रावृष,
प्रारम्भे मदयन्ति कन्दलदलोल्लासाः पयोबिन्दवः॥''

अमी झञ्झानिलाः शिरोर्तिमुत्पादयन्ति विदुषाम्।
'इयमसौ तरलायतलोचना गुरुसमुन्नतपीनपयोधरा।
पृथुनितम्बभरालसगामिनी प्रियतमा मम जीवितहारिणी॥'
जीवितहारिणी शाकिनी।

'सालक्तकं शतदलाधिककान्तिरम्यं रत्नौधधामनिकरारुणनूपुरं च।
क्षिप्तं भृशं कुपितया मृगनेत्रया यत्सौभाग्यचिह्नमिव मूर्ध्नि पदं विरेजे॥'

इयं सा भद्रदेशिनां सर्वस्वं सौभाग्यस्योपरिमञ्जरी (?)।

'श्रुत्वाकस्मान्निशीथे नवघनरसितं विश्लथाङ्गं पतन्त्या,
शय्याया भूमिपृष्ठे करतलधृतया दुःखितालीजनेन।
सोत्कण्ठं मुक्तकण्ठं कठिनकुचतटापातशीर्णाश्रुबिन्दु,
स्मृत्वा स्मृत्वा प्रियस्य स्खलितमृदुवचो रुद्यते पान्थवध्या॥'
वियोगमर्म निगूढं दुःखामेवोपवर्णयन्ति। तद्विपर्ययादिदं मिथ्यामरणनिः-
सृतायाःयोषितो मांधारिका (?)।
'पीतो यतः प्रभृति कामपिपासितेन तस्या मयाऽवररसः प्रचुरः प्रियायाः।
तृष्णा ततः प्रभृति मे द्विगुणत्वमेति लावण्यमस्ति बत तत्र किमत्र चित्रम्॥'
नूनं शाकंभरीखनिकर्मकर एष महानुभावः कविः।
नूनमियं लोककन्था कुतार्किकच्छान्दसवैयाकरणैर्ग्रथिता। यदुक्त-
मुपाध्यायेन—
''सम्पर्केण कुतर्काणां छन्दोव्याकरणस्स्पृशाम्।
उड्डीयते रसः खण्डैः पावकेनेव पारदः॥''

अर्जुन ने प्रक्षिप्तों के सम्बन्ध में 'ते यथा' कहा है, इससे स्पष्ट है—ये ही नहीं, और भी प्रक्षिप्त श्लोक थे। ये श्लोक रुद्रमदेव की टीका में व्याख्यात हैं। इन श्लोकों को प्रक्षिप्त बताने के प्रसंग में अर्जुन ने अमरु की रचनाओं की तुलना नर्तकियों से की है। उन्होंने अमरु के श्लोकों के विलास, रामणीयक और मनोज्ञता के तत्त्व को उजागर कर दिया है। प्रक्षिप्त श्लोकों पर उनकी टिप्पणी का हास्य-व्यंग्य मार्मिक है।

५७

कवीन्द्र—३६६ (कुमारभट्टस्य)। सदुक्ति—२. ४४. १ (अमरोः)। सूक्तिमु—पृ. १९८ (श्रीकुमारदासस्य)। शार्ङ्ग—३५५४ (कुमारदासस्य)। सुभा—१६१४ (भट्टकुमारस्य)। दशरू—२. १७ (अमरुशतके)। सरस्वतीक—१. ११७ (१५७),

२. १४४ (३३५) (नामरहित)। काव्यानु—पृ.—१४९ (नामरहित)। साहित्यद—३. ६२ (नामरहित)। सुभाषितरत्न—६५३ (कुमारभट्टस्य)।

कोई नायक मानिनी से अनुनय कर रहा है। अश्रु, स्वरभंग सात्त्विकभाव हैं। विषाद, धृति संचारी से परिपुष्ट ईर्ष्यामानात्मक विप्रलंभ शृंगार अभिव्यक्त हो रहा है। नायिका धीराधीरा, मध्या है। अर्जुन ने यही माना है। वेमभूपाल

ने धीराधीरा, प्रगल्भा, खंडिता नायिका माना है। शृंगारतिलक (१-१५७) तथा 'गाहासत्तसई' (४-८४) में इसी भाव की रचनाएँ हैं। प्रश्नोत्तर अलंकार है। अर्जुन कहते हैं—

"प्रश्नोत्तरमलङ्कार न तु वक्रोक्तिः; शब्दश्लेषकाक्वोरभावात्।"

छन्द शार्दूलविक्रीडित है।

५८

(ख) रवि वदनविधुतिः।

(ख) रुद्रम वदनविहृतिः।

सदुक्ति—२. १७९. ४ (अमरोः)। सुभा—२१४३ ('कस्यापि')।

जैसे-जैसे मुग्धता दूर हुई, प्रिय का संगम प्राप्त करने पर प्रेमरस को जान कर नववधू अपने पूर्वव्यवहार पर पश्चात्ताप करती है। नायिका ज्ञातयौवना मध्या है। अपनी मुग्धता से वह स्वयं ठगी गयी—इस विचार से आकुल है। अनुकूल नायक और नायिका से संबद्ध संभोग शृंगार का वर्णन है। चिन्ता तथा विषाद संचारीभाव है।

शार्दूलविक्रीडित छन्द है।

५९

(क) वेम श्रुत्वा नाम प्रियस्य।

(ख) वेम जायते यत् समन्तात्।

(घ) वेम मम (पुनर्वज्रमय्याम्)।

(घ) वेम कथञ्चित्।

(घ) रवि कदा नु।

(ग) रवि कण्ठग्रहणसरभसस्थायिनि।

(घ) रुद्रम भग्ना नो मानचिन्ता।

प्रिय की प्रार्थना ठुकरा नायिका पश्चात्ताप में पड़ी थी। सखी ने उसकी भर्त्सना की कि यदि तुम उसके बिना रह नहीं सकती, तो मान क्यों करती

हो ? नायिका ने इस श्लोक में उसका उत्तर दिया है। औत्सुक्य, हर्ष, अवहित्थ आदि भावों का वर्णन है। अतः भावशबलता है। संभोगनर्म है। ईर्ष्यामानविप्रलंभ रस है। नायिका मुग्धा है। नायक शठ है। आत्मोपक्षेप रूप शृंगारी कर्म है। अर्जुन इस श्लोक को भी प्रक्षिप्त मानते हैं। उनका कहना है—

> "अयमपि श्लोकः प्रक्षेपक इति संभाव्यते। परं विरुद्धो नास्ति।
> एवंविधा अन्येऽप्यन्तरान्तरा द्वित्राः श्लोकाः सन्ति। तेऽप्यविरुद्धाः।"

स्रग्धरा छन्द है।

६०

सदुक्ति—२. २४. ४ (अमरोः)। सूक्तिमु—पृ. २८८ (अमरुकस्य)। शार्ङ्ग—३७४० (अमरुकस्य)। सुभा—२२१५ (दाक्षिणात्यस्य कस्यापि)। दशरू—२. ७ (अमरुशतके)। काव्यानु—पृ. ३०० (नामरहित)।

अवहित्थ नामक संचारीभाव का सुन्दर उदाहरण है। ईर्ष्या विकार को छिपाने के लिये सूँघने के बहाने क्रीड़ाकमल को मुख के समीप कर लिया। उसमें निःश्वास निकल-निकल कर समाती रही। प्रिय के मस्तक पर लगी लाक्षा का चिह्न दूसरी नायिका के चरणों पर गिरने की बात बता रहा है। गले पर अंकित केयूर की मुद्रा कण्ठालिंगन का रहस्य खोल रही है। मुख पर कज्जल चिह्न अन्यदयिता के नेत्र चुम्बन भेद खोल रहा है। आँखों पर लगी पान की लाली अन्य नायिका द्वारा किया गया नायक का नेत्र चुम्बन प्रकट कर रहा है। प्रातः काल लौटे प्रिय के अलंकरण को देख कर भला किस प्रिया को क्रोध न आयेगा। नायिका स्वीया, मध्या, धीरा, प्रगल्भा, खंडिता है। नायक धृष्ट है। वैमनस्यकृत ईर्ष्याविप्रलंभ शृंगार है। चेष्टाकृत ईर्ष्याकोपप्राय नर्म है।

छन्द शार्दूलविक्रीडित है।

६१

(क) वेम	वान्तैः (लोचनवारिभिः)।
(ख) वेम	अन्यैः।
(ग) वेम	धन्याहम्।
(ग) रवि, वेम	सुदिवसम्।

(घ) रवि, वेम		प्रियतम त्वं निर्गतः।

(ख) रुद्रम		धन्यास्ताः।

(ग) रुद्रम		तव मङ्गलम्।

सदुक्ति—२. ५२. ५ (नामरहित)। सूक्तिमु—पृ. १३१ (अमरुकस्य)। शार्ङ्ग—३३९५ (अमरुकस्य)। सुभा—१०६० ('कस्यापि')।

प्राणत्याग का निश्चय कर कोई नायिका देशान्तर चल पड़े प्रिय से कह रही है। आशीर्वादाक्षेप से अपनी भावी दशा की ओर संकेत कर प्रिय के विदेशगमन का निषेध कर रही है। नायिका प्रवत्स्यत्पतिका, स्वीया, प्रगल्भा है और नायक अनुकूल है। आशीर्वचनाक्षेप के द्वारा कान्त के गमननिषेध एक अन्य उदाहरण है।

"गच्छ! गच्छसि चेत् कान्त! पन्थानः सन्तु ते शिवाः।
ममापि जन्म तत्रैव भूयाद्यत्र गतो भवान्॥"

यदि जाते हो, तो जाओ प्रिय! तुम्हारा मार्ग मंगलमय हो। मेरा जन्म भी वहीं हो, जहाँ तुम जाओ।

शार्दूलविक्रीडित छन्द है।

६२

(क) वेम		द्वारदेशे स्थितम्।

(ख) वेम		मुहुर्निपतितम्।

(ख) रवि		पादतले तया निपतितम्।

(ख) रुद्रम		पादयुगे तया निपतितम्।

(घ) रवि		बद्धः प्रियः।

सदुक्ति—२. ९०.२ (अमरोः)। सूक्तिमु—पृ. १३० (अमरुकस्य)। शार्ङ्ग—३३८८ (अमरुकस्य)। सुभा—१०६७ ('कस्यापि')।

कोई सखी नायिका की सफलता अन्य सखियों से बता रही है। मेघ के कारण भ्रमर की भाँति अंधकार से काली वेला में प्रस्थित प्रिय को नायिका ने अश्रुजल की बाढ़ से रोक लिया। जो कार्य मेघ का था, उसे अश्रु ने ही

पूरा कर दिया। अश्रुरूप सात्त्विकभाव से प्रकाशित दैन्य व्यभिचारीभाव का प्रवास-प्रसंग से निराकरण कर विप्रलंभशृंगार का परिपोष किया जा रहा है। नायिका स्वीया, मुग्धा है। नायक अनुकूल है। आत्मोपक्षेपरूप चेष्टाकृत शृंगारी नर्म है।

छन्द शार्दूलविक्रीडित है।

६३

(ख) वेम दृशं सुललिताम्।

(ग) वेम लोको ह्येष।

(ख) रुद्रम दृशं सुरुचिराम् शक्नोमि नो लज्जया।

(घ) रुद्रम दीर्घोऽनुरागानलः।

सुभा—११४८ ('कस्यापि')।

अयोग विप्रलंभ का उदाहरण है। अपनी इच्छा प्रिय से कह सकने में असमर्थ विषण्ण-नायिका धात्री से अपनी बात कर रही है। अर्जुन की दृष्टि में कोई परपुरुषानुरागिणी किसी वृद्ध कुलटा के सम्मुख अपना दुःख प्रतीकार का उपाय जानने के लिए कह रही है। सखियों पर विश्वास नहीं किया जा सकता, न जाने किसके आगे स्पष्ट ही कह दें, लज्जावश देख नहीं सकती। लोग सूक्ष्म चेष्टा भी जान लेते हैं और दूसरे उपहास करने में कुशल हैं। हृदय में ही अनुराग जीर्ण-जर्जर हो रहा है। इस प्रकार विषाद और दैन्य संचारीभाव विप्रलंभ का पोषण कर रहा है। काम की संज्वर दशा का वर्णन है। चक्षुःप्रीति, मानसिक संग, संकल्प, प्रलाप, जागरण, कृशता, अरुचि, लज्जात्याग, संज्वर, उन्माद, मूर्च्छा और मरण ये काम दशाएँ हैं। नायिका परकीया प्रौढ़ा है। आत्मोपक्षेप रूप शृंगारी नर्म है। समुच्चयालंकार है। इस श्लोक के समान भाव की आर्या श्रीहर्षकृत 'रत्नावली' में है—

> ''दुल्लहजणाणुराओ लज्जा गरुई परवसो अप्पा।
> पिअसहि विसमं पेम्मं मरणं सरणं णवरं एक्कं॥''
> (दुर्लभजनानुरागो लज्जा गुर्वी परवशो आत्मा।
> प्रियसखि विषमं प्रेम मरणं शरणं केवलमेकम्॥)

छन्द शार्दूलविक्रीडित है।

६४

(घ) रवि श्रोत्रतां किमु नेत्रताम।

(घ) द्रम नेत्रतामुत कर्णताम्।

सदुक्ति—२. ९७. ५ (अमरोः)। शार्ङ्ग—३५२२ ('कस्यापि')। सुभा—२०३८ ('कस्यापि')। पद्यावली—२३४ (नामरहित)। दशरू—२. १७ (नामरहित)।

सखियों से मान न करने का उपालंभ पाने पर भावप्रगल्भा नायिका अपने दोष का परिहार करती है। उतरालंकार का सुन्दर उदाहरण है। यहाँ 'अंग' शब्द इन्द्रिय वाची है। 'मोट्टायित' नामक स्वभावज अलंकार यहाँ प्रतीत होता है। लक्षण है—'मोट्टायितं तु तद्भावभावनेष्टकथादिषु' (दश. २-४०)।

अनुष्टुभ् छन्द है।

६५

(क) रुद्रम अनन्तचिन्ता।

(ग) रुद्रम त्वनिमात्रसुन्दरा...।

(घ) रुद्रम बत किं नु।

नायक मानिनी नायिका का वर्णन कर रहा है। यह श्लोक और आगामी श्लोक मिल कर 'युग्मक' बनते हैं। नायिका स्वीया, धीरा, प्रगल्भा है। नायक शठ है। सापराध प्रिय नायिका से प्रश्न करता है।

छन्द वंशस्थविल है।

६६

(ग) रुद्रम जगाद यद्वचः।

ईर्ष्यामान विप्रलंभ शृंगार है। मानिनी की 'न किञ्चित्' वचोभंगी उसकी सारी व्यथा को अभिव्यक्त कर देती है। नायक-नायिका पूर्वोक्त ही हैं।

छन्द वंशस्थविल है।

६७

(क) वेम — कामं तनुं कुरुते तनुम्।

(क) रवि, द्रम — वामस्तनुं कुरुते तनुम्।

(ख) वेम — दक्षः स्वैरम्।

(ख) रवि — दक्षश्चासौ।

सदुक्ति—२. ८५. ३ (अमरोः)। शार्ङ्ग—३५७२ (शिलाभट्टारिकायाः) सुभा—१६३३ (शिलाभट्टारिकायाः)।

कोई दूती प्रणयमान से अपमानित नायक को संबोधित करती है—"यदि तुम्हीं मानव्याधि से पीड़ित हो गये, तो किसलय कोमल बेचारी प्रमदा कैसे जियेगी ?" इससे 'संज्वर' नामक दशाविशेष का वर्णन हो रहा है। 'असत्समुच्चय' अलंकार है। ईर्ष्यामानात्मक विप्रलंभ शृंगार है। सोपालंभवचन रूप नर्म है। नायिका स्वीया, मध्या, कलहान्तरिता है। नायक शठ किंवा धृष्ट है।

छन्द हरिणी है।

६८

(क) वेम — नैव कान्ते।

(ख) रवि, वेम — कोपने कोऽपराधः।

(ग) वेम — परिजनगिरा कोपवेगे प्रशान्ते।

(क) रुद्रम, रवि — कैव कान्ते।

(ख) रवि — सन्मार्गस्थे।

(ग) रवि — परिजनकथाकोपवेगोपशान्तौ।

(घ) रवि — न स्थितं न प्रयातम्।

सूक्तिमु—पृ. १९७ (अमरुकस्य)। सुभा—१६०५ ('कस्यापि')।

प्रिया की मानोपशान्ति का वर्णन नायक कर रहा है। उसने कोपशान्त कराने के लिये नमन तथा सामोपाय का आश्रय लिया। नेत्रों में भर आया आँसू न बह पाया, न रुक पाया। इस अनुभाव से कोप के किंचित् अवशिष्ट रहने की सूचना

होती है। विप्रियकृत ईर्ष्यामानात्मक विप्रलंभ का वर्णन है। मान नर्म है। नायिका स्वीया, मध्या, किंव, प्रगल्भा तथा नायक शठ है। 'मन्दारम्भ' पर टिप्पणी करते हुए अर्जुन कहते हैं—

> "ननु सापराधोऽयं वामतां कथं त्यजामीत्याह–अस्मिन् मन्दारम्भे कोऽर्थः दोषोद्घोषणे कृतेऽपि निरुत्तरतया नम्रमुखे यथा कथञ्चित् प्रसादमेवा-काङ्क्षति सति। तस्मादपराधस्य कः उपरोधः। प्रणयिजनस्योपरो-धोऽस्त्विति भावः।"

विरोध अलंकार है। जिसमें परस्पर विरुद्ध द्रव्य आदि की एक समय ही परस्पर स्थिति होती है, वह विरोध अलंकार कहलाता है।

मन्दाक्रान्ता छन्द है।

६९

(क) वेम पुरा।

(क) वेम प्रथममविभिन्ना।

(ख) रवि, वेम ततोऽनु त्वं प्रेयान् वयमपि हताशाः प्रियतमाः।

(घ) वेम हतानाम्।

(क) रवि नियतमविभिन्ना।

(ख) रुद्रम ततोऽनु त्वं प्रेयानहमपि हताशा प्रियतमा।

कवीन्द्र—३५९ (भावाकदेव्याः)। सदुक्ति—२. ४७. २ (अमरोः)। सूक्तिमु पृ. १९८ (अमरुकस्य)। शार्ङ्ग—३५५८ (अमरुकस्य)। सुभा—१६२२ ('कस्यापि')। काव्यानु—पृ. ३०५ (नामरहित)। सुभाषितरत्न—६४६ (भावकदेव्याः)। कुवलयानन्द—कारिका—१११ (नामरहित)।

कोई मनस्विनी प्रिय को उपालंभ दे रही है। वैसे प्रकृष्ट स्नेह की भी कालान्तर में दुरवस्था हो जाती है। प्रिय प्रिय नहीं रहता और प्रिया प्रिया। प्रेम की गन्ध भी नहीं रहती। अर्जुन कहते हैं—

> "तदतिशायी तादात्म्येन स्त्रीपुरुषभेदोऽपि निवृत्त इत्यर्थः। इदानीं गवामिव त्वमस्माकं पतिः वयमप्यग्निसाक्षितया परिणीता इति यावज्जीवं भर्तव्या इति कलत्रम्, न तु प्रेमगन्धोऽपि।"

भरत ने प्रिय के लिए सम्बोधन दिये हैं—प्रिय, कांत, विनीत, नाथ, स्वामी, जीवित, नंदन। इनमें प्रिय, कांत, जीवित, नंदन साधारणतः प्रेम की उत्कट अवस्था के निदर्शक हैं। 'नाथ' पति-पत्नी के रुढ़ प्रेमस्वरूप का निदर्शक है। 'दयित', 'कान्त', 'जीवित' में यदि प्रणय के काव्यमय स्वरूप का दर्शन होता है, तो 'नाथ' में गद्यात्मक प्रेम दिखायी पड़ता है। निर्वेद संचारीभाव है। नायिका, स्वीया, प्रगल्भा, अधीरा है। नायक शठ है। सोपालंभवचन रूप नर्म है।

वृत्त शिखरिणी है।

७०

(क) वेम मखिलं कालम्।

(घ) रवि ननु स मे।

(घ) रुद्रम स्थितोऽयमधुना।

सुभा—११६१ (अमरुकस्य)। काव्यप्र—४. पृ. १५२ (नामरहित)।

इस श्लोक में मुग्धा नायिका के उत्कट प्रेम का मनोहर वर्णन है। सखी ने मान के लिये सीख दी, किन्तु नायिका का प्रिय से एकतान चित्त हृदयस्थितप्रिय के रुष्ट हो जाने की आशंका से भयभीत हो जाता है। काव्यप्रकाशकार मम्मट ने 'भीतानना' पद से शृंगार आविर्भूत होने के कारण इसे पदद्योत्य असंल्लक्ष्यक्रम व्यंग्य के उदाहरण में रखा है। वैवर्ण्य आदि सात्त्विक भाव, 'नीचैःशंस'—इस दीन वचन रूप अनुभाव से व्यक्त संचारीभाव रस का परिपोष करते हैं। वाणी तथा चेष्टाकृटत भयनर्म शृंगार का अंग है। 'मोट्टायित' नाट्यालंकार है।

शार्दूलविक्रीडित छन्द है।

७१

(ख) वेम प्राणेश्वरः वसति यत्र मनःप्रियो मे।

(ग) रुद्रम, रवि, वेम वद कथम्।

कवीन्द्र—५०९ (नामरहित)। शार्ङ्ग—३६१० (गोविन्द स्वामिनो विकटनितम्बायाश्च)। सुभा—१९४६ (अमरुकस्य)। सरस्वतीक—२. १४४

(३४२) (नामरहित)। वेतालपञ्चविंशतिः (सम्पादित-उहले) पृष्ठ २७ (नामरहित)। सुभाषितरत्न—८१६ (नामरहित)।

इस श्लोक को अर्जुनवर्मदेव प्रक्षिप्त मानते हैं। नवनिष्पन्नस्वैरिणी से कोई वृद्धा अभिसारिका प्रश्न कर रही है। नूतन अभिसारिका नायिका रात्रि के घनान्धकार में प्रिय से मिलने चल पड़ी है। सहास्य शृंगारी नर्म कैशिकी का अंग है। प्रश्नोत्तर अलंकार है।

छन्द वसन्ततिलका है।

७२

(ख) वेम	प्रेयान्केसर...।
(ग) वेम	कान्ता।
(घ) वेम	तेनाभवच्चुम्बिता।
(घ) वेम	धूर्ततया तदा।
(ग) रवि	तस्य सा।
(घ) रवि	धूर्ततया च वेपथुमतीं।
(ग) रुद्रम, रवि	कुड्मलिताननेन दधती।
(ग) रुद्रम	स्थिता तत्क्षणम्।
(क) रुद्रम	वनितया निःशङ्क...।
(घ) रुद्रम	धूर्ततया कपोलफलके।

सूक्तिमु—पृष्ठ २४६ (अमरुकस्य)। काव्यप्र—७ पृष्ठ ७२८ (नामरहित)। काव्यानु—पृष्ठ १६० (नामरहित)। रसार्णव—२, पृ. १८६ (नामरहित)।

कोई अन्यांगना द्वारा संदष्टाधर कामुक लीलाकमल से ताड़ित होकर आँखें मूँद लेता है। कामुक के अधर पर दन्तक्षत देख कर नायिका का ईर्ष्याकोप उद्दीपित होता है। यह कोप कमल प्रहाररूपी अनुभाव से प्रकाशित होता है। नायक आँखों पर परागकण पड़ने का बहाना कर आँखें मूँद लेता है तथा नायिका फूँक मारती है। इस अनुभाव से उसके हृदय का शंका-व्याभिचारी भाव प्रकट होता है। स्त्री स्वभाव का लाभ उठा कर नायक बिना पाद-पतन आदि

प्रसादनोपाय के ही चुम्बन कर ईर्ष्यामान का अपहरण कर लेता है। यह 'रसान्तर' नामक उपाय का दृष्टान्त है। लक्षण है—'रभसत्रासहर्षादिः कोपभ्रंशो रसान्तरम्।' (दशरू ४—६३)। इस श्लोक में नायिका ने 'भ्रान्ति से' अथवा 'धूर्तता' से फूँक मारी—यह बात कही गयी है। भ्रान्तिवश फूँक मारने में हेतु हो सकता है कि नायिका ने सोचा हो, प्रिय का अपराध तो बाद की बात है, पहले उसकी पीड़ा दूर हो, धूर्ततावश भी वह ऐसा कर सकती है कि बहाना मिला है, पादप्रणति के बाद मानत्याग के अभिनय की आवश्यकता ही क्या है? मुग्धा से वयोमुग्धता ही अभिप्रेत है, अन्यथा 'धूर्तता' उत्पन्न न होगी।

इस श्लोक में काव्य प्रकाशकार ने 'वायुंददती' से जुगुप्साजनक अश्लीलार्थ की प्रतीति मानी है। इसका उत्तर अर्जुन ने दिया है—

> "अत्र केचित् वायुपदेन जुगुप्साश्लीलमिति दोष माचक्षते। तद्यदि कीरदेशे कुड्मलिताननेन्दुपदसन्निधावपि कमलपरिमलोद्गारिणो मुखमारुतस्य प्रतीतिर्न भवति, भवति चाश्लीलप्रतीतिस्तदा वाग्देवतादेश इति व्यवसितव्य एवासौ, किंतु ह्लादैकमयीवरलब्धप्रसादौ काव्यप्रकाशकारौ प्रायेण दोषदृष्टौ येनैवंविधेष्वपि परमार्थसहृदयानन्दमन्त्रे (प्रदे) षु सरसकविसन्दर्भेषु दोषमेव साक्षादकुरुताम्। उक्तं च भट्टवार्तिके—
>
> "न चाप्यतीव कर्तव्यं दोषदृष्टिपरं मनः।
> दोषो ह्यविद्यमानोऽपि तच्चित्तानां प्रकाशते॥"

ईर्ष्यामानात्मक विप्रलंभ का उपक्रम कर संभोग शृंगार में पर्यवसान हुआ है। नर्मगर्भ कैशिकी वृत्ति का अंग है। नायिका स्वीया, मध्या तथा नायक धृष्ट है।

छन्द शार्दूलविक्रीडित है।

७३

(ग) वेम — कोपाटोपात्।

(ग) रुद्रम, रवि — मानोद्रेकात्।

(घ) रुद्रम, वेम — सशङ्कितमीक्षिता।

(घ) रवि — ससम्भ्रमुदीक्षिता।

(ख) रुद्रम — चटुलप्रेम्णा।

कवीन्द्र—३७९ (नामरहित)। सदुक्ति—२. ४६. ५ (नामोल्लेखरहित किन्तु संस्कृत कॉलेज पाण्डुलिपि में, 'अमरोः')। सूक्तिमु—पृष्ठ १९४ (नामरहित)। सुभा—१५७४ (अर्भकस्य)।

कोपनिर्धूतपतिका नायिका के पश्चात्ताप का वर्णन है। नायिका स्वीया, मध्या, कलहान्तरिता तथा नायक शठ है। समय शृंगारी नर्म है। धृति और औत्सुक्य संचारीभाव हैं। इनसे प्रणयमानकृत विप्रलंभ का परिपोष हो रहा है।

छन्द हरिणी है।

७४

(क) वेम, रवि   पश्याश्लेष।

(ग) रवि, वेम   गाढौष्ठग्रहपीडनाकुलेतया।

(क) रुद्रम   पुञ्जप्रसङ्गात्।

(ख) रवि   कोमलाङ्गि कठिने।

सूक्तिमु—पृष्ठ २८० (अमरुकस्य)। सदुक्ति—२. १३५. ३ ('बिल्हणस्य' किन्तु संस्कृत कॉलेज पाण्डुलिपि में 'काश्मीरक शिल्हणस्य' सेरमारपुर कॉलेज पाण्डुलिपि में केवल अन्तिम नाम)। सुभा—२१३३ (अमरुकस्य)।

कोई स्वीया प्रौढ़ा नायिका कान्त का वृत्तान्त सखी से कह रही है। नायिका अत्यन्त कोमलांगी है। चन्दन के रजःकण भी पीड़ादायक हैं। नायक ने चन्दन की धूलि से भरी शय्या पर कोमलांगी को शयन न करने दिया, अपितु वक्ष पर आरूढ़ किया। अधरों का गाढ़ पीड़न कर पैर के अंगुष्ठ और अंगुलि की चुटकी से वसन खींच उसने वह किया जो उसके अनुरूप था। 'आत्मनः उचितम्' उक्ति में नायिका की अग्राम्य भणिति और लज्जा अवलोकनीय है। 'मम उचितम्' में निश्चय ही ग्राम्यता आ जाती है। वक्षःसमारोप, वस्त्राकर्षण आदि अनुभावों के सहित औत्सुक्य आदि संचारीभाव से पूर्वावस्थित मान विप्रलंभ की पार्श्वभूमि में संभोग शृंगार का परिपोष होता है। ललित नायक के सात्त्विक यहाँ प्रतीति होते हैं? कैशिकी वृत्ति का नर्म गर्भ अंग है। युक्ति अलंकार की मार्मिक योजना है।

वृत्त शार्दूलविक्रीडित है।

७५

(क) रुद्रम, वेम कथमपि कृतप्रत्यावृत्तौ।

(क) रवि कथमपि प्रत्यावृत्ते।

(ग) वेम सखी श्रोत्रप्राप्तिं विशङ्क्य ससंभ्रमम्।

(ख) रवि प्रकल्पितमश्रु तत्।

(घ) रवि प्रचलितदृशा।

(घ) वेम विवलिवदृशा।

(घ) द्रम विचलितदृशा।

(ग) रुद्रम श्रोत्रप्राप्तिप्रसादससम्भ्रमम्।

सदुक्ति—२. ४३. ४ (नामरहित)। उद्‌भट काव्यालंकार पर प्रतिहारिन्दुराज—पृ. ७६ (अमरुकस्य)। ध्वन्यालोक—अभिनव—तृतीय उद्योत ७, पृ. १४२ (नामरहित)।

नायिका स्वीया, मध्या तथा नायक धृष्ट है। मानानन्तर संभोग शृंगार का वर्णन है। 'सरस्वतीकण्ठाभरण' इस श्लोक में प्रबन्ध में आवश्यक पाँचों सन्धियों की स्थिति का निर्देश करता है। 'कथमपि कृतप्रत्याख्याने' में चिरकांक्षित समागम में बीजभूत हर्ष की समुत्पत्ति का मुखसंधि के उपेक्षपादि अंग से निर्देश है। 'स्खलितोत्तरे' में प्रणयालाप तथा गोत्रस्खलन में विषाद से सम्पृक्त हर्ष का लक्षित अलक्षित उद्‌भेद प्रतिमुख सन्धि के परिसर्प आदि अंगों में निर्दिष्ट है। 'विरहकृशया कृत्वा व्याजं प्रकल्पितमश्रुतम्' में स्खलन अर्थ अपराध से दुर्लक्ष्य एवं हृष्ट-नष्ट बीजभूत हर्ष के पुरनः अन्वेषण में 'अभूताहरणादि अंगों से गर्भ सन्धि का निर्देश किया गया है।' 'असहनसखीश्रोत्रप्राप्तिप्रमादसरूभ्रमम्' में असहना सखी के कानों में नाम स्खलन के पड़ जाने से विघ्न पड़ने के भय से बीज-भूत हर्ष के विषय में पर्यालोचन में अवमर्श सन्धि की स्थिति है।

'शून्ये गेहे समुच्छ्वसितं पुनः' अंश के द्वारा 'यहाँ कोई नहीं है' इस भाव से प्रिय संगम रूप कार्य का बीज हर्ष के संपूर्ण निर्वाह से निर्वहण संधि का उल्लेख है। प्रबन्ध में प्राप्तव्य इन पंचसंधियों की स्थिति एक ही मुक्तक में होती है। कदाचित् इसी अद्‌भुत क्षमता के कारण आनन्दवर्धन ने अमरु के

कवि की इतनी प्रशंसा की है।

वृत्त हरिणी है।

७६

(ख) वेम विश्रान्तेषु।

(क) रवि आदृष्टिप्रसरम्।

(क) रवि निर्विस्मया।

(ख) रवि ध्वान्ते समुन्मीलति।

(घ) रवि सोऽभूदागत इत्य...।

(घ) वेम पुनर्वीक्षितः।

(ग) रुद्रम गत्वैकं सशुचा पदं प्रतिपदम्।

कवीन्द्र—४४१ (सिद्धोकस्य)। सदुक्ति—२. ५८. ५ (सिद्धोकस्य)। सुभा—१०५६ (अमरुकस्य)। दशरू—२. २७ (अमरुशतके)। सुभाषितरत्न—७२८ (सिद्धोकस्य)।

विरहिणी पथिक वधू का मार्मिक चित्र कवि ने उपस्थित किया है। कोई पथिक वधू सारा दिन पति की बाट जोहती रही, ग्रीवा ऊँची कर, पंजों पर खड़ी होकर जहाँ तक दृष्टि जाती थी, देखती ही रही। किन्तु अँधेरा फैलने पर जब पथिकों का सिलसिला टूट गया, राहें सूनी हो गयीं, तो शोकभरी वह घर को चलने को तत्पर हुई, किन्तु एक पग आगे रखते ही फिर पीछे मुड़ कर देखने लगी कि कहीं वह आ न गया हो! 'पान्थस्त्री'—इस एक वचन से ध्वनित होता है कि वह अकेली है, धैर्य देनेवाली कोई सखी भी उसके साथ नहीं है। यह प्रवासात्मक विप्रलम्भ प्रायः करुण सा होकर मर्म का स्पर्श करता है। अर्जुन कहते हैं—

> ''पान्थस्त्रिया इत्येकवचनेन विरहद्रोगभेषजात्मकप्रबोधनवाक्य-प्रस्तावनादि-भिराश्वासनदायिनी वयस्यापि तस्याः नास्तीति भावः। तदेवं प्रवासात्मको विप्रलम्भोऽप्येष करुणप्राय एवेतिमर्मणि स्पृशति। परमग्रेतनश्लोकस्यौचित्येन रसिकाः सञ्जीवन्ति।''

नायिका प्रोषितभर्तृका है—'देशान्तरगतेकान्ते खिन्ना प्रोषितभर्तृका।' नायक

अनुकूल है। प्रवासविप्रलम्भ शृंगार है। चेष्टाकृत संगमेच्छारूप शृंगारी नर्म है। छन्द शार्दूलविक्रीडित है।

७७

(ख) वेम गत्वा वासगृहे जडे।

(ग) रवि दृष्टास्मीत्य...।

(ग) रवि सत्वरतरम्।

(ग) रुद्रम व्याधूनयत्यम्बरम्।

सूक्ति—पृष्ठ २७७ (अद्भुतपुण्यस्य)। शार्ङ्ग—३६८० (अद्भुतपुण्यस्य)। सुभा—२०७६ (अद्भुतफुल्लस्य)। रसार्णव—२, पृष्ठ १३२ (नामरहित)।

विरहोत्कण्ठिता नायिका के औत्सुक्य का सुन्दर वर्णन है। प्रिय विदेश से लौटा। मिलनविषयिणी विविध कल्पनाओं के दिन तो जैसे-तैसे बीत गया, किन्तु मूर्ख विदग्धताहीन सखियाँ बातें कर रही थीं, तो कर ही रही थीं। तब तो रतिकातरमन तन्वंगी ने 'अरे बिच्छी ने डस लिया—डस लिया' कह कर तेजी से उछल-कूद कर चीनांशुक झाड़ा और दीपक बुझा दिया। इस श्लोक में भी पाँचों सन्धियाँ हैं। प्रियसंगम फल है। उसके बीजभूत औत्सुक की उत्पत्ति में मुख सन्धि है। 'मनोरथशतैःनींत्वा कथञ्चिद्दिनम्' में बीज के उद्भेद से प्रतिमुख सन्धि है। 'परिजने दीर्घा कथां कुर्वति' में दृष्ट-नष्ट बीज के अन्वेषण में गर्भसन्धि है। 'दष्टास्मि' में अवमर्श सन्धि तथा दीपक बुझाने में निर्वहण सन्धि है।

नायक अनुकूल तथा नायिका स्वीया, प्रगल्भा है। नर्म गर्भ कैशिकी का अंग है। यहाँ युक्ति अलंकार है।

वृत्त शार्दूलविक्रीडित है।

७८

(क) वेम वाचिका।

(ख) रवि, वेम लम्पटरणद्।

(ख) रुद्रम लम्पटपतद्...।

(ग) रुद्रम नन्वेषा तनु।

(घ) रुद्रम कण्ठध्वाननिरोधिकम्पितकुचश्वासोद्गमम्।

कोई विरही प्रियतमा का चिन्तन कर रहा है। नायिका स्वीया, मुग्धा, प्रोषितभर्तृका तथा नायक अनुकूल है। वसन्त ऋतु है, प्रिया दूर है। विषण्ण पथिक सुदूर पड़ी प्रिया की अवस्था की कल्पना कर रहा है। प्रिया आलंबन है। वसन्त, भृंगांगना, आम्रमंजरी आदि उद्दीपन हैं। वेपथु, वैवर्ण्य, अश्रुपातादि सात्त्विकभाव, रोदन, अनुभाव तथा दैन्य संचारीभावादि से प्रवासविप्रलंभ शृंगार की अभिव्यक्ति हो रही है। संभोगेच्छारूप शृंगारी नर्म यहाँ है।

शृंगारियों के गृह में अनंगवाटिका होती थी—

'तत्र भवनमासन्नोदकं वृक्षवाटिकासहिते द्विवासगृहं कारयेत्।'

द्वार पर आम्रवृक्ष लगाने की भी परिपाटी थी।

छन्द शार्दूलविक्रीडित है।

७९

(क) रुद्रम गदतो।

सूक्तिमु—पृष्ठ १४२ (नामरहित)। शार्ङ्ग—३४३५ ('कस्यापि')। सुभा—११५३ ('कस्यापि')। पद्यावली—३१९ (रुद्रस्य)।

कोई प्रोषितभर्तृका अपने ऊपर आक्षेप कर रही है। जीवन के सम्बन्ध में विद्वेष तथा अपने सम्बन्ध में अवज्ञा से प्रकाशकीयमान निर्वेद प्रवासविप्रलंभ शृंगार का परिपोष कर रहा है। आत्मोपक्षेपसंभोगेच्छारूप शृंगारी नर्म कैशिकी का अंग है।

छन्द शार्दूलविक्रीडित है।

८०

(ख) वेम तरले।

(ख) रवि सरले प्रेयसि।

(ग) रुद्रम विरहदहनो।

कवीन्द्र—३७२ (विकटनितम्बायाः)। सदुक्ति २. ४२. १ (नामोल्लेख रहित, किन्तु संस्कृत कॉलेज पाण्डुलिपि और सेरामपुर पाण्डुलिपि में 'राज शेखरस्य')। सुभाषितरत्न—६५९ (विकटनितम्बायाः)।

कोई सखी नायिका को डरा कर मान त्याग करा रही है। ईर्ष्यामानात्मक विप्रलंभ श्रृंगार है। दैन्य संचारीभाव से उसका परिपोष हो रहा है। अश्रु सात्त्विक भाव है। सोपालंभ वचन नर्म है। नायिका स्वीया, मध्या, कलहान्तरिता है। 'सरले' सम्बोधन से ध्वनित होता है कि धूर्तविदग्धों के कुटित-मनोज्ञ चेष्टाचमत्कारों में प्रवेश कर तुम रमण करना नहीं जानतीं, बस भोली ही हो। लोकोक्ति का सुन्दर प्रयोग किया गया है।

वृत्त शिखरिणी है।

८१

(ग) वेम स्तनतटीम् (इत्यपि)।

कवीन्द्र—३७७ (नामरहित)। सदुक्ति—२. ४९. ५ (नामरहित)। सुभा—१६२७ (कस्यापि)। ध्वन्या—२. १७ (कस्यापि)। वक्रोक्तिजी—पृ. १२६ (नामरहित)। सरस्वतीक—५. १७५ (४८. ९) (नामरहित)। सुभाषितरत्न—६६४ (नामरहित)।

कोई नायक मनस्विनी नायिका को मना रहा है। यहाँ श्लेष से चुम्बनादि कान्त-व्यापार का आरोपण रोष पर किया गया है। पहले चरण में 'कर पर कपोल टिकाने' के अनुभाव से विषाद-चिन्ता, निःश्वास से अधर वैवर्ण्य, तृतीय चरण से निर्वेद, वाष्प, कंप आदि सात्त्विकभावों से आवेग व्यभिचारी व्यक्त होता है। इनसे ईर्ष्यामानात्मक विप्रलंभ की पुष्टि होती है। नायिका स्वीया, मध्या, धीराधीरा है तथा नायक शठ है। सोपालंभ वचन नर्म कैशिकी का अंग है।

वृत्त शिखरिणी है।

८२

(घ) वेम बालाभवच्चुम्बिता।

सदुक्ति—२. १२६. ४ (अमरोः)। सुभा—२११३ ('कस्यापि')। ध्वन्या—

४.२ (नामरहित)। काव्यप्र—४. (नामरहित)। काव्यानु—पृ. १६ (नामरहित)। साहित्यद—१.३ (नामरहित)।

मुग्धा नायिका के रत्यौत्सुक्य का रमणीय वर्णन है। नायिका स्वाधीन, पतिका, मुग्धा है। उत्सुकता व्रीडा हर्ष इत्यादि संचारीभावों से संभोग-श्रृंगार उद्दीपित हो रहा है। चुम्बन, आलिंगन आदि उसका अनुभाव है। नायिका द्वारा किया गया यह चुम्बन 'कामसूत्र' के अनुसार साभिप्राय है। इससे रागोद्दीपन होता है—'सुप्तस्य मुखमालोकयन्त्याः स्वाभिप्रायेण चुम्बनं रागोद्दीपनमिति।'

वृत्त शार्दूलविक्रीडित है।

८३

(क) वेम लोलभ्रूलतया।

(क) वेम विधूतम्।

(ग) वेम ईषत्ताम्रकपोलकान्तिनि मुखे दृष्ट्या नतः।

कुवलयानन्द—कारिका ११३ (नामरहित)।

नायक के अन्य प्रिया से मिलने के अपराध के कारण किये गये ईर्ष्यामानात्मक विप्रलंभ का वर्णन है। घर के बड़े लोगों की उपस्थिति में भी मान और प्रसादन का व्यापार इंगित और चेष्टाओं द्वारा चलता रहा। नायिका के शिर:कम्पन से अन्यवनिताव्यापार व्यक्त होता है। नायक नमस्कार कर इसे अस्वीकार करता है। नायिका का कपोल अरुण होने से उसके अस्वीकार पर और अधिक क्रुद्ध होना प्रकट होता है। नायक पैरों पर दृष्टि डालकर क्षमायाचना करता है। चेष्टाकृत मान नर्म कैशिकी का अंग है। नायिका स्वीया, प्रगल्भा तथा नायक शठ है। 'कुवलयानन्द' में इस श्लोक का उल्लेख है।

छन्द शार्दूलविक्रीडित है।

८४

(ख) रवि स्वेदकणाञ्चितम्।

(घ) रवि तत्केनापि।

(ख) रुद्रम दृष्टेनैव मनोहृतं धृतिमुषा प्राणेश्वरेणाद्य मे।

(ग) रुद्रम हे मातः कथया कृतं त्वपरया नाहं क्षमासाम्प्रतम्।

(घ) रुद्रम तत्केनात्र निरूप्य शंस निपुणे मानः समाधीयते।

कोई नायिका सखी द्वारा मान का उपदेश किये जाने पर मान-निर्वाह में अपनी असमर्थता व्यक्त कर रही है। नायिका स्वीया, मुग्धा तथा नायक अनुकूल है। 'शठ' शब्द से नायक की शठता नहीं, अपितु नायिका का तद्विषयक सातिशय अनुराग व्यक्त होता है। 'निरूप्यमाण निपुणः' की व्याकरण की दृष्टि से संगति कठिन है। अर्जुन कहते हैं—"निपुणं निरूप्यमाणो निरूप्यमाणनिपुणः। सुप्सुपेति समासः। पूर्वनिपातानियमः।"

वृत्त शार्दूलविक्रीडित है।

८५

(क) रुद्रम दृष्टःकातरया दृशा द्रुततरम्।

(ख) वेम पश्चादंशुकपल्लवे च।

(ग) वेम इत्याक्षिप्य समस्तमेवमघृणो।

सदुक्ति—२. ५१. १ (नामरहित)। सूक्तिमु—पृ. १३० (अमरुकस्य)। शार्ङ्ग—३३८६ (अमरुकस्य)।

प्रवत्स्यत्पतिका नायिका के विषय में एक सखी दूसरी सखी से बता रही है। नायक शठ है। कातर दृष्टि, हाथ जोड़ना, अंशुक पल्लव पकड़ना तथा दृढ़ आलिंगन आदि अनुभावों से दैन्य व्यभिचारी तथा प्राणपरिग्रहत्याग से विप्रलंभ का परिपोष होता है। चेष्टाकृत संभोगेच्छारूप शृंगारी नर्म है। नायिका स्वीया, मध्या है। अतिशयभेद तथा कर्तृदीपक अलंकार है।

वृत्त शार्दूलविक्रीडित है।

८६

(ग) रवि रथ्यालिवीक्षणनिवेशितलोलदृष्टेः।

(घ) रवि नूनं छनच्छनिति...।

शाङ्ग—३४५५ (छमच्छमिकारत्नस्य)। सुभा—१२७९ (छमच्छमिकारत्नस्य)। व्यक्तिवि—पृ. १०१ (नामरहित)।

कोई वियोगी दयिता की दुरवस्था का स्मरण कर रहा है। प्रिय की राह देखती दयिता के विरह दग्ध उरोजों पर जो अश्रु कण गिरते हैं, वे छन-छन करते हुए उड़ जाते हैं। यहाँ उत्प्रेक्षा है। प्रिया का दैन्य, अश्रु-सात्त्विक भाव आदि सूचक विरह दुःख की स्मृति से प्रवासविप्रलंभ का परिपोष हो रहा है। नायिका स्वीया, विरहोत्कण्ठिता है।

छन्द वसन्ततिलका है।

८७

(क) वेम	चिन्तामोहनिबध्यमानमनसा।
(ख) वेम	प्रत्याख्यात...।
(ख) वेम	प्रवृत्तः शठः।
(घ) वेम	तन्वङ्ग्या स पुनस्तथा तरलया तत्रान्तरे वारितः।
(घ) रवि, रुद्रम	श्वासोत्कम्पकुचम्।
(घ) रुद्रम	जीवेशया।

कोई सखी मानिनी का वृत्तान्त दूसरी सखी से कह रही है। प्रिय लौटने लगता है, तो दैन्य व्यभिचारी भाव का उदय होता है, उसकी साहाय्य स्तम्भ, अश्रुपात, वेपथु आदि सात्त्विकभाव करते हैं। अश्रु, चंचल, दृष्टि, निःश्वास आदि अनुभाव है। मानग्रह के त्याग के कारण सलज्ज, दैन्य के कारण अलस, अवमानातिशय के कारण अश्रुधार बहानेवाले नेत्रों से उसने देखा। नायक ने नयन और उपेक्षा उपायों का आश्रय लिया। प्रणयमानकृत ईर्ष्या के लोप से संभोग-शृंगार का अभिव्यंजन है। नर्मस्फोट कैशिकी वृत्ति का अंग है। नायिका स्वीया, मुग्धा तथा नायक शठ है।

छन्द शार्दूलविक्रीडित है।

८८

(क) वेम	विलासविधुरम्...चालसम्।
(ख) वेम	कान्ति मधुरम्।

(ग) वेम रतिकेलिदत्तरभसम्।

(घ) वेम मुखमिदम् तत्केन विस्मार्यते।

(क) रुद्रम लम्बालकान्ते मया।

(ख) रुद्रम सम्भूय क्षणतःसुकान्ति सरसे।

(घ) रुद्रम, वेम पीतंयत्।

विदेश से लौटा कोई प्रवासी चिरकांक्षित दयितामिलन को प्राप्त करता है। सहसा मिलन और चुम्बन से अनिर्वचनीय विलासयुक्त नायिका मुखश्री का वर्णन नायक कर रहा है। संभोगशृंगार का वर्णन है। प्रथम विरह में दैन्य, म्लानता, पांडुता, आलस्य आदि का वर्णन कर प्रियदर्शन होने पर हर्ष, औत्सुक्य आदि भाव तथा कान्तिमत्त्व, सरसत्व आदि अनुभावों का वर्णन है। नायक अनुकूल है। नायिका स्वीया, मुग्धा है। वेम स्वीया, मध्या मानते हैं। संभोग नर्म है। पर्याय अलंकार है।

छन्द शार्दूलविक्रीडित है।

८९

(क) रुद्रम नृणामनुचितावेतौ यतो।

(ख) रुद्रम मवृत्तिरेष।

(ग) रुद्रम स्वामेव मत्वा तनुम्।

किसी नायिका ने विपरीतरति व्यापार में आकुल हो पहले पुरुषभाव छोड़ा, फिर वल्लभ। 'सैवाहं' से लज्जाविनयादि से युक्त नायिका की रतिव्यत्यय की धृष्टता व्यक्त होती है। 'निःसाध्वसत्वं प्रागल्भ्यम्' उक्ति के अनुसार प्रागल्भ्य नाट्यालंकार है। स्मृति के साथ लज्जा के वर्णन से मर्यादा के उल्लंघन का भय व्यक्त होता है। सहसा पुंभाव के परित्याग से 'मति' संचारीभाव की प्रतीति होती है। सुरतवेला में स्त्री-पुरुष—भेद समाप्तिरूप मोहनावस्था लक्षित होती है। स्मृति, लज्जा के अनन्तर मति संचारीभाव से परिपुष्ट संभोग शृंगार है। भयनर्म कैशिकी का अंग है। अतिशय का भेद 'पूर्व' अलंकार है। नायिका स्वीया, प्रगल्भा तथा नायक अनुकूल है।

वृत्त शार्दूलविक्रीडित है।

९०

(क) वेम विलम्बितमेखला।

(घ) वेम सुरतविरतौ रम्यं तन्वी पुनः पुनरीक्ष्यते।

(घ) रुद्रम सुरतविरतौ।

कवीन्द्र—३१५ (नामरहित)। सदुक्ति—२. १३६–२ (नामरहित)। सूक्तिमु—पृ. २८२ (अमरुकस्य)। शार्ङ्ग—३७०६ (अमरुकस्य)। सुभा—२१०५ (नामरहित)। काव्यालंसू—५. २. ८ (केवल प्रथम चरण, नामरहित)। काव्यानु—पृ. ३१४ (नामरहित)। सुभाषितरत्न—५९१ (नामरहित)।

सुरतावसान में क्षामांगी रमणीया नायिका पति को बार–बार देखती है। इसीलिए साभिप्राय हँस कर लज्जा से संभ्रमित हो पति के नेत्र मूँदती है। नायिका स्वीया, मध्या है। नायिका द्वारा नेत्र मूँदे जाने से उसका औत्सुक्य गूढ़तया सूचित होता है। संभोग शृंगार ध्वनित हो रहा है। 'मन्मथाप्यायिता छाया सैव कान्तिरिति स्मृता' के अनुसार कान्ति नामक नाट्यालंकार है। चेष्टाकृत शृंगारी नर्म है। कारकदीपक अलंकार है।

छन्द हरिणी है।

९१

(ग) वेम दुर्जनप्रलपितं कर्णे भृशम्।

(घ) वेम दुःखानुवृत्या यतः।

(ग) रुद्रम कर्णे विषम्।

सूक्तिमु—पृ. १९६ (नामरहित)।

कोई सखी मानिनी को डराकर प्रिय के समीप भेज रही है। भेद उपाय की योजना है। 'छिन्नस्नेहरसाः भवन्ति पुरुषा दुःखानुवर्त्या पुनः' से भय उत्पन्न किया जा रहा है। विप्रियकृत ईर्ष्यामानात्मक विप्रलंभ का वर्णन है। सोपालंभ वचन नर्म है। नायिका स्वीया, मध्या तथा नायक शठ है।

शार्दूलविक्रीडित छन्द है।

९२

(क) रुद्रम, वेम	उन्मूल्यते।
(ख) रुद्रम	कण्ठ:शोषम्।
(ख) वेम	तथोपेक्षित:।

सदुक्ति—२. ४१. २ (नामरहित)। शार्ङ्ग—३५४३ ('कस्यापि')। सुभा—११५७ ('कस्यापि')। पद्यावली—२३७ (अमरो:)। दशरू—२. २६ (नामरहित)। काव्यानु—पृ. ३०६ (नामरहित)।

कोई नायिका सखियों को उपालंभ दे रही है। नायिका स्वीया, मुग्धा, कलहान्तरिता है। यहाँ विषाद और औत्सुक्य भावों की सन्धि है। प्रिय की उपेक्षा से विषाद, प्रिय का मुख न देख पाने से औत्सुक्य उदित हो रहा है। नि:श्वास, हृदयताप, जागरण इत्यादि अनुभाव तथा विषाद, औत्सुक्य संचारीभाव हैं। अमर्ष की भी थोड़ी झलक मिलती है। प्रणयमानात्मक विप्रलंभ श्रृंगार है। सोपालंभवचनरूप नर्म हैं। काम की 'संज्वर' दशा का चित्रण है। विषम अलंकार है।

वृत्त शार्दूलविक्रीडित है।

९३

(क) वेम	अद्यारभ्य न हि प्रिये पुनरहं मानस्य वा भाजनम्।
(ग) वेम	किं तेनैव।
(ग) वेम	किरणस्पृष्टा...।
(घ) वेम	नैको वा।
(ख) रुद्रम, वेम	गृह्णीयां विषरूपिण: शठमतेर्नामापि।
(ग) रुद्रम	शशाङ्कधवलस्पष्टाट्टाहासा:।
(क) रुद्रम	चान्यस्य वा।

शार्ङ्ग—३५४१ ('कस्यापि')। सुभा—११५९ ('कस्यापि')।

कोई मानिनी सौ-सौ मनोरथों से प्रिय के मिलन की प्राप्ति हो जाने पर फिर से मान न करने की शपथ लेती है। प्रिय के बिना चाँदनी से श्वेत रात्रियाँ

अथवा मेघाच्छित वर्षाकाल का एक दिन शपथ की शर्त है। अनेक शशांक धवल रात्रियों की अपेक्षा वर्षा का एक दिन भी प्रिय के बिना अधिक कष्टदायक है—यह 'एक' पद की व्यंजना है। विप्रियकृत ईर्ष्यामानात्मक विप्रलंभ के बाद कलहान्तरिता, स्वीया, मध्या नायिका के पश्चात्ताप वचनरूप नर्म से प्रियसम्बन्धी निरतिशय प्रेम की अभिव्यक्ति हो रही है। संभोग श्रृंगार है।

वृत्त शार्दूलविक्रीडित है।

९४

(क) रुद्रम न हि श्वेतमथकिम्।

(ख) रुद्रम गमिष्यामो भद्रे भवतु गमनेनालमनिशम्।

(घ) रुद्रम परिचितः कस्य पुरुषः।

सूक्तिमु—पृ. २९३ (अमरुकस्य)। शार्ङ्ग—३५४४ (अमरुकस्य)। सुभा—११३८ ('कस्यापि')।

कोई सखी नूतनमानिनी को अपने प्रिय का दुर्नय बता कर धैर्य दे रही है। नायिका के उद्वेग से विषाद संचारीभाव की अभिव्यक्ति हो रही है। विषादव्यक्त-वचनरूप नर्म है। विप्रलंभ श्रृंगार है। नायिका प्रगल्भा, अतिसंधिता, कलहान्तरिता तथा नायक शठ है।

छन्द शिखरिणी है।

९५

(क) वेम साम्रालापाः।

(ग) वेम इति बहुफलो।

(क) रुद्रम सान्त्वालापाः।

(ग) रुद्रम इति च बहुलो।

(ग) रुद्रम, वेम तथापि च।

(घ) रुद्रम हृदयदयिता कान्ता।

सुभा—११३७ (पुण्ड्रकस्य)।

कोई मानिनी अपने मन में वितर्क कर रही है। ईर्ष्यामानात्मक विप्रलंभ का उदाहरण है। चिन्ता व्यभिचारीभाव तथा उसका पोषक है। नायिका स्वीया, मध्या तथा नायक शठ है। आत्मोपक्षेपरूप श्रृंगारी नर्म है।

हरिणी वृत्त है।

९६

(ख) रवि सिक्तोऽनुषङ्गोद्भवः।

(घ) रवि श्वासामोदसमाकुलालिनिकरव्याजेन धूमावली।

(ख) रुद्रम सक्रोधयोगोद्भवः।

(ग) रुद्रम सिक्तस्तस्य।

(ग) रुद्रम मुखादुद्गता।

(घ) रुद्रम मन्ये श्वासनिरन्तरोष्णसरणिव्यासेन धूमावली।

सूक्तिमु—पृष्ठ १३५ (अमरुकस्य)। शार्ङ्ग—३४०८ ('कस्यापि')। सुभा—१०९१ ('कस्यापि')।

धीरा, विरहोत्कण्ठिता, स्वीया नायिका का चिन्तन नायक कर रहा है। यह उत्कृष्ट उत्प्रेक्षा है। नायिका के हृदय में विरहवह्नि प्रदीप्त है। बड़े लोगों के सम्मुख लज्जा से उसने जो अश्रु बाहर नहीं आने दिये, वे ही उस अग्नि में पड़ कर धूम बन गये। वही धूम है जो नायिका के आनन पर श्वाँस से उड़ गयी अलियों की पंक्ति के रूप में दिखायी पड़ रही है। वियोगिनी की साँसें कमल की भाँति सुगंधित हैं। यह पद्मिनी का गुण है।

छन्द शार्दूलविक्रीडित है।

९७

(ग) रुद्रम कर्तुमपीहितं धृतमिदं।

(घ) रुद्रम सज्जो।

कवीन्द्र—३५८ (धर्मकीर्तेः)। सदुक्ति—२. ४६. ३ (धर्मकीर्तेः, जिसके

वाद संस्कृत कॉलेज पाण्डुलिपि में 'अमरोः')। सूक्तिमु—पृष्ठ १९४ (नामरहित)। सुभा—१५७८ (अमरुकस्य)। पद्यावली—२३१ (अमरोः)। काव्यालंकार—रुद्रट पर नामिसाधु—४. ४६ (नामरहित)।

सखियों ने मान सिखाया। नायिका अपना संदेह व्यक्त कर रही है। मुग्धा, स्वीया नायिका है। प्रणयमानात्मक विप्रलंभ श्रृंगार है। औत्सुक्य संचारीभाव रस का पोषण करता है। आत्मोपक्षेप रूप श्रृंगारी नर्म है।

छन्द शार्दूलविक्रीडित है।

९८

(ख) रुद्रम, वेम सरलहृदयत्वात्।

(घ) वेम गृहीत्वा।

सूक्तिमु—(अमरुकस्य)।

कोई स्वैरिणी चिरमनोरथ से प्राप्त कामुक से चौर्यरत का वर्णन अपनी सखी से कर रही है। नायिका मुग्धा है। नायक वदन सूँघने आदि अनुभाव से प्रतीत औत्सुक्य व्यभिचारीभाव तथा उसके द्वारा अवलम्बित छलादि उपाय से संभोग श्रृंगार का पोषण हो रहा है। कैशिकी वृत्ति का नर्म गर्भ अंग है।

वृत्त शिखरिणी है।

९९

(ग) वेम चरणाग्ररुद्धवसुधः।

(घ) वेम तथैव।

(घ) वेम मुहुर्वीक्षते।

(ग) रवि कृत्वाश्रुपूर्णे दृशौ।

(घ) रवि मुहुः क्षीयते।

(ग) रुद्रम कृत्वाश्रुपूर्णां दृशम्।

(घ) रुद्रम चिरं वीक्षते।

सदुक्ति—२. ८६. १ ('श्रीहर्षस्य', संशोधित 'अमरोः', संस्कृत कॉलेज पाण्डुलिपि में 'अमरोः' साथ ही 'श्रीहर्षस्य', सेरमापुर कॉलेज पाण्डुलिपि में केवल 'अमरोः') शार्ङ्ग—३४४५ ('कस्यापि')। सुभा—१७७८ (नरसिंहस्य)। दशरू—४. ६५ (अमरुशतके)। सुभाषितरत्न—७६५ (श्रीहर्षस्य)।

प्रवासात्मक विप्रलंभ का सुन्दर उदाहरण है। अश्रु सात्त्विकभाव है। औत्सुक्य, चिन्तासंचारीभाव सहकारी के रूप में वर्णित हैं। नायक विरही है। नायिका स्वीया, मध्या है। दशरूपक में 'हो चुका, हो रहा, और भावी—तीन प्रकार' का प्रवास विप्रलंभ वर्णित है। उसमें यह श्लोक वर्तमान प्रवास के उदाहरण के रूप में वर्णित है।

छन्द शार्दूलविक्रीडित है।

१००

(क) वेम — चक्षुः प्रीत्या निषण्णे मनसि परिचयाच्चिन्त्यमानेऽभ्युपाये।

(ख) वेम — याते रागे विवृद्धिं प्रविसरति गिरां विस्तरे।

(ग) वेम — दूरे स तावत्।

(घ) रुद्रम — सन्दधाति।

(ख) रुद्रम — पश्चाद्योगे गुरुत्वं प्रविकसतितराम्।

(क) रुद्रम — चक्षुः प्रीतिप्रसन्ने।

सूक्तिमु—पृ. २७२ (नामरहित)। सुभा—२०८४ ('कस्यापि')।

पूर्वानुराग अथवा अयोगविप्रलंभ श्रृंगार का सुन्दर उदाहरण है। प्रथम अर्धांश से चक्षुः प्रीति, मनः संग, संकल्प आदि अनुभावों से काम की अभिलाष आदि पूर्वानुराग की दशा का वर्णन हो रहा है। मिलने के उपाय में निसृष्टार्था दूती का प्रयोग किया गया है। संभोगेच्छात्मक श्रृंगारी नर्म है। वेमभूपाल की दृष्टि में नायिका परकीया है। स्मृति नामक संचारीभाव है। आत्मोपक्षेप रूप श्रृंगारी नर्म है। अतिशयोक्ति अलंकार है।

छन्द स्रग्धरा है।

१०१

(क) वेम तत्क्षणात्।

(ख) वेम तद्वासः श्लथः....

(ग) वेम केवलमहम्।

(घ) वेम रतं तु किं कथमपि।

कवीन्द्र—२९६ (विकटनितम्बायाः)। सदुक्ति—२. १४०. १ (विकटनितम्बायाः)। सूक्तिमु—पृ. २९९ (नामरहित)। शार्ङ्ग—३७४७ (अमरुकस्य)। सुभा—२१४७ (अमरुकस्य)। दशरू—२. १८ (नामरहित)। काव्यमी—पृष्ठ ६७ (नामरहित)। सरस्वतीक—५. १५३ (४४) (नामरहित)। काव्यानु—पृष्ठ ९४। वेतालपञ्चविंशतिः (सम्पादित उहले, लिपिजिंग—१८८१)—पृ. ४९ (नामरहित)। सुभाषितरत्न—५७२ (विकट-नितम्बायाः)।

कोई नायिका सखियों के 'पति कैसे रमण करता है?' पूछने पर बता रही है। नायिका स्वीया, प्रगल्भा है। स्पर्श होने से पूर्व ही गाँठें खुल जाती है, जिससे सात्त्विक भावातिशय का सूचन होता है। जड़ता संचारीभाव है। दशरूपक में रतनप्रगल्भा नायिका के उदाहरण रूप में इसे प्रस्तुत किया गया है। इसी वजन का 'श्रृंगारतिलक' (१. ७५) में श्लोक है—

> ''धन्यास्ताः सखियोषितः प्रियतमे सर्वाङ्गलग्नेऽपि याः,
> प्रागल्भ्यं प्रथयन्ति मोहनविधावालम्ब्य धैर्यं महत्।
> अस्माकं तु तदीयपाणिकमलेऽप्युन्मोचयत्यंशुकं,
> कोऽयं का वयमत्र किं च सुरतं नैव स्मृतिर्जायते॥''

छन्द शार्दूलविक्रीडित है।

१०२

अलङ्कारस—पृ. १३७। वेतालपञ्चविंशतिः (सम्पादित उहले लिप्जिग—१८८१)—पृ. १५३ (नामरहित)।

कोई वियोगी अपने मन में सोच रहा है। सभी दिशाओं में प्रिया की मूर्ति दिखायी पड़ रही है। यह 'उन्माद' नामक काम दशा है। 'विस्मय' संचारीभाव

है। स्वानुराग प्रकाशनात्मक शृंगारी नर्म है। एकत्र स्थित नायिका की अनेकत्र कल्पना की गयी है। अलंसर्वस्वकार रुय्यक ने इस कल्पना को 'विशेष' अलंकार का उदाहरण माना है। इस श्लोक के समान भाव का श्लोक बिल्हण ने दिया है। राजशेखर ने 'विद्धिशालभञ्जिका' (अंक १) में इस अद्वैतवाद की चर्चा की है।

छन्द मंदाक्रान्ता है।

अर्जुनवर्मदेव के अनुसार 'अमरुशतकम्' का संस्करण यहीं समाप्त होता है। इसके बाद अन्य संस्करणों के तथा अन्य ग्रंथों में उद्धृत अतिरिक्त श्लोक हैं।

१०३

(क) रवि सम्भृतां वीक्ष्य।

(ख) रवि प्रसरसि।

(ख) रवि यत्र।

सुभा—१२९५ ('कस्यापि')।

नायक की उक्ति है। दैन्य नामक संचारीभाव है। भविष्यत्प्रवासविप्रलंभ शृंगार है। नायिका स्वीया, मुग्धा तथा नायक अनुकूल है। नर्मस्फोट है। जाति अलंकार है।

वृत्त मालिनी है।

१०४

सुभा—२०५७ (नरसिंहस्य)। ध्वन्या—३. ४ (नामरहित)। लोचन, ध्वन्यालोक—पृ. १३३ (नामरहित)। व्यक्तिवि—पृ. १३५ (नामरहित)। दशरू—२. १६ (नामरहित)। काव्यानु—पृष्ठ ७२ (नामरहित)।

कवि की उक्ति है। गुरुजनों की उपस्थिति में भी प्रिय और प्रिया के रस ग्रहण का वर्णन है। 'प्रियाः' में वेम ने 'पुमान्स्त्रिया' में 'एकशेष' माना है। 'स्मरदनदीपूरेणोढाः' से अत्यन्त अभिलाषपरतंत्र होने की व्यंजना होती है। 'लिखितप्रख्यैः' से स्तंभ नामक सात्त्विक भाव अभिव्यक्त होता है।

औत्सुक्य नामक संचारीभाव है। संभोग श्रृंगार है। चेष्टाकृत श्रृंगारी नर्म है। जाति अलंकार है।

हरिणी वृत्त है।

१०५

सदुक्ति—२. ११३. १ (सुविभोकस्य) सूक्तिमु—पृ. १६६। (नामरहित)। शार्ङ्ग—३५०८ ('कस्यापि')। सुभा—१४२३ ('कस्यापि')। सरस्वतीक—४. ८७ (२३६) (नामरहित)। काव्यप्र—१ (नामरहित)। काव्यानु—पृ. ३५ (नामरहित)। जयरथ—पृ. १३ (नामरहित)। साहित्यद—२.१६ (नामरहित)। सुभाषितरत्न—८३७ (नामरहित)।

नायिका को लाने के लिए गयी, किन्तु स्वत: संभोग चिह्नों के साथ लौटी दूती के प्रति नायिका की उक्ति है। 'यहाँ से वापी नहाने गयी थी, उस अधम के पास थोड़े ही गयी थी'—कथन से व्यंजना होती है कि 'उसी के पास रमण करने गयी थी।' यहाँ नायिका स्वीया, प्रगल्भा तथा नायक शठ है। ईर्ष्याक्रोधप्राय नर्म है। समाधि अलंकार है—'युगपन्नैकधर्माणामभ्यासश्च मतो यथा।'

शार्दूलविक्रीडित वृत्त है।

१०६

दशरू—२. १९ (नामरहित)। काव्यानु—पृष्ठ ३०४ (नामरहित)।

नायक की उक्ति है। नायिका की अद्‌भुत रोषभंगी का वर्णन है। अवहित्थ नामक संचारीभाव है। नायिका स्वीया, धीरा, प्रगल्भा तथा नायक शठ है। ईर्ष्यामानकृत विप्रलंभ श्रृंगार है। नर्म गर्भ है। युक्ति अलंकार है।

वृत्त शार्दूलविक्रीडित है।

१०७

कवीन्द्र—३२७ (नामरहित)। सूक्तिमु—पृष्ठ २८१ (नामरहित)। शार्ङ्ग—३०७० ('कस्यापि')। सुभा—२१३१ ('कस्यापि')। दशरू—२. १८ (नामरहित)। साहित्यद—३. ६० (नामरहित)। सुभाषितरत्न—६१४ (नामरहित)।

कवि की उक्ति है। इस वर्णन से पुरुषायित रति तथा विभिन्न अवस्थाओं की व्यंजना होती है। वेम कहते हैं—

"अत्र क्वचित्ताम्बूलाक्तः इत्यनेन मार्जारकरणं सूचितम्। यथोक्तं रति-रहस्ये—'प्रसारिते पाणिपादे शय्यास्पृशि मुखोरसि। उन्नतायाः स्त्रियः कट्यां मार्जारकरणं स्मृतम्।' इति। क्वचिदगुरुपाङ्कङ्कमलिनः इत्येनन करिपदं नाम बन्धविशेषः सूच्यते। यथोक्तम्—'भूगतस्तनभुजास्यमस्तकामुन्नतस्फि-जमधोमुखीं स्त्रियम्। क्रामति स्वकरकृष्टमेहने वल्लभः करिपदं तदुच्यते।' इति। क्वचिच्चूर्णोद्गारीत्यनेन धेनुकं नाम करणं सूच्यते। यथोक्तम्—'न्यस्तहस्तयुगला भुवस्तले योषिदेति कटिरूढवल्लभा। अग्रतो यदि शनैरधोमुखी धेनुकं वृषवदुन्नते प्रिये।' इति। 'क्वचिदपि च सालक्तकपदं' इत्यनेन पुरुषायितं सूच्यते। तत्स्पष्टमेव। 'वलीभङ्गाभोगैरित्यनेनालकपतितैः शीर्णकुसुमै'—रित्यनेन च रत्युपमर्दातिशयः सूच्यते।"

संभोग श्रृंगार है। स्वीया प्रगल्भा नायिका है। जाति अलंकार है।

वृत्त शिखरिणी है।

१०८

कवि की उक्ति है। शिर हिलाने से निषेध सूचित होता है। औत्सुक्य नामक संचारीभाव है। नायिका स्वीया, मध्या या प्रगल्भा तथा स्वाधीनपतिका है। नायक अनुकूल है। संभोग श्रृंगार है। चेष्टाकृत संभोगेच्छारूप श्रृंगारी नर्म है। सूक्ष्म अलंकार है। जैसा कि 'काव्यादर्श' में कहा गया है—

'इङ्गिताकारलक्ष्यार्थसौक्ष्म्यात्सूक्ष्म इति स्मृतः।'

वृत्त शार्दूलविक्रीडित है।

१०९

अर्जुन—रसिकसञ्जीविनी—श्लोक २२ में उद्धृत (नामरहित)। कवीन्द्र—३६२ (हिङ्गोकस्य)। पद्यावली—२६३ (नामरहित)। दशरू—२. ७ (नामरहित)। साहित्यद—३. ३७ (नामरहित)। सुभाषितरत्न—६४९ (हिङ्गोकस्य)।

नायिका की सखी नायक को उपालंभ दे रही है। यहाँ नायक की वाणी

को 'घृतमधुमय' कहने से पहले हितत्व और बाद में अहितत्व व्यक्त होता है, क्योंकि समधृत और मधु परिणाम में विष हो जाता है। वाग्भट ने कहा है—'मधुसर्पिर्वसातैलपानीयानि द्विशस्त्रिशः। एकत्र वा संमाशानि विरुध्यन्ते परस्परम्॥' 'तदेतत्क्वाचक्षे' से 'तुमने मेरी सखी को धोखा दिया, किसके सम्मुख अपना दुःख कहूँ'—यह निर्वेद व्यक्त होता है। यहाँ नायिका स्वीया, प्रगल्भा तथा नायक शठ है। विप्रलंभ शृंगार है। सोपालम्भवचन नर्म तथा आक्षेप अलंकार है।

वृत्त शिखरिणी है।

११०

सदुक्ति—२. ३२. २ (नामरहित)। सूक्तिमु—पृष्ठ १६१ (अमरुकस्य)। शार्ङ्ग—३४८६ (अमरुकस्य)। सुभा—१४६७ (अमरुकस्य)। पद्यावली—३६४ (रुद्रस्य)। दशरू—२. २९ (नामरहित)।

दूती नायक को उलाहना दे रही है। नायिका की कष्टमयी दशा से सारे सखि परिजन एवं कुटुम्बी पीड़ित एवं दुखी हैं। 'परनिर्वृति भजति' से मरण की व्यंजना होती है। 'विस्रब्धो भव' से उपालंभ सूचित होता है। यहाँ 'मूर्च्छा' नामक दशाविशेष वर्णित है। नायिका परकीया कन्या है। अयोग-विप्रलंभ शृंगार है। सोपालम्भ वचन नर्म है। आक्षेप अलंकार है।

वृत्त शार्दूलविक्रीडित है।

१११

नायक ने पहिले तो परिचय किया, किन्तु बाद में नायिका का परित्याग कर दिया। कभी स्वेच्छा से नायिका वाटिका में आने पर वह उसे उपालंभ देती है। साधारण नायिका है। सोपालम्भवचन नर्म है। आक्षेपालंकार है।

शार्दूलविक्रीडित वृत्त है।

११२

कवि की उक्ति है। नायिका की कपटनिद्रा और अंगसंकोच से उसका विरहासहिष्णुत्व प्रकट होता है। औत्सुक्य संचारीभाव है। नायिका मध्या,

स्वीया, स्वाधीन पतिका है। नायक अनुकूल है। संभोगश्रृंगार है। नर्म कैशिकी वृत्ति का अंग है। युक्ति अलंकार है।

शिखरिणी वृत्त है।

११३

नायक को ले आने के लिए प्रेषित किन्तु संभोगचिह्न से युक्त होकर लौटी दूती और नायिका की प्रश्नोत्तर रूपा वाक्यमाला इस श्लोक में उपनिबद्ध है। इस श्लोक में 'वद' पद की व्यंजना है कि वैदग्ध्य से तुमने सारे संभोगचिह्नों को तो छिपा लिया, किन्तु अधरक्षत कैसे छिपाओगी? नायिका स्वीया, प्रगल्भा है। नायक शठ है। विप्रलम्भ श्रृंगार है। वाक्योत्तर अलंकार है।

वृत्त शार्दूलविक्रीडित है।

११४

अत्यन्त अपराधी प्रिय के आने पर कुपित नायिका के आकार गोपन का वर्णन कवि कर रहा है। 'विलोकितवती जननिर्विशेषम्'—से 'प्रिय को असाधारण दण्ड दिया'—यह व्यक्त होता है। अवहित्थ नामक संचारीभाव है। नायिका स्वीया, धीरा, प्रगल्भा है। नायक शठ है। ईर्ष्यामानकृत विप्रलंभ श्रृंगार है। ईर्ष्याक्रोधप्राय नर्म है। आक्षेप अलंकार है।

वसन्ततिलका वृत्त है।

११५

सूक्तिमु—२८३ (नामरहित)। शार्ङ्ग—३७०८ ('कस्यापि')।

कवि की उक्ति है। रति के अवसान में वस्त्रचौर्य की क्रीड़ा से काम फिर लौट पड़ा। 'विगलिते स्कन्धावारे' अर्थात् 'शिविर उखड़ने' से अभिप्राय है कि चन्दन, माल्य आदि प्रसाधन, हार-मेखला आदि आभरण, लीला, विलास, विभ्रम आदि चेष्टास्वरूप उद्दीपन सामग्री शिथिल हो गयी थी। 'न्यवर्तत मन्मथः' से पुनः सुरत आरंभ होने का अभिप्राय है। जैसे शूर पुरुष शत्रुओं को जीत कर चल पड़ता है, किन्तु अपने लोगों का आर्तनाद सुन कर प्रिय लौटकर शत्रु का पुनः मर्दन करता है, उसी प्रकार काम ने भी किया। नायिका

स्वीया, मध्या, स्वाधीन पतिका है। नायक अनुकूल है। संभोग शृंगार है। चेष्टाकृत सहास शृंगारी नर्म है। हेतु अलंकार है।

छन्द हरिणी है।

११६

सदुक्ति—२. ८०. ३ (अमरोः)। सूक्तिमु—पृ. २९५ (अमरुकस्य)।

कवि की उक्ति है। यहाँ दयिता द्वारा चरण से ताड़ित होने पर भी भगवान् काम से अंगीकृत होता है। इसका तात्पर्य है कि दयिता ही फिर नाना उपचारों से उसे प्रसन्न करती है। इससे काम पुरुषार्थ की उपादेयता व्यक्त होती है।

वसन्ततिलका वृत्त है।

११७

कवीन्द्र—३३५ (नामरहित)। सदुक्ति—२. १४१. १ (डिम्भोकस्य)। सूक्तिमु—पृ. २७६ (नामरहित)। सुभाषितरत्न—६२२ (नामरहित)।

कोई नायिका गृह शुक के धीरे-धीरे यह कहने पर मुख मोड़ती है कि मुझे आहार दो, नहीं तो रात्रि में हुआ सारा रहस्य व्यापार अभी जोर से कहता हूँ। 'अनिलावर्जितमिव' में उत्प्रेक्षा है। नायिका स्वीया, धीरा है।

शिखरिणी वृत्त है।

११८

सदुक्ति—२. १६१. ४ (नामरहित)। सूक्तिमु—२२१ (नामरहित)। शार्ङ्ग—३८७२ ('कस्यापि')। सुभा—१७६९ ('कस्यापि')।

वर्षा का सुन्दर वर्णन है। 'जीर्णावास दद्दरिद्रगृहिणीश्वासानिलैर्जर्जराः' में बूँदों की जर्जरता के हेतु टूटे घर में रोती गृहिणी की साँसों को बताना अद्भुत है। इस कथन से और विरहिणी के आनन को विच्छाय करने से वर्षा की विरहियों के लिए प्रतिकूलता का स्पष्ट वर्णन है।

शार्दूलविक्रीडित छन्द है।

११९

(ख) रवि   कौन्दानन्दितालीनतिशय...।

सूक्तिमु—२३५ (अमरोः)।

हेमन्तवायु का सुन्दर और मार्मिक चित्रण है। 'कुङ्कुमाङ्कस्तनकलश-भरास्फालनादुच्छलन्तः' में तथा 'पीत्वा सीत्कारिवक्त्रम्' में हेमन्ती पवन के झकोरों के उछलते हुए आने का हेतु केसरलेपित उरोजों का आस्फालन तथा हवा लगने से स्वभावतः मुरझाये ओठों के मुरझाने का कारण हेमन्त-पवन का अधरपान बता कर कवि पवन में नायकत्व का आरोप कर देता है।

स्रग्धरा वृत्त है।

१२०

(ग) रवि   मानान्धकारमपि।

सदुक्ति—२. १२३. ४ (रत्नाकरस्य)। शार्ङ्ग—३६४८ (रत्नाकरस्य) सुभा—२०२२ (रत्नाकरस्य)। हरविजय (रत्नाकर)—२६. ६२।

कामिनियाँ शशिधवला निशा में मदिरा के चषक पी रहीं थीं। चषकों में प्रतिबिम्बित चन्द्र मदिरारहित चषक में नहीं दिखायी पड़ता। कवि उत्प्रेक्षा करता है कि वह भी पी लिया जाता है। वही मान को भंग कर देता है।

वसन्ततिलका छन्द है।

१२१

ग्रीष्म की रात्रिकालीन वायु का वर्णन है। रतिखिन्न कामिनी की सारी थकान यह पवन दूर कर देती है। कालिदास की भी उक्ति है—

> ''यत्र स्त्रीणां हरति सुरतग्लानिमङ्गानुकूलः
> शिप्रावातः प्रियतम इव प्रार्थनाचाटुकारः॥''   (मेघदूत—३१)

अनुष्टुभ् छन्द है।

१२२

(ग-घ) रवि   रतग्लानवधूगमन...।

शार्ङ्ग—३९१६ (वाल्मीकिमुनेः)। सुभा—१७९३ ('कस्यापि')।

शरत्काल की पवन का वर्णन है। शरद् में फूलने वाले 'सतवन' की सुरभि से भरा है। कमल के वन से बहा आता है। मन्द है। नववधू के संगम से मारुत के मन्द होने की अद्‌भुत कल्पना है।

छन्द अनुष्टुभ् है।

१२३

(ख) रवि नितम्बाम्बरम्।

(ग) रवि प्रकामविकसद्...।

सदुक्ति—१. ९२. ४ (अमरोः)। सूक्तिमु—पृ. २९२ (नामरहित)। शार्ङ्ग—३७३२ ('कस्यापि')।

वासन्ती वायु का सुन्दर वर्णन है।

वृत्त शार्दूलविक्रीडित है।

१२४

(घ) रवि प्रकुरुते।

ग्रीष्म की सायं वेला के वर्णन प्रसंग में नारियों के प्रसाधनादि का रमणीय वर्णन है।

शार्दूलविक्रीडित छन्द है।

१२५

शार्ङ्ग—३४२६ ('कस्यापि')। सुभा—१११४ ('कस्यापि')।

नायिका प्रिय मिलन के महत्त्व को बता रही। रुद्रमदेव ने इसे तीन सखियों का पृथक्-पृथक् वाक्य माना है। पहली सखी कहती है—'यह दिन ही अच्छा रात्रि नहीं!' दूसरी कहती है—'नहीं रात ही अच्छी, न कि दिन।' तब तीसरी कहती है—'वे दोनों ही नष्ट हों, जहाँ प्रिय का मिलन नहीं है।'

छन्द द्रुतविलम्बित है।

१२६

(क) रवि ...झाङ्कारिझञ्झामरुत्।

(घ) रवि निपतन्ति।

अर्जुन—रसिकसंजीविनी—श्लो. ५७ में उद्धृत ('प्रक्षिप्त')। सूक्तिमु—पृ. २२१ (अमरुकस्य)। शार्ङ्ग—३८७१ ('कस्यापि')।

वर्षा की बूँदों का मार्मिक वर्णन है। 'कर्मव्यग्रकुटुम्बिनीकुचभरस्वेदच्छिदः' में मार्मिक उक्ति है।

शार्दूलविक्रीडित वृत्त है।

१२७

अर्जुन—रसिकसंजीविनी—श्लो. ५७ ('प्रक्षिप्त')।

कोई नायक किसी नायिका को देख कर अनुरागातिशय से इस श्लोक को कहता है। नायक अनुकूल है। नायिका साधारण है।

छन्द द्रुतविलम्बित है।

१२८

अर्जुन—रसिकसंजीविनी—श्लो. ५७ ('प्रक्षिप्त')।

कुपित नायिका नायक के मस्तक पर पाद प्रहार करती है। नायक शठ है और नायिका प्रगल्भा है।

वसन्ततिलका है।

१२९

(ग) रवि शीर्णाश्रु...।

अर्जुन—रसिकसंजीविनी—श्लो. ५७ ('प्रक्षिप्त')।

पथिकवधू निशीथ में घनगर्जन सुन कर प्रिय की याद कर-कर रो रही है। नायिका प्रोषितपतिका है। विषाद, उत्कण्ठा, स्मृति संचारी गात्रश्लथता अश्रु, वाक्स्खलन सात्त्विक भाव से पोषित प्रवासात्मक विप्रलंभ शृंगार रस है।

छन्द स्रग्धरा है।

१३०

अर्जुन—रसिकसंजीविनी—श्लो. ५७ ('प्रक्षिप्त')। सुभा—१२८५ ('कस्यापि')।

कोई नायक दूती से कह रहा है। उत्कण्ठा संचारीभाव है। अधरस्पर्श के बाद ही अधरपान की पिपासा बलवती हो उठी है। इसका समाधान है कि उसमें लावण्य जो है। 'लावण्य...' को दूसरे अर्थ 'नमक' से सम्बद्ध कर पिपासा की स्वाभाविकता बतायी गयी है।

छन्द वसन्ततिलका है।

१३१

रुद्रम—१५ (केवल B. O. R. I. MS. N. 457 में, किन्तु टीका रहित)। सदुक्ति—२. ८७. ५ (नामरहित)। शार्ङ्ग—३८९३ ('कस्यापि')। सुभा—१७७१ ('कस्यापि')। काव्यालंसू—पृ. १२३ (नामरहित)। सुभाषितरत्न—१६६१ (नामरहित)।

प्रवासी विरही नायक है। किसी गृहस्वामिनी या गृहस्वामी की उक्ति है। यह 'काव्यालङ्कार-सूत्र-वृत्ति' और 'व्यक्ति-विवेक' में उद्धृत है। इस पद में आये 'करंक' शब्द का अर्थ टीकाकारों ने 'शव' तथा 'तत्कृतम्' से 'पथिक की मृत्यु'—का अर्थ किया है। इस श्लोक पर महिमभट्ट ने लिखा है—

> "अत्र हि काचित् वसतिं प्रार्थयमानं पथिकयुवानमुद्दिश्योत्पन्नमन्मथव्यथावेशा तस्यान्यनुरागितामाशङ्कमाना दारुणतरपरिणामोऽन्यासक्तजनानुराग इतिनो चेदसि कस्याञ्चिदनुरक्तस्तदिदममखिलमेव गृहमयं जनश्च तवायत्त एवान्यथा गम्यतामिति स्वाभिप्रेतमर्थमस्मै निवेदयितुकामा पूर्ववृत्तान्तं वसति-विहितोपकारकामिनीमरणावेदनफलं वक्तुमृपपक्रमते इति तदभिप्रायमविद्वासंस्ते पुरुषवधावेदनं तदिति मन्यमानास्तथैवापव्याचक्षते।
>
> तच्चायुक्तमेव रसभङ्गप्रसङ्गात्। उभयोरनुरागातिशययोगेऽपि पुरुषवधवर्णनस्यात्यन्तानुचितत्वात् खलार्थकरणयोरतिप्रसङ्गात्।
>
> न हि योऽस्ववशः सन् म्रियते तस्य तन्मरणं कस्यचिदुपकारापकाराय वा स्यात् तदपेक्षमस्य सौजन्यं वा न शङ्क्यं व्यदेष्टुम्। तावभिसन्धाय

मरणे तस्य तद्व्यपदेश्यत्वोपपत्तेः अन्यथातिप्रसङ्गादिति तन्मतानुविधायिनोऽन्धपरम्परात्रमेण व्याख्यातारोऽद्यापि तेनैवोपपत्त्यतिपातिमा पथा सञ्चरन्ति इति स्थितम्।''

महिम ने बताया है कि पूर्वपक्षी इस श्लोक को किसी मन्मथपीड़ा से व्यथित कामिनी की किसी पथिक से अन्यानुराग की आशंका से कही गयी उक्ति मानते हैं। उनका आशय है कि कामिनी रुकने के लिए स्थान देकर उपकार करनेवाली किसी विलासिनी के मरण का पूर्ववृत्तान्त बताकर यह कहना चाहती है कि जिस प्रकार वह पथिक अपनी प्रिया को स्मरण कर रात्रि के समय अपने देश चला गया और वह कामिनी मर गयी, उसकी सहसा मृत्यु से गाँव वालों पर आपत्ति आयी, उसी प्रकार यदि तुम्हारी कोई प्रिया हो, तब तो तुम जाओ, मैं अपना प्राण नहीं देने की, और यदि नहीं, तो यह सारा घर तुम्हारा है, और मैं भी।

महिम कहते हैं कि यह अर्थ अनुचित है। शृंगार के प्रसंग में पुरुषवधवर्णन रसभंग करता है। जो स्वतः मरता है, उससे किसी के उपकार या अनुपकार की बात ही कहाँ पैदा होती है। इसे समझ कर ही मरण में तद्व्यपदेश उत्पन्न होगा, अन्यथा अतिप्रसंग होगा। इसको न समझ कर अन्धपरम्परा से पूर्वपक्षी आचार्यों के मतवर्ती ऐसी व्याख्या करते हैं। महिम ने कोई अपनी व्याख्या नहीं दी है। किन्तु 'करङ्कदण्ड' के कारण तथा 'खलेन' पद के कारण 'तत्कृतं' से कुछ अनिष्ट करने की ही व्यंजना होती है। कामिनी की उक्ति मानने पर भी इस अर्थ से रसभंग की आशंका नहीं होनी चाहिए, क्योंकि वह इस बहाने पथिक को रोक रही है और इससे व्यक्त तीव्र उत्कण्ठा रस का पोषण ही करती है। यह भी हो सकता है कि प्रिया के विरह में पथिक के आकस्मिक मरण से गाँव वालों को सन्देहभाजन बनना पड़ा हो। गृहस्वामी की उक्ति होने पर रस करुण रूप में परिणत हो जायेगा क्योंकि गृहस्वामी के मुख से उस शोकजनक घटना का कथन निवासनिषेधमुखेन भी शोक ही जगाता है। महिम ने 'तेनोत्थाय' के स्थान पर 'तेनोद्गम्य' पाठ स्वीकार किया है।

छन्द शार्दूलविक्रीडित है।

१३२

रवि—२५। सदुक्ति—२. ५२.१ (अमरोः; किन्तु संस्कृत कॉलेज पाण्डुलिपि में 'वीरस्य' फिर 'अमरोः')।

प्रवास को चल पड़े पथिक और उसकी प्रिया का संवाद है। नायिका प्रवत्स्यत्पतिका है और नायक अनुकूल है। 'यावन्न शून्या दिशः' का अभिप्राय है तुम्हारे जाने के पहले ही आँखें मूँद लूँगी—जीवन का अन्त हो जायेगा। 'सुहृद्वर्गस्य भाग्योदयैः आगमिष्यसि' तथा 'तीर्थेषु तोयाञ्जलिः' का भी यही अभिप्राय है कि तुम्हारे जाते ही मेरे जीवन का अन्त हो जायेगा। मैं प्राण त्याग करती हूँ, इससे गमननिषेध का आक्षेप होता है, अतः आक्षेप अलंकार है।

छन्द शार्दूलविक्रीडित है।

१३३

रवि—९४। कवीन्द्र—३८४ (शान्तानन्दस्य)। शृङ्गारतिलक (कालिदास के नाम से कथित) सम्पा.—जीवानन्द, काव्यसंग्रह, कलकत्ता, ई. १८८८—२०। सुभाषितरत्न—६७१ (शतानन्दस्य)।

वक्रोक्तिकुशलचतुर कान्त मानिनी के मान त्याग कराने के लिए साम का आश्रय लेता है। नायिका स्वीया, मध्या है और नायक शठ है।

छन्द वसन्ततिलका है।

१३४

रवि—९८। सुभा—१०८७ (बाणकवेः)। औचित्य—१४, पृ. १२१ (भट्टबाणस्य)। सुभाषितरत्न—८०३—(नामरहित)।

विरहिणियों की चिन्ता करता हुआ कवि कहता है कि जिसका इन्धन ही हार, जलार्द्रवसन, नलिनीदल, हिमकणवर्षी, चन्द्रकिरण हैं, वह कामाग्नि कैसे शान्त होगी।

छन्द वसन्ततिलका है।

१३५

रवि—९९।

विलासिनी के आनन का सहज-सुन्दर वर्णन कवि का अभिप्रेत है।

> 'तन्वी शरत्त्रिपथगा', 'पुलिने कपोलौ',
> 'लोले दृशौ रुचिरचञ्चलखञ्जरीटौ'

में रूपक है। 'चाण्डालपाशयुगलाविव' में उपमा है। रवि कहते हैं—

> 'अत्र चाण्डालपदेन कामदेवो ज्ञेयः। एतेन नयनदैर्घ्यनिरोधनमवेक्षत इत्युत्प्रेक्षा व्यजते भ्रुवोर्दैर्घ्यं कुटिलत्वं च सूचितम्।

वृत्त वसन्ततिलका है।

१३६

सूक्तिमुक्तावली पाण्डुलिपियाँ, भाण्डारकर रिपोर्ट १८८७—९१, पृ. ११। शार्ङ्ग—३४६३ ('कस्यापि')।

नायक नायिका का चिन्तन कर रहा है। नायिका स्वीया, मुग्धा है। 'मानसं तद्नोति' से नायक की अनुकूलता व्यक्त होती है। निर्णय सागर प्रेस के संस्करण में इसे 'मूलपुस्तकों में प्राप्त अधिक श्लोक' के रूप में उद्धृत किया गया है, किन्तु 'अमरुशतक' के किसी संस्करण में यह श्लोक प्राप्य नहीं है।

छन्द स्रग्धरा है।

१३७

रवि—९५।

कवि प्रथमोढा के यौवन का वर्णन कर रहा है।

छन्द वसन्ततिलका है।

१३८

रवि—१००। कवीन्द्र—२२७ (धर्मकीर्तेः)। साहित्यद—१०. ८३

(नामरहित)। सुभाषितरत्न—४७९ (धर्मकीर्तेः)।

कवि कामुकों की श्लाघा कर रहा है। 'मुक्तानामप्यवस्थेयम्' में श्लेष अलंकार है।

वृत्त अनुष्टुभ् है।

१३९

सुभा—१०९९ (अमरुकस्य)।

कोई सखी नायिका से पूछ रही है। विषाद, चिन्ता, संचारीभाव तथा अश्रु सात्त्विकभाव अयोग विप्रलंभ शृंगार का पोषण करते हैं। नायिका कन्या है।

छन्द शार्दूलविक्रीडित है।

१४०

रामरुद्र—६१ (साइमन—४. C.Z. ६१. १३९। कवीन्द्र—३७१ (नामरहित)। सदुक्ति—२. ४८. २. (नामरहित)। सूक्तिमु—पृ. १९७ (नामरहित)। शार्ङ्ग—३५५२ ('कस्यापि')। सुभा—१६०७ (अमरुकस्य)। सुभाषितरत्न—६५८ (भट्टहरेः)।

कोई सखि कुशलवचोभंगी से नायिका को मान छोड़ने के लिये समझा रही है। 'हार' के साथ ही श्लिष्ट प्रिय के अर्थ की भी प्रतीति होती है। नायिका स्वीया, मुग्धा है।

छन्द शिखरिणी है।

१४१

सुभा—१७४३ (अमरुकस्य)।

भवन पर छाये नये बादलों को पथिक दयिता की चिता से उठे धूम की आशंका से देखता है। नायक प्रवासी है।

वृत्त आर्या है।

१४२

सुभा—२२४१ (अमरुकस्य)।

कवि उत्कृष्ट दयिता और प्रिया का स्वरूप बताता है। प्रणय की गहराइयों में डूबे दयिता और प्रियतम ही वास्तविक दम्पति है, अन्य तो पति-पत्नी मात्र हैं। 'शेषौतु जायापती' से अभिप्राय है कि विधिबद्ध होने के कारण वे दम्पति होते हैं, वस्तुतः दम्पति के लिए उचित गुण उनमें नहीं होते।

छन्द शार्दूलविक्रीडित है।

१४३

सुभा—१३८० (अमरुकस्य)।

कोई नायिका से उसके लोकविमोहनकारी प्रभाव का रहस्य पूछ रहा है।

छन्द स्रग्धरा है।

१४४

सुभा—२०७९ (अमरुकस्य)।

कवि गुरुसन्निधि में ही प्रिया-प्रियतम की शृंगारचेष्टा का वर्णन कर रहा है। संभोग शृंगार का वर्णन चेष्टाकृत शृंगारी नर्म है। नायिका स्वीया, प्रगल्भा है तथा नायक अनुकूल है।

छन्द शार्दूलविक्रीडित है।

१४५

सुभा—१०९७ (अमरुकस्य)।

कोई सखी प्रिय-ध्याननिमग्ना नायिका से प्रश्न पूछ रही है। 'शून्या दृष्टिः' से चिन्ता, 'वदन-कमलं पाणौ कृत्वा निमीलितलोचना' अनुभाव से ध्यान तथा 'अभिलिखित-प्रख्यैरङ्गैः' से स्तंभ सात्त्विक भाव से पोषित अयोग विप्रलंभ पुष्ट हो रहा है। नायिका परकीया कन्या है।

छन्द हरिणी है।

१४६

कवीन्द्रं—३४९ (अमरुकस्य)। सदुक्ति—२. ४६. १ (अमरोः)। सूक्तिमु—पृ. १९४ (नामरहित)। सुभा—१५७५ (अमरुकस्य)। सुभाषितरत्न—६३६ (अमरुकस्य—'वलतुतरलेति')।

मानिनी नायिका सखी से अपना मान न छोड़ने का निश्चय कह रही है। उत्कण्ठा व्यभिचारी से पुष्ट ईर्ष्याकृतमान विप्रलंभ श्रृंगार रस है। नायिका स्वीया, धीरा, कलहान्तरिता तथा नायक शठ है।

छन्द हरिणी है।

१४७

सूक्तिमु—पृ. १५० (अमरुकस्य)। सुभा—१३६७ (अमरुकस्य)।

कोई नायक रति के अनंतर रमणीय अवस्था को सोच रहा है। नायक का वेष नायिका और नायिका का वेष नायक ने भ्रान्तिवश धारण कर लिया। नायिका ने टिप्पणी की 'तुम्हे यही वेष उचित है।' नायिका स्वीया, प्रगल्भा तथा नायक अनुकूल है।

छन्द शार्दूलविक्रीडित है।

१४८

सूक्तिमु—पृ. १४५ (अमरुकस्य)। सुभा—११८५ (अमरुकस्य)।

नायिका की सखी रूठे नायक को समझा रही है कि उसके पत्र की प्रतीक्षा न करो, वह यों ही आकुल है। नायिका मुग्धा, मध्या है तथा नायक शठ। उत्कण्ठा, दैन्य से पोषित विप्रलंभ श्रृंगार है।

छन्द शार्दूलविक्रीडित है।

१४९

साइमन—बंगाली पाण्डुलिपि—IV. J. 81 (145)। कवीन्द्र—३५१ (अमरुकस्य)। सदुक्ति—२. ४९. ४ (अमरोः)। सुभा—१६२५ (अमरुकस्य)। सुभाषितरत्न—६३८ (अमरुकस्य)।

नायक मानिनी नायिका को मनाने की चेष्टा में साम उपाय का आश्रय ले रहा है। नायिका स्वीया, कलहान्तरिता है तथा नायक शठ। उत्कण्ठा और औत्सुक्य से पुष्ट विप्रलंभ के पीछे 'स्फुरिताधर', 'पुलकोद्‌गम' आदि से कृत्रिम कलह का अन्त झाँक रहा है।

वृत्त हरिणी है।

१५०

साइमन—IV. M. 94 (143)। कवीन्द्र—३३२ (नामरहित)। सूक्तिमु—पृ. २९० (अमरुकस्य)। शार्ङ्ग—३७४१ (अमरुकस्य)। सुभा—२२१२ (अमरुकस्य)।

गुरुजन के सम्मुख दम्पति शृंगार चेष्टा का वर्णन है। स्वीया, प्रगल्भा नायिका है तथा अनुकूल नायक। संभोग शृंगार है। चेष्टाकृत शृंगारी नर्म है।

वृत्त शार्दूलविक्रीडित है।

१५१

सुभा—२१०९ (अमरुकस्य)। काव्यालंकार-उद्‌भट—प्रतिहारेन्दुराज—पृ. ८२ (नामरहित)। सुभाषितरत्न—६१९ (नामरहित)।

रत्युकण्ठिता नायिका का सुन्दर चित्र है। नायिका स्वीया, धीरा है तथा नायक शठ है। संभोग शृंगार रस है।

छन्द शार्दूलविक्रीडित है।

१५२

सुभा—१२१२ (अमरुकस्य)।

किसी नायिका में अनुरक्त सवितर्क सोच रहा है। यहाँ असंगति अलंकार है। लक्षण है—

'विस्पष्टं समकालं कारणमन्यत्र कार्यमन्यत्र।
यस्यामुपलभ्येते विज्ञेयासङ्गतिः सेयम्॥'

अर्थात् स्पष्ट ही एक समय में कार्य अन्यत्र और कारण अन्यत्र हो, तो

असंगति अलंकार होता है।

छन्द अनुष्टुभ् है।

१५३

सुभा—१२३५ (अमरुकस्य)। भर्तृहरिशतक—कोसम्बी—१३०।

रमणी से ही सारा जगत् उद्भासित है, उसके बिना अँधेरा। वक्ता मृगशावाक्षी के महत्त्व को प्रकट कर रहा है।

छन्द अनुष्टुभ् है।

१५४

सूक्तिमु—पृ. २८२ (अमरुकस्य)। शार्ङ्ग—३७०७ (अमरुकस्य)। सुभा—२१०६ (अमरुकस्य)।

संभोग शृंगार का सुन्दर चित्रण है। नायिका स्वकीया, मुग्धा है तथा नायक अनुकूल।

वृत्तहरिणी है।

१५५

सूक्तिमु—पृ. २९८ (जीवनागस्य)। सुभा—२१४५ (अमरुकस्य)।

नायिका अपनी सखियों से अपने मान की विकलता और मधुर संगम की बात बता रही है। नायिका स्वकीया, मुग्धा है और नायक शठ। संभोग-शृंगार है।

छन्द शार्दूलविक्रीडित है।

१५६

सुभा—११५८ (अमरुकस्य)।

नायिका सखियों से मान करने में अपनी असमर्थता बता रही है। उत्कण्ठा, आवेग, चिन्ता संचारी गात्रसीवन, अश्रु, वाक्स्खलन सात्त्विक भाव है।

'वन्द्यास्ताः' की लक्षणा विपरीत है, अर्थात् नितान्त कठोर वे अवन्द्य ही हैं। शार्दूलविक्रीडित छन्द है।

१५७

सुभा—११६० (अमरुकस्य।) शार्ङ्ग—३५४२ ('कस्यापि')। श्लोक-संग्रह—४३३ (नामरहित)। सुभाषितरत्न—६७५ (नामरहित)।

मानिनी के मनोवितर्क का सुन्दर चित्रण है। मानकरी स्वतः प्रिय के पास जा नहीं सकती, सखियाँ ऐसी चतुर नहीं कि हृदयस्थित अभिप्राय समझ कर कार्य कर सकें। वह मानी की आयेगा नहीं। मन चिन्ता से आकुल है। नायिका कलहान्तरिता, मध्या है। उत्कण्ठा संचारी से पुष्ट मानात्मक विप्रलंभ है।

छन्द शार्दूलविक्रीडित है।

१५८

सूक्तिमु—पृ. १३१ (अमरोः)।

नायिका की विरहाष्णुता का रमणीय चित्र है। क्षण भर का ही वियोग उसे युगों का लगता है। श्लोक में 'कदागतोऽसि' का खण्ड 'कदा आगतोऽसि' और 'कदा गतोऽसि' दोनों ही हो सकता है। 'कदा आगतोऽसि' पाठ मानने में 'क्षणं विनम्रा विरहार्दिताङ्गी' ठीक-ठीक उपपन्न हो जाता है। नायिका मुग्धा तथा नायक अनुकूल है।

छन्द उपजाति है।

१५९

कवीन्द्र—३५७ (नामरहित)। सूक्तिमु—पृ. २०३ (अमरुकस्य)। शार्ङ्ग—३५६१ ('कस्यापि')। सुभा—१६२६ ('कस्यापि')। सुभाषितरत्न—६४४ (नामरहित)।

कोई नायिका अपनी सखी से मान की व्यर्थता बता रही है। क्योंकि नायक के हृदय में वह प्रेम तो है नहीं, जो उसे सारी बाधाओं को पार कर मिलन

के लिये विवश करता हो। इसके अभाव में मान का कोई अर्थ नहीं।

छन्द शार्दूलविक्रीडित है।

१६०

सूक्तिमुक्तावली पाण्डुलिपियों में अमरुरचित (भाण्डारकर रिपोर्ट—१८८७—९१, पृ. ११—१२)। सूक्तिमु—पी., ८९ ('कस्यापि') सूक्तिमु—बी, १०९। सदुक्ति—२. २४६ ('कस्यचित्')। सरस्वतीक ५. १३८ (१८५) (नामरहित)। कवीन्द्र—४१२ (नामरहित)। शार्ङ्ग—३५८१ ('कस्यापि')।

नायक नायिका के मानापसरण का वर्णन अपने किसी मित्र से कर रहा है। नायिका मुग्धा है। नायक नायिका को प्रसन्न करने के लिए सामोपाय का आश्रय लेता है।

छन्द शार्दूलविक्रीडित है।

१६१

सूक्तिमु—पृ. २४६ (अमरोः)। शार्ङ्ग—३८४७ (अमरुकस्य)।

सरोवर में तैरती नायिका का शृंगारी चित्रण है। उत्प्रेक्षा अलंकार है।

आर्या वृत्त है।

१६२

शार्ङ्ग—३४६६ (अमरुकस्य)। सुभा—१२८९ ('कस्यापि')। सदुक्ति—२. १००. ४ (नामरहित)।

विरही नायिका के सम्बन्ध में सोच रहा है। 'सुरतकेलिविमर्दखेदसञ्जात-धर्मकणविच्छुरितम्' अनुभाव से व्यक्त खेद, 'विलसदर्धनिमीलिताक्षम्' से भी श्रम व्यभिचारी भाव तथा स्वेद सात्विकभाव से प्रवासविप्रलंभ पोषित हो रहा है।

छन्द वसन्ततलिका है।

१६३

औचित्य—१८. पृ. १३३। (अमरुकस्य)। कविकण्ठाभरण—२, १ (अमरुकस्य)। सुभा—१०५९ ('कस्यचित')। काव्यानु—टीका—पृ. ९ (नामरहित)।

प्रवास की ओर चल पड़े प्रियतम को रोकती नायिका की सुन्दर निषेधोक्ति है। प्रवत्स्यत्पतिका है। नायिका अनुकूल है। 'स्याद्वा न वा संगम' से वियोग में प्राणत्याग व्यंजित है, अतः गमन का निषेध अभिव्यक्त हो रहा है।

छन्द शार्दूलविक्रीडित है।

परिशिष्ट

परिशिष्ट—१ (क)

रुद्रमदेवकुमार, अर्जुनवर्मदेव, वेमभूपाल, रविचन्द्र की—टीकाओं तथा सुशीलकुमार दे के द्वारा निर्मित मूलपाठ में श्लोकों का अनुक्रम—

श्लोक	रुद्रम	अर्जुन	वेम	रवि	सु. कु. दे निर्मित मूल पाठ
ज्याकृष्टिबद्धखटका—	१	१	१	१	१
क्षिप्तो हस्तावलग्नः	२	२	२	२	२
आलोलामलकावलिं	३	३	३	३	३
अलसवलितैः प्रेमा—	४	४	५	४	४
अङ्गुल्यग्रनखेन	५	५	६	८०	५
दत्तोऽस्याः प्रणयस्त्वयैव	६	६	७	५	६
लिखन्नास्ते भूमिं	७	७	८	६	७
नार्यो मुग्धशठा	८	८	९	७	८
कोपात्कोमललोल—	९	९	१०	८	९
याताः किं न मिलन्ति	१०	१०	११	१०	१०
तद्वक्त्राभिमुखं	११	११	१२	८१	११
प्रहरविरतौ मध्ये	१२	१२	१३	९	१२
धीरं वारिधरस्य	१३	१३	×	११	×
कृतो दूरादेव	१४	१४	५६	८२	१३

श्लोक	रुद्रम	अर्जुन	वेम	रवि	सु. कु. दे निर्मित मूल पाठ
कथमपि सखि क्रीडा—	१५	१५	१४	१२	१४
दंपत्योर्निशि	१६	१६	१५	१३	१५
प्रयच्छाहारं मे	१७	×	×	×	×
अज्ञानेन परांमुखीं	१८	१७	१६	१४	१६
एकत्रासनसंस्थितिः	१९	१८	१७	१५	१७
दृष्ट्वैकासनसंस्थिते	२०	१९	१८	१६	१८
चरणपतनप्रत्याख्यान—	२१	२०	१९	१७	१९
काञ्च्या गाढतरा—	२२	२१	२०	१८	२०
एकस्मिञ्शयने परांमुख—	२३	२३	२१	१९	२२
पश्यामो मयि किं	२४	२४	२२	२०	२३
एस्मिञ्शयने विपक्ष—	२५	२२	२३	८३	२१
परिम्लाने माने	२६	२५	५५	२१	२४
तस्याः सान्द्रविलेपन—	२७	२६	२४	२२	२५
त्वं मुग्धाक्षि विनैव	२८	२७	२५	२३	२६
भ्रूभङ्गे रचितेऽपि	२९	२८	२६	२४	२७
कान्ते कत्यपि वासराणि	×	×	×	२५	×
सा पत्युः प्रथमापराध—	३०	२९	२७	२६	२८
भवतु विदितं	३२	३०	२८	२७	२९
उरसि निहितस्तारो	३१	३१	२९	२८	३०
मलयमरुतां व्राता	३३	३२	×	८४	×

श्लोक	रुद्रम	अर्जुन	वेम	रवि	सु. कु. दे निर्मित मूल पाठ
प्रातः पातरुपागतेन	३४	३३	३०	२९	३१
सा बाला वयं	३५	३४	×	३०	×
प्रस्थानं बलयैः	३६	३५	३१	३१	३२
संदष्टाधरपल्लवा	३७	३६	४	३२	३३
सुप्तोऽयं सखि सुप्यतां	३८	३७	३२	३३	३४
कोपो यत्र भ्रुकुटि—	३९	३८	३३	३४	३५
सुतनु जहिहि कोपं	४०	३९	३४	३५	३६
गाढालिङ्गनवामनी—	४१	४०	३५	३६	३७
पटालग्ने पत्यौ	४२	४१	३६	३७	३८
नापेतोऽनुनयेन	४३	४२	३७	×	×
गते प्रेमाबन्धे	४४	४३	३८	३८	३९
चिरविरहिणोरुत्कण्ठा—	४५	४४	३९	३९	४०
दीर्घा वन्दनमालिका	४६	४५	४०	४०	४१
कान्ते सागसि	४७	४६	४१	४१	४२
आशङ्क्य प्रणतिं	४८	४७	४२	४२	४३
सा यावन्ति पदान्य—	४९	४८	४३	४३	४४
दूरादुत्सुखमागते	५०	४९	४४	४४	४५
अङ्गानामतितानं	५१	५०	४५	४५	४६
पुरस्तन्व्या गोत्र—	५२	५१	×	४६	×
ततश्चाभिज्ञाय	५३	५२	×	×	×

श्लोक	रुद्रम	अर्जुन	वेम	रवि	सु. कु. दे निर्मित मूल पाठ
कठिनहृदये मुञ्च	५४	५३	९४	४७	४७
रात्रौ वारिभरालसा—	५५	५४	४६	९७	४८
स्वं दृष्ट्वा करजक्षतं	५६	५५	४७	८५	४९
चपलहृदये किं स्वा—	५७	५६	४८	९६	५०
नभसि जलदलक्ष्मीं	×	×	४९	५०	×
मन्दं मुद्रिपांसवः	५८	×	×	४८	×
किञ्चिन्मुद्रितपांसव	५९	×	×	×	×
इयमसौ तरलायत—	६०	×	×	५१	×
सालक्तकं शतदला—	६१	×	×	८६	×
सालक्तकेन नवपल्लव—	६२	×	१०१	५२	×
बाले नाथ विमुञ्च	६३	५७	५०	५३	५१
नीत्वोच्चैर्विक्षिपन्तः	६४	×	×	५४	×
पीतस्तुषारकिरणो	६५	×	×	४९	×
ललनालोलधम्मिल्ल—	६६	×	×	×	×
वान्ति कल्हारसुभगाः	६७	×	×	×	×
श्रुत्वाकस्मान्निशीथे	६८	×	×	५५	×
श्लिष्टः कण्ठे किमिति	६९	५८	५१	५६	५२
श्रुत्वा नामापि यस्य	७०	५९	५८	५७	×
रामाणां रमणीय—	७१	×	×	५८	×
अङ्गं चन्दनपाण्डु	७२	×	×	५९	×

श्लोक	रुद्रम	अर्जुन	वेम	रवि	सु. कु. दे निर्मित मूल पाठ
वरमसौ दिवसो न	७३	×	×	६०	×
लाक्षालक्ष्मललाट—	×	६०	७१	८८	५३
लोलैर्लोचनवारिभिः	७४	६१	५२	६१	५४
लग्ना नांशुकपल्लवे	७५	६२	५३	६२	५५
आस्तां विश्वसनं	७६	६३	५७	×	×
न जाने संमुखायाते	७७	६४	×	६३	×
अनल्पचिन्ताभर—	७८	६५	×	×	×
इति प्रिये पृच्छति	७९	६६	×	×	×
विरहविषमः कामः	८०	६७	५४	६४	५६
पादासक्ते सुचिरमिह	८१	६८	७५	६५	५७
तथाभूदस्माकं	८२	६९	८१	६६	५८
पीतो यतः प्रभृति	८३	×	×	६८	×
मुग्धे मुग्धतयैव	८४	७०	८२	६७	५९
क्व प्रस्थितासि	८५	७१	६८	६९	×
लीलातामरसाहतो	८६	७२	८०	७०	६०
स्फुटतु हृदयं कामः	८७	७३	७९	७१	६१
गाढाश्लेषविशीर्ण—	८८	७४	७७	७२	६२
अच्छिन्नं नयनाम्बु	×	×	७८	×	×
कथमपि कृतप्रत्यावृत्तौ	८९	७५	७६	७३	६३
आदृष्टिप्रसरात्	९०	७६	९१	७४	६४

श्लोक	रुद्रम	अर्जुन	वेम	रवि	सु. कु. दे निर्मित मूल पाठ
आयाते दयिते	९१	७७	८६	७५	६५
रोहन्तौ प्रथमं	×	×	८७	×	×
आलम्ब्याङ्गण—	९२	७८	८३	×	×
यास्यामीति समुद्यतस्य	९३	७९	×	×	×
अनालोच्य प्रेम्ण:	९४	८०	८४	७६	६६
कपोले पत्राली	९५	८१	८५	८७	६७
शून्यं वासगृहं	९६	८२	७४	७७	६८
लोलभ्रूलतया	९७	८३	६९	×	×
जाता नोत्कलिका	९८	८४	×	७८	×
दृष्ट: कातरनेत्रया	९९	८५	७०	७९	६९
तप्ते महाविरह—	१००	८६	×	८९	×
आयस्ता कलहं	×	×	६३	×	×
चिन्तामोहविनिश्चलेन	१०१	८७	६४	९०	७०
म्लानं पाण्डु कृशं	१०२	८८	६२	×	×
क्वचित्ताम्बूलावत:	×	×	६५	×	×
सैवाहं प्रमदा	१०३	८९	×	×	×
करकिसलयं धूत्वा	१०४	९०	८९	×	×
सन्त्येवात्र गृहे गृहे	१०५	९१	५९	×	×
स्मररसनदी	×	×	६०	×	×
नि:शेषच्युतचन्दनं	×	×	६१	×	×

श्लोक	रुद्रम	अर्जुन	वेम	रवि	सु. कु. दे निर्मित मूल पाठ
नि:श्वासा वदनं	१०६	९२	९८	×	×
अद्यारभ्य यदि प्रिये	१०७	९३	७२	×	×
शठान्यस्या: काञ्ची—	×	×	७३	×	×
इदं कृष्णं कृष्णं	१०८	९४	×	×	×
चरणपतनं सख्यालापा:	१०९	९५	९६	×	×
तन्वङ्ग्या गुरुसंनिधौ	११०	९६	×	९१	×
भ्रूभेदो गुणितश्चिरं	१११	९७	९५	९२	७१
अहं तेनाहूता	११२	९८	६६	×	×
पुष्पोद्भेदमवाप्य	×	×	६७	×	×
देशैरन्तरिता	११३	९९	९२	९३	७२
चक्षु:प्रीतिप्रसक्ते	११४	१००	८८	×	×
पराची कोपेन	×	×	९०	×	×
स्विन्नं केन मुखं	×	×	९३	×	×
कान्ते तल्पमुपागते	×	१०१	९७	×	×
प्रासादे सा दिशि	×	१०२	×	×	×
नान्त:प्रवेश—	×	×	९९	×	×
प्रियकृतपटस्तेय—	×	×	१००	×	×
कोपस्त्वया हृदि	×	×	×	९४	×
ऊरुद्वयं मृगदृश:	×	×	×	९५	×
हारो जलार्द्रवसनं	×	×	×	९८	×

श्लोक	रुद्रम	अर्जुन	वेम	रवि	सु. कु. दे निर्मित मूल पाठ
तन्वी शरत्त्रिपथगा	×	×	×	९९	×
हारोऽयं हरिणाक्षीणां	×	×	×	१००	×
श्लोकों की कुल संख्या	११४	१०२	१०१	१००	७२

परिशिष्ट—१ (ख)

श्री सुशील कुमार दे की दृष्टि में संशयित श्लोक—

१. धीरं वारिधरस्य
२. मलयमरुतां व्राता वाताः
३. सा बाला वयमप्रगल्भमनसः
४. नापेतोऽनुनयेन यः
५. पुरस्तन्व्या गोत्रस्खलन—
६. आस्तां विश्वसनं सखीषु
७. न जाने सम्मुखायाते
८. लोलद्भ्रूलतया विपक्षदिगु—
९. जाता नोत्कलिका स्तनौ
१०. तप्ते महाविरहवह्नि—
११. म्लानं पाण्डु कृशं वियोगविधुरं
१२. करकिसलयं धूत्वा धूत्वा
१३. सन्त्येवात्र गृहे गृहे
१४. निश्वासा वदनं दहन्ति
१५. अद्यारम्भ यदि प्रिये
१६. चरणपतनं सख्यालापाः
१७. तन्वङ्ग्या गुरुसन्निधौ
१८. अहं तेनाहूता
१९. सालक्तकेन नवपल्लव—
२०. आलम्ब्याङ्गणवाटिकापरिसरे
२१. चक्षुःप्रीति प्रसक्ते मनसि परिचये
२२. कान्ते तल्पमुपागते
२३. नभसि जलद लक्ष्मीम्
२४. श्रुत्वा नामापि यस्य
२५. क्व प्रस्थितासि करभोरु

परिशिष्ट—१ (ग)

अनूदित श्लोकों के अतिरिक्त सदुक्तिकर्णामृत, सूक्तिमुक्तावली तथा रिचर्ड साइमन के संस्करण आदि में नीचे उद्धृत श्लोक अधिक मिलते हैं। अमरु के नाम से कहे जाने वाले श्लोकों की अपनी सूची में श्री सुशील कुमार दे ने इन्हें भी रखा है—

१. अङ्गानि चन्दनरजः परिपाण्डुराणि

साइमन—II CW 90 (134) तथा IV R 92 (144) बंगाली पाण्डुलिपि। सरस्वतीक—५. १६७ (१५४) तथा टीका पृ. १९८ (नामरहित) वसन्ततिलका।

२. अद्यापि तां कनककुण्डलघृष्टगण्डाम्

शार्ङ्ग—३४६७ (अमरुकस्य)। सुभा—१२९१ (बिह्लणस्य)। चौरपञ्चाशिका सं. बोह्लेन (Bohlen) बर्लिन—१८३३-१२; सं सोल्फ (Solf) १८८६—३५। सरस्वतीक—१. १५२ (१०४) (नामरहित)। वसन्ततिलका।

३. अमुष्मै (V. E. तदस्मि) चौराय स्वरसहत (V. E. प्रतिनियत) मृत्युप्रतिभिये—

सदुक्ति—५. २९.४ (अमरोः, सं. का. पाण्डुलिपि में अप्राप्त)। सुभा—१९७९ (श्री हर्षदेव—चौर्योः)। रसार्णव—२, पृ. १९६। सिंहासनद्वात्रिंशिका—(एडगर्टन के विक्रमचरित में जाली श्लोक के रूप में उद्धृत, परिशिष्ट पृ. ३५४)। भोजप्रबन्ध—नि. सा. प्रे. संस्करण, बम्बई—१९२१-२३७, सं. पेवी, पेरिस १८५५, पृ. ९४ (जहाँ सम्बद्ध कथा भी कही गयी है)। प्रबन्धचिन्तामणि—मेरुतुङ्ग, सं. जीवानन्द, शान्ति-निकेतन—१९३३-५२, पृ. २६ (धारा के भोज के नाम से)। शिखरिणी।

४. इह निशि निविडनिरन्तर...

सदुक्ति—२. ६४.५ (अमरोः)। आर्या।

५. उन्मिलन्ति नखैर्लुनीहि वहति क्षौमाञ्चलेनावृणु

सदुक्ति—२. ३०. ४ (अमरोः)। सूक्तिमु—पृ. १५८ (नामरहित)। शार्ङ्ग—३४८९ (सत्कविमिश्रस्य)। पद्यावली—३६० (शम्भोः)। साहित्यद—१०.७९ (नामरहित)। शार्दूलविक्रीडित।

६. कनककुण्डलमण्डितभासिने

सदुक्ति—५. २९. ३ (अमरोः)। द्रुतविलम्बित।

७. कर्णे यन्न कृतं सखीजनवचो यन्नादृता बन्धुवाक्

कवीन्द्र—४१५ (नामरहित)। सदुक्ति—२. ४०.१ (अमरोः)। शार्दूलविक्रीडित।

८. किं कुर्मः कस्य वा ब्रूमो

साइमन—IV R 90 (144) बंगाली पाण्डुलिपि; इंडिया ऑफिस पाण्डुलिपि— ४००५।७११ बी, फोलि. २६ ए में रवि—८७। अनुष्टुभ्।

९. केशैः केसरमालिकामपि चिरं या बिभ्रती खिद्यते

साइमन—IV M 97 (144) शार्ङ्ग—३४५८ (नामरहित)। सुभा—१३४५ (नामरहित)। शार्दूलविक्रीडित।

१०. कोपात् किञ्चिदुपानतोऽपि रभसादाकृष्य केशेष्वलम्

साइमन—IV M 56 (142)। सदुक्ति—२. ८२. ४ (लक्ष्मणसेनस्य)। सूक्तिमु—पृ. २९५ (रुद्रस्य)। शार्ङ्ग—३५६७ (रुद्रस्य)। श‍ृङ्गारतिलक, रुद्रभट्ट—१. ३५। (स्पष्टतः 'कोपात् कोमललोलबाहुलतिकाम्'—अर्जुन ९ की अनुकृति)। शार्दूलविक्रीडित।

११. क्षीणांशुः शशलाञ्छनः शशिमुखि क्षीणो न कोपस्त्वया

साइमन—IV J 104 (145) बंगाली पाण्डुलिपि। सूक्तिमु—पृ. २८४ (नामरहित)। शार्ङ्ग—३७१४ (नामरहित)। शार्दूलविक्रीडित।

१२. दहति विरहेष्वङ्गानीर्ष्यां करोति समागमे

कवीन्द्र—४४७ (नामरहित)। सदुक्ति—२. ४०.५ (अमरोः)। हरिणी।

१३. दासे कृतागसि भवेदुचितः प्रभूणाम्

साइमन—IV M 54 (141)। इस छन्द के संबंध में अर्जुन कहते हैं—(श्लोक २२) "अस्मत् पूर्वजस्य वाक्पतिराजापरनाम्नो मुञ्जदेवस्य"। सदुक्ति—२. ८३. ५ (सत्यबोधस्य)। सूक्तिमु—पृष्ठ (श्रीमुञ्जस्य)। शार्ङ्ग—३६५७ (नामरहित)। अलङ्कारस—पृष्ठ ३७ (नामरहित)। साहित्यद—१०. ३२ (नामरहित)। वसन्ततिलका।

१४. दुर्वाराः स्मरमार्गणाः प्रियतमो दूरे मनोऽप्युत्सुकम्

साइमन—IV M 52 (140) बासठवें श्लोक पर टीका में सूर्यदास ने इस श्लोक को उदाहरण के रूप में कर्तृनामोल्लेख के बिना उद्धृत किया है। सूक्तिमु—पृ. १४३ (भट्टमयूर—शंकरस्य)। शार्ङ्ग—३७५३ (मयूरसूनोः शङ्कुकस्य)। सुभा—११५६ (भट्टशङ्कुकस्य)। काव्यप्र—१०, पृ. ६८६ (नामरहित)। काव्यानु—पृ. २८५ (नामरहित)। अलङ्कारस—पृ. १६२ (नामरहित)। अलङ्कारस—पृ. १६२ (नामरहित)। वेतालपञ्चविंशतिः उहले द्वारा संपादित—पृ. ५४। शार्दूलविक्रीडित।

१५. देवेन प्रथमं जितोऽसि शशभृल्लेखाभृतानन्तरम्

राम—८५ साइमन VI CX 85 (140)। कवीन्द्र—४१४ (श्रीराज्यपालस्य)। सदुक्ति—२. १०३. २ (विद्यायाः)। शार्दूलविक्रीडित।

१६. धन्यासि या कथयसि प्रिय संगमेऽपि

राम—४६ साइमन—IV CX 46 (139)। अमरु के १०१ वें श्लोक पर अर्जुन द्वारा नामोद्धरण के बिना उदाहरण रूप में उद्धृत। कवीन्द्र—२५९ (विद्यायाः)। सदुक्ति—२. १४०. २. (विद्यायाः)। सूक्तिमु—पृ. २९९ (विज्जकायाः)। शार्ङ्ग—३७४६ (विज्जकायाः)। सुभा—२१४२ (नामरहित)। काव्यमी—पृष्ठ ६७ (नामरहित)। काव्यप्र—४. १ पृ. १३६ (नामरहित)। शब्दव्यापारः—मम्मट (नि.सा.प्रे. बम्बई संस्करण १९१६)—पृ., ४ (नामरहित)। साहित्यद—३.६० (नामरहित)। वसन्ततिलका।

१७. धन्यास्ताः सखि योषितः प्रियतमे सर्वाङ्गलग्नेऽपि याः

साइमन—IV M 53 (141)। शार्ङ्ग—३७४८ (नामरहित)। शृङ्गार-तिलक—१. ७५ (स्पष्टतः अर्जुन १०१ की अनुकृति, 'धन्यासि या कथयसि' से भी तुलनीय)। शार्दूलविक्रीडित।

१८. धावति चेतो न

सूक्तिमु—२. ६६. ३ (अमरोः)। आर्या।

१९. प्रणयविषादं वक्त्रे दृष्टिं ददाति विशङ्किता

कवीन्द्र—५१७ (श्रीहर्षस्य)। सूक्तिमु—पृ. २५६ (अमरुकस्य)। सुभा—२०५८ (श्रीहर्षदेवस्य)। दशरू—१. ३९ (रत्नावल्याः)। रत्नावली, हर्ष—३. ९। हरिणी।

२०. मा गर्वमुद्वह कपोलतले चकास्ति

साइमन—IV M 65 (41)। सदुक्ति—२. १४०.५ (केशटस्य)। सूक्तिमु—पृ. २९९ (नामरहित)। पद्यावली—३०२ (दामोदरस्य)। दशरू—२. २४ (नामरहित)। सरस्वतीक—५. १४३ (२८), १७२ (४७७) (नामरहित)। काव्यानु; टीका—पृ. १०२ (नामरहित)। रसार्णव—२, पृ. १३४ (नामरहित)। साहित्यद—३. १०५ (नामरहित)। वसन्ततिलका।

२१. यदा त्वम् चन्द्रोऽभूरविकलकलापेशलवपुः

साइमन—IV M 93 (143)। कवीन्द्र—३६० (अचलसिंहस्य)। सदुक्ति—२. ४७. ५ (अचलस्य)। सूक्तिमु—पृ. २०१ (अचलस्य)। शार्ङ्ग—३५६४ (अचलस्य)। शिखरिणी।

२२. व्यावृत्या शिथिलीकरोति वसनं जाग्रत्यपि व्रीडया

सदुक्ति—२. ८४. ५ (अमरोः)। शार्दूलविक्रीडित।

२३. श्लोकोऽयम् हरिणाभिधानकविना देवस्य तस्याग्रतो

सदुक्ति—५. ३९. ५ (अमरोः, किन्तु संस्कृत का.पा. में अप्राप्त, सेरमापुर पा. में प्राप्त)। शार्दूलविक्रीडित।

२४. सखि स सुभगो मन्दस्नेहो मयीति न मे व्यथा

कविन्द्र—४०७ (नामरहित)। सदुक्ति—२. ४१. १ (अमरोः)। सुभा—१११८ (नामरहित)। हरिणी।

२५. सखे सत्यं सत्यं विरहदहनः कोपि

साइमन—IV M 96 (143)। सुभा—१३३१ (भट्टवृत्तिकारस्य)। शिखरिणी।

२६. स्मर्तव्या वयमिन्दुसुन्दरमुखी प्रस्तावतोऽपि त्वया

राम—३५ साइमन—IV M 57 (142)। सूक्तिमु—पृ. १३१ (नामरहित)। शार्ङ्ग—३३९२ (नामरहित)। शार्दूलविक्रीडित।

२७. हरिहरचरणारविन्दमेके

साइमन—IV M 4 (140)।
पुष्पिताग्रा।

परिशिष्ट—२

अमरुशतक के श्लोकों की अकारादिक्रम से अनुक्रमणिका—

श्लोकारम्भ	श्लोकाङ्क	श्लोकारम्भ	श्लोकाङ्क
अङ्गं चन्दनपाण्डु	००	आलोकयति	
अङ्गानामतितानवम्	००	आलोलामलकावलीम्	
अङ्गुल्यग्रनखेन		आशङ्क्य प्रणतिम्	
अच्छिन्नं नयनाम्बु		आश्लिष्टा रभसा	
अज्ञानेन परांमुखीम्		आस्तां विश्वसनम्	
अद्यारभ्य यदि		इति प्रिये पृच्छति	
अनन्तचिन्ता...		इदं कृष्णं कृष्णम्	
अनालोच्य प्रेम्णः		इयमसौ तरलायतलोचना	
अन्योन्यग्रथिता		उत्कम्पो हृदये	
अलसवलितैः		उरसि निहिस्तारो	
असद्वृदत्तो नायम्		ऊरुद्वयं मृगदृशः	
अहं तेनाहूता		एकत्रासनसंस्थितिः	
आदृष्टिप्रसरात्		एकस्मिञ्शयने परांमुख...	
आयस्ता कलहम्		एकस्मिञ्शयने विपक्ष...	
आयाते दयिते		कठिनहृदये	
आलम्ब्याङ्गण		कथमपि कृते	

दृष्टे लोचवन्मना...
दृष्टवैकासनसंस्थिते
देशैरन्तरिता
धीरं वारिधरस्य
न जाने सम्मुखायाते
नभसि जलदलक्ष्मीम्
नान्तः प्रवेश...
नापेतोऽनुनयेन
नार्यो मुग्धशठाः
निःशेषच्युतचन्दनम्
निंःश्वासा वदनं
नीत्वोच्चैर्विक्षिपन्तः
पटालग्ने पत्यौ
पत्रं न श्रवणेऽस्ति
पराची कोपेन
परिम्लाने माने
पश्यामो मयि
पादाङ्गुष्ठेन भूमिम्
पादासक्ते सुचिरमिह
पीतस्तुषारकिरणो मधुनैव
पीतो यतः प्रकृति
पुरस्तन्व्या गोत्रस्खलन...
पुष्पोद्भेदमवाप्य
प्रयच्छाहारं मे
प्रस्थानं वलयैः
प्रहरविरतौ
प्रातः प्रातरुपागतेन
प्रासादे सा दिशि दिशि
प्रियकृतपटस्तेय...
बाले नाथ विमुञ्च
भवतु विदितम्
भ्रूभङ्गेरचितेऽपि
भ्रूभेदो गुणितः
मन्दं मुद्रितपांसवः
मलयमरुतां व्राताः
मानव्याधिनिपीडिता
मुग्धे मुग्धतयैव
म्लानं पाण्डुकृशम्
यदि विनिहिता
यद्गम्यं गुरुगौरवस्य
यद्रात्रौ रहसि
याताः किं न मिलन्ति
याते गोत्रविपर्यये
यावन्त्येव पदानि
यास्यामीति समुद्यतस्य
रात्रौ वारिभरा...
रामाणां रमणीय...
रोहन्तौ प्रथमम्

परिशिष्ट—३

वृत्त

छन्द	लक्षण
अनुष्टुभ्	'श्लोके षष्ठं गु ज्ञेयं सर्वत्र लघु पञ्चमम्। द्विचतुष्पादयोर्ह्रस्वं सप्तमं दीर्घमन्ययोः॥'
आर्या	'यस्याः पादे प्रथमे द्वादशमात्रास्तथातृतीयेऽपि। अष्टादश द्वितीये पञ्चदश सार्या॥'
वंशस्य	'जतौ तु वंशस्थमुदीरितं जरौ।'
द्रुतविलम्बितं	'द्रुतविलम्बितमाह नभौ भरौ।'
उपजाति	'स्यादिन्द्रवज्रा यदि तौ जगौ गः।' 'उपेन्द्रवज्रा जतजास्ततो गः।' 'अनन्तरोदीरितलक्ष्मभाजौ पादौ यदीयावुपजातयस्ताः।'
वसन्ततिलका	'उक्ता वसन्ततिलका तभजा जगौ गः।'
मालिनी	'ननमयययुतेपं मालिनीभोगिलोकैः।'
हरिणी	'न समरसला गः षड्वेदैर्हयैः हरिणी मता।'
शिखरिणी	'रसै रुद्रैश्छिन्ना यमनसभलागः शिखरिणी।'
मन्द्राक्रान्ता	'मन्द्राक्रान्ताम्बुधिरसनगैर्मो भनौ तौ गयुग्मम्।'
शार्दूलविक्रीडित	'सूर्याश्वैर्यदि सः सजौ सततगाः शार्दूलविक्रीडितम्।'
स्त्रग्धरा	'म्रभ्नैर्यानां त्रयेण त्रिमुनियतियुता स्त्रग्धरा कीर्तितेयम्।'

परिशिष्ट—४

सहायक एवं सन्दर्भ ग्रन्थ

१. अमरुशतकम्—रसिकसञ्जीविनीसमेतम्, संशो.—रामनारायण आचार्य, निर्णय सागर प्रेस, मुम्बई २, तृतीय संस्करण, १९५४ ई.

२. अमरुशतकम्—कामदया टीकया सहितम्, संशो—वैद्य वासुदेव शास्त्री, प्र.—खेमराज श्रीकृष्णदास, संवत् १९५० वैक्रमी।

३. अमरुशतकम्—शृङ्गारदीपिकया समलकृतम्, सम्पादन एवम् अँग्रेजी अनुवाद—चिन्तामण रामचन्द्र देवधर, पूना ओरिएन्टेल सीरीज़—१०१, पूना—२, १९५९ ई.।

४. अमरुशतकम्—वृत्तात्मक भाषांतर व मराठी टीका—चिन्तामण रामचन्द्र देवधर, पूना ओरिएन्टेल सीरीज़—१००, पूना—२. १९५९ ई.।

५. Das Amaru Sataka—Richard Simon, Kiel, 1893.

६. The Text of the Amaru Sataka—S. K. De, Our Heritage, Vol. II, 1954.

७. Amaru-Satakam—with the commentary of Rudramadeva—S. K. De, Our Heritage—Vol. I, 1954.

८. कवीन्द्रवचनसमुच्चयः—सं. एफ.डब्लू. टामस, बिब्लोथेका इंडिका, कलकत्ता, १९१२।

९. सदुक्तिकर्णामृतम—श्रीधरदास, सं.—रामावतार शर्मा तथा हरदत्तशर्मा, लाहौर, १९३३.

१०. सूक्तिमुक्तावली—जल्हण, सं.—एम्बी कृष्णामाचार्य, गायकवाड़—ओरिएन्टेल सीरीज़, बड़ौदा—१९२८।

११. सूक्तिमुक्तावली की पाण्डुलिपि D तथा P—भाण्डारकर-रिपोर्ट, पृ. २१-२२।

१२. सूक्तिरत्नहारः—सूर्यकलिंगाचार्य, सं. साम्बशिव शास्त्री, त्रिवेन्द्रम—१९३९।

१३. शार्ङ्गधरपद्धतिः—शार्ङ्गधर, सं.—पी. पीटर्सन, बाम्बे—१८८८।

१४. सुभाषितावली—वल्लभदेव, सं.—पीटर्सन एवं दुर्गाप्रसाद, बाम्बे—१८८६।

पद्मावली—रूपगोस्वामी, सं.—एस. के. दे, ढाका यूनिवर्सिटी, ढाका—१९३४।

१५. सुभाषितरत्नकोशः—विद्याकर, सं.—डी. डी. कोसम्बी तथा वी. वी. गोखले, हार्वर्ड ओरिएन्टेल सीरीज़—४२, १९५७।

१६. श्लोकसंग्रहः—मणिराम दीक्षित—B. O. R. I 361/1884-86, B. O. R. I. 527/1887-91.

१७. काव्यालङ्कारसूत्रवृत्तिः—वामन, सं.—सी. केपलर, १९५७।

नाट्यशास्त्रम्—भरत, सं.—रामकृष्ण कवि, गायकवाड़ ओरिएन्टेल सीरीज़, बड़ौदा।

१८. ध्वन्यालोकः—आनन्दवर्धनाचार्य, निर्णय सागर प्रेस, द्वितीय संस्करण, मुम्बई—१९११।

१९. लोचनम्—अभिनवगुप्त की ध्वन्यालोक पर टीका, पूर्वोक्त संस्करण में।

२०. काव्यमीमांसा—राजशेखर, गायकवाड़ ओरिएन्टेल सीरीज़, बड़ौदा—१९१६।

२१. वक्रोक्तिजीवितम्—कुन्तक—सं.—एस.के. दे, कलकत्ता ओरिएन्टेल

सीरीज़, द्वितीय संस्करण, कलकत्ता, १९२३।

२२. काव्यप्रकाशः—मम्मट, सं.—झलकीकर, बम्बई—१९१७।

२३. श्रृंगारतिलकम्—रुद्रट, सं.—पिशेल, कील—१८८६।

२४. प्रतिहारेन्दुराज की टीका—उद्भटरचित काव्यालङ्कार पर, सं.—एम.आर. तैलंग, निर्णय सागर प्रेस, मुम्बई—१९०५।

२५. दशरूपकम्—धनंजय एवं धनिक, सं.—वी.एल. पणशीकर, निर्णय सागर प्रेस, द्वितीय संस्करण, मुम्बई—१९१७।

२६. औचित्यविचारचर्चा—क्षेमेन्द्र, काव्यमाला गुच्छक—१, पृ. ११५—६०, मुम्बई—१८८६।

२७. कविकण्ठाभरणम्—क्षेमेन्द्र, काव्यमाला गुच्छक—४, पृ. १२३—३९, मुम्बई—१८८७।

२८. व्यक्तिविवेकः—महिमभट्ट, सं.—टी. गणपति शास्त्री, त्रिवेन्द्रम—१९०९।

२९. नमिसाधुरचित टीका—रुद्रट रचित काव्यालङ्कार पर, निर्णय सागर प्रेस, मुम्बई—१९०९।

३०. सरस्वतीकण्ठाभरणम्—भोज, निर्णय सागर प्रेस, मुम्बई—१९२५।

३१. काव्यानुशासनम—हेमचन्द्र, निर्णय सागर प्रेस, मुम्बई—१९०१।

३२. अलङ्कारसर्वस्वम्—रुय्यक, जल्हण की टीका सहित निर्णय सागर प्रेस, मुम्बई—१८९३।

३३. साहित्यदर्पणः—विश्वनाथ, निर्णय सागर प्रेस, मुम्बई—१८१३।

३४. रसार्णवसुधाकरः—सिंगभूपाल, त्रिवेन्द्रम—संस्कृत—सीरीज़—त्रिवेन्द्रम—१९१६।

३५. कुवलयानन्दः—अप्पयदीक्षित—निर्णय सागर प्रेस, मुम्बई—१९३७।

३६. रसगङ्गाधरः—पण्डितराज जगन्नाथ—निर्णय सागर प्रेस, चतुर्थ संस्करण,

मुम्बई—१९३०।

३७. काव्यसंग्रहः—जे. हेबर्लिन, कलकत्ता—१८४७।

३८. काव्यसंग्रहः—द्वितीय भाग—जीवानन्द विद्यासागर, कलकत्ता—१८८८।

३९. शंकरदिग्विजयः—विद्यारण्य, आनन्दाश्रम संस्कृत ग्रन्थावलि—२२, १९३२।

४०. अथर्ववेदसंहिता—सं.—श्रीपाद दामोदर सातवलेकर, स्वाध्याय मंडल पारडी, संवत्—२०१३ विक्रमी।

४१. थेरगाथा—भिक्षु धर्मरत्न, महाबोधि सभा, सारनाथ बनारस—१९५५।

४२. धम्मपद—अनु.—राहुल सांकृत्यायन, बुद्धविहार, लखनऊ द्वितीय संस्करण—१९५७।

४३. हालसातवाहनची गाथासप्तशती—स.—आ. जोगलेकर, प्रसाद प्रकाशन, पुणे—१९५६।

४४. भर्तृहरिशतकत्रयम्—संशो.—हरिप्रसाद, मुँबापुरी, १९३८ वै.।

४५. चौरपञ्चाशिका—बिल्हण, सं.—एस. एन. ताडपत्रीकर, पूना ओरिएन्टेल सीरीज़—८६, पूना—२, १९४६।

४६. आर्यासप्तशती—निर्णय सागर प्रेस, मुम्बई—१८८६।

४७. पण्डितराज-काव्यसंग्रहः—सं.—आर्येन्द्र शर्मा, प्र. संस्कृत परिषद् उस्मानिया वि. वि., हैदराबाद—१९५८।

४८. बिहारी रत्नाकर—गंगा पुस्तक माला, लखनऊ, संवत—१९९७।

४९. History of Classical Sanskrit Literature—M. Krishnamacharian, Madras—1937.

५०. History of Sanskrit Literature—A. B. Keih, London—1953.